我在深圳当市长

李子彬◎著

中信出版集团 | 北京

图书在版编目（CIP）数据

我在深圳当市长 / 李子彬著 . -- 北京 : 中信出版社, 2020.10（2025.12重印）
ISBN 978-7-5217-2183-6

Ⅰ . ①我… Ⅱ . ①李… Ⅲ . ①改革开放—概况—深圳 Ⅳ . ① D619.653

中国版本图书馆 CIP 数据核字 (2020) 第 165138 号

我在深圳当市长

著　　者：李子彬
出版发行：中信出版集团股份有限公司
（北京市朝阳区东三环北路27号嘉铭中心　邮编　100020）
承 印 者：北京通州皇家印刷厂

开　　本：787mm × 1092mm　1/16　　印　　张：28.25　　字　　数：350 千字
版　　次：2020 年 10 月第 1 版　　印　　次：2025 年 12 月第 11 次印刷
书　　号：ISBN 978-7-5217-2183-6
定　　价：68.00 元

前　言

岁月如歌。《我在深圳当市长》这本书是我在深圳5年半的工作回忆。

1994年10月下旬，中央政治局决定调我到深圳工作。当年11月5日，我南下深圳，由化工部副部长转身成为一名深圳人。1995年，深圳市委、市政府提出了“第二次创业”。回顾5年半的探索与实践，我从亲历者的角度讲述深圳经济特区的拓荒牛精神、创新进取精神。

真实是这本书的最大特质，也是这本书的生命力所在。5年市长任期，不短也不长，身为一任市长，我很幸运也感到自豪。在党中央、广东省委领导下，我们这一届市委、市政府大力发展高新技术产业，成功地推动深圳经济转型；以先行者的姿态敢闯敢试，继续深化改革，提高对外开放水平，增创体制机制新优势；坚持“两手抓，两手都要硬”，实现了两个文明建设协调发展。深圳让全国刮目相看，其经济社会发展成就令世界瞩目。在以改革创新为动力，高速度、高效率、高质量发展的背后，有很多鲜为人知的故事。基于我在5年半工作期间留下的26本工作笔记、讲话和会议纪要等珍贵资料，我完成了《我在深圳当市长》这本书，再现了深圳的那段历史。为深圳未来的改革创新鼓劲，以史为鉴，创造出更大的辉煌，正是我撰写这本书的初心。

1995年开始的“第二次创业”，关系到深圳经济特区能否继续发挥改革的试验场作用、对外开放的窗口作用，关系到能否率先建成社会主义现代化国际性城市。这个使命能否完成，很大程度上取决于创新发展，推进产业优化升级的进程，以及“两手抓，两手都要硬”，实现物质文明建设与精神文明建设的协调发展。

加速发展高新技术产业，这是深圳未来的希望所在、形象所在、发展后劲所在。我在深圳工作期间，明确提出了深圳未来经济转型的方向。我们这一届市政府在5年时间里，着力构建七大体系，系统地支持和大力推动高新技术产业发展，使之成为深圳经济第一增长点。首届高交会的成功举办，标志着深圳经济成功转型。“发展高新技术产业”篇浓缩了当年深圳培育高新技术产业发展的种种创新探索，并且首次披露了当年“解救”华为的故事。

书中记录了我们这一届市政府的自我革命。在全国率先进行审批制度改革，把政府部门从繁忙的审批事务中解放出来；在全国率先实行经营性土地使用权公开拍卖和政府工程全部实行招投标，从源头上铲除滋生腐败的土壤；大胆探索国有资产授权经营制度，推进国有企业进行混合所有制改革，完善公司法人治理结构，切实转变企业经营机制，为全国的国企改革和发展发挥探路作用。“建设廉洁高效政府”篇、“深化国企改革”篇的关键词是“改革”和“创新”。

“两个文明建设协调发展”篇记录了我们这一届市委、市政府铁腕治理社会治安和“黄、赌、毒”。社会治安问题严重，一直是广东省委、省政府和深圳市委、市政府非常重视又非常头疼的大事。当时深圳的杀人、绑架、抢劫和涉枪犯罪案频发。一个歹徒发往家乡的电报上只有6个字——“钱多人傻速来”，一度成为全国人民调侃深圳人的流行语。从两年内实现社会治安基本好转，到再用三年时间实现社会治安更大好转，这背后是深圳市委、市政府铁腕整顿社会治安，还百姓一个清平世界的庄严承诺——为官一任，保一方平安。

“现代化城市建设”篇记录了我们这一届市政府的5年艰苦奋斗，奠定了一座现代化国际性城市的基本格局。进行第六次城市总体规划的全面修编，用战略眼光和国际视野，创造无愧于深圳经济特区、无愧于时代的杰作。建成环状快速交通路网，“生命线工程”东江供水一期竣工，获国务院特例批准地铁工程立项并于1999年开工，机场二期工程、盐田港二期工程相继竣工……5年投资521亿元加强城市基础设施建设，深圳完善了区域经济中心城市的城市功能。这一切，都是基于对国际性城市“国际范儿”的追求——即使岁月流逝也经典永恒。

在深圳5年半的工作时间里，还有许多珍贵的记忆。比如换届之时，为选一个理想的副市长，搭建一个强有力的政府班子，最终惊动了国务院领导同志；“8·10”事件后，深圳重启证券市场的那些人和事；历经7年，莲花山顶广场竖起了小平同志铜像；点点滴滴，都令我无法忘怀。

2018年是中国改革开放40周年。38岁的深圳经济特区，由“南国小县”崛起为现代化国际大都市，是中国特色社会主义道路的成功范例，是中国改革开放的缩影。深圳人的骨子里浸透着勇于担当、大胆改革、不断创新、力争上游的精神。如果本书的出版能进一步激发后人再做先行者，在中国特色社会主义新时代的大潮中勇立潮头，创造更大的辉煌，于我便是最大的欣慰。

祝福深圳！祝福中国！祝福改革开放！

李子彬

2018 年 10 月 10 日

目　录

第一篇　赴任深圳

第二篇　发展高新技术产业

第三篇　两个文明建设协调发展

第四篇　建设廉洁高效政府

第五篇　重新规划，建设现代化国际性城市

第六篇　深化国企改革

第七篇　金融业发展改革

第八篇　珍贵记忆

第一篇

赴任深圳

从化工部副部长的任上被调到深圳任职，这对我是新挑战。深圳经济特区要继续在改革开放方面先行先试，为全国探索和积累更多的新鲜经验。同时，深圳还面临着推进产业升级、经济转型的迫切任务，严厉打击“黄、赌、毒”丑恶现象和整治社会治安，扎实推进社会主义精神文明建设和法制建设的任务也十分繁重。我接过这支沉重而光荣的接力棒，1994 年 11 月 5 日赴任深圳，开始了历史新征程。

深圳崛起的感悟

我曾任 5 年深圳市市长，成了终身深圳市民。我每年都回深圳过春节，在深圳住两三个月。2018 年 2 月 1 日，中国改革开放的先行城市深圳传出喜讯：2017 年深圳市国内生产总值达到 2.24 万亿元，按照当时的汇率计算，位居亚洲各大城市第四位，仅次于日本的东京市和我国的上海市、北京市。

这是一个闪光的数字，引起了众多媒体的关注，经互联网传播后迅速扩散，在全国各地反响强烈，网民热议热评，点赞有加。

这是一个骄人的数字，深圳人民为之自豪，是他们用自己的智慧、心血和汗水造就了这座城市的崛起，创造了今天的辉煌。

图 1.1　蓬勃发展的现代化深圳

感慨感动

曾几何时，中国香港、新加坡傲居“亚洲四小龙”之列，如今深圳已经大步走在了前面。

但是，如今光彩夺目、名闻遐迩的深圳，在40年前名却不见经传。深圳的前身是宝安县，面积只有2 000平方千米，30万农民在这里劳作生息。宝安县是没有工业的纯农业县，国内生产总值只有1.79亿元人民币，不到当时香港的百分之一。

1980年中国试办经济特区，深圳喜遇千载难逢的良机，与珠海、汕头、厦门一起，成为中国第一批经济特区。

经过40年的努力拼搏，深圳得到了高速度、高效率、高质量的发展，由“南国小县”一跃成为经济总量位居亚洲第四的现代化国际大都市。这无疑是世界工业化、城市化、现代化发展史上的奇迹，令亚洲各国、世界各地为之瞩目。

感而有思

看似寻常最崎岖，成如容易却艰辛。面对深圳的崛起，我感悟良多，心情难以平静。深圳人民发扬艰苦创业的拓荒牛精神，敢为人先，敢闯敢试，大胆改革，加快开放，艰苦奋斗，率先冲破计划经济体制的束缚，最早实现经济结构转型升级的往事历历在目。特别是20世纪90年代中期起，我与全市人民一起进行“第二次创业”的岁月，成为我一生中的重要经历，成为我永远难忘的记忆。

紧抓机遇，闯出社会主义市场经济体制

1978 年 12 月召开的党的十一届三中全会，吹响了中国实行改革开放的号角，开启了建设中国特色社会主义的新征程。在党中央、广东省委的领导下，深圳市委、市政府坚定地贯彻执行党的改革开放政策，敢闯敢试、敢于担当，率先冲破了计划经济体制的束缚，大胆探索建立和完善社会主义市场经济体制。

到 20 世纪 90 年代中期，深圳建立了土地市场、资本市场、劳动力市场、经理人才市场、技术市场、信息市场、产权交易市场、较为健全的金融市场，生产要素市场已经形成了一定规模。会计师事务所、律师事务所等各种中介机构 3 300 多家。深圳市已初步建立起以十大市场体系为标志的社会主义市场经济体制的基本框架，极大地解放和发展了生产力，促进了深圳的快速发展。

在 1995 年 4 月召开的深圳市第二次党代会上，市委、市政府提出“第二次创业”，计划到 2010 年，将深圳建成社会主义现代化国际性城市。继续深化改革，扩大对外开放，完善社会主义市场经济体制，增创体制机制新优势。深圳在全国率先改革审批制度，大幅度精简政府审批事项，整治“三乱”，建立土地使用权拍卖中心和政府工程招投标制度；大胆探索竞争性领域的国有企业产权多元化的制度改革，探索国有资产授权经营制度，建立公司法人治理结构，切实转变国企经营机制，做强做大国有企业。深圳在诸多领域的改革和探索，都早于全国各大城市一二十年，发挥了改革开放的先行作用。

审时度势调结构，实现经济成功转型

20 世纪 90 年代初，深圳工业发展曾经后继乏力，前景堪忧。为此，市政府及时调整产业政策，在稳定、升级“三来一补”企业的同时，大力发展以信息技术产业、生物技术产业、新材料产业为重点的高新技术产业，使产业结构顺利过渡衔接、转型升级，奠定了深圳现代产业的基础。

1995 年，深圳提出并实施了“三个一”发展理念：科学技术是第一生产力，高新技术产业是深圳经济第一增长点，一把手亲自抓。以市政府制定的《深圳市高新技术产业发展“九五”计划和 2010 年规划》为引领，建立综合政策体系，引进与自主培养相结合的人才支持体系，引进与自主开发并重的科技成果体系，以政府财政资金为引导、企业投入为主体、金融机构支持的资金支撑体系，以市场为导向、企业为主体、产学研相结合的科技开发体系，以保护知识产权为核心的法律法规体系，建立高标准高质量的高新技术产业集聚园区。持续推进这七个方面的系统工程，使“三个一”的理念得到了切实的贯彻。深圳一步一个脚印，扎扎实实地推进上述经济发展战略，并取得了很好的成效。

1994—1999 年，深圳市工业总产值从 723 亿元增加到 2 026 亿元，在全国各大城市中排第四位。其中，高新技术产品产值从 146 亿元增加到 819 亿元，增加 4.6 倍，年均增长 42.6%。在高新技术产品产值中，拥有自主知识产权的比重从 18.4% 提高到 46.8%。高新技术产品出口从 9.9 亿美元增加到 51.9 亿美元。

到 1999 年，深圳市具备了举办首届中国国际高新技术成果交易会（以下简称高交会）的资格。我亲赴北京与对外贸易经济合作部（2003 年整合为商务部）、科学技术部、信息产业部（2008 年更名为工业和信息化部）、中国科学院、国家发展计划委员会（2003 年改组为国家发展和改革委员会）等部门逐一商谈，与它们共同主办首届高交会，由深圳市政府承办，这一提议得到了“三部一院”的积极响应，并决定成立首届高交会组委会，我任主任，其他部委各派一名副部长任副主任。经过近 10 个月的国内国际招展、招商等准备工作，1999 年 10 月 5—10 日深圳成功举办了首届高交会。10 月 5 日晚上 8 点，首届高交会隆重开幕，朱镕基总理亲临深圳致开幕辞并宣布开幕。首届高交会参展企业 2 856 家，参展项目 4 150 个，成交额 64.94 亿美元。首届高交会规格高，关注度广，声名远播，可谓一炮走红。

此后每一届政府都接力传承，每年金秋时节如期举办高交会。冬去春来，高交会如今已经成功举办了 20 届，成果丰硕，有力地推进了高新技术产业的发展，推进了全国科技成果产业化、商品化、国际化的进程。

同时，深圳不断改革完善金融体系，不断推出金融新产品，并加强风险防控。随着深圳经济的发展和经济结构的优化，深圳的金融业规模逐步走到了全国各大城市的前列，金融业创造的增加值占全市国内生产总值的 15% 左右，有力地支撑了深圳经济发展转型。到 20 世纪 90 年代中期，深圳初步形成了高新技术产业和现代金融业两大支柱产业。

久久为功，坚持不懈，经过几届领导班子的努力，深圳的经济质量更高了、效益更好了，整体经济实力走到了亚洲各大城市的前列。

实行“刀口向内”的改革，建设廉洁高效政府

深圳经济特区成立以来，多次精简政府机构，提高办事效率。1995—2000年，深圳采取了更多的措施，迈出了更大的步伐，努力转变政府职能，探索建设廉洁高效政府。

1995年整顿政府机关作风力度大，动真格。市政府颁布了《深圳市人民政府关于加强机关建设的若干规定》（以下简称“22条”），严格实行年终绩效考评，34名不称职的公务员被辞退，105名基本称职的公务员，被安排脱产到深圳行政学院学习3个月，考试合格后回原单位工作。

市政府要求实行岗位轮换制，1996年对35个正局级单位正处、副处级干部进行内部岗位轮换，规定只有在两个处任过处长的干部，才有资格晋升为副局级。那一年正处级干部就轮换了53.5%，副处级干部轮换了47%。1997年就实现了100%轮换。

乱收费、乱罚款、乱摊派这“三乱”严重影响了企业的发展。1994年年底，全市共有行政事业性收费单位1 055个，收费项目1 842项，收费总额为17.7亿元人民币和18.7亿港元，合计相当于当年全市税收总额的一半。为此，市政府从1995年下半年到1996年年底，大力进行整治，为企业营造了较好的经营环境，得到了企业的好评。

1997年，市政府先行改革探索，在全国率先全面清理精简审批事项。审批事项由原来的723项减少至305项，减幅达57.8%，进一步转变了政府职能，加强了服务，提高了办理效率。

土地审批是腐败的高发领域。鉴于此，1995年1月，深圳市废止了市领导个人和土地主管部门审批土地的做法，成立了土

地审批领导小组，市长任组长，3位副市长任副组长，各有关部门为成员单位。实行集体审批，堵住了个人审批划地的“后门”。1997年年初，深圳又推出了新的举措，规定经营性土地都要经过公开招标、拍卖才能获得。市政府第68号令《深圳经济特区土地使用权招标、拍卖规定》强调，在签订《土地使用权出让合同》之后的5日内，中标人必须一次性交清地价款，中标人不得擅自更改出让合同中关于土地的用地性质和容积率，这些规定有效地堵塞了腐败漏洞。

政府工程资金数额巨大，曾经也是腐败的高发领域。深圳市政府决定，从1995年1月起，市政府工程项目全部实行公开招标、投标制度。政府工程项目，必须根据审计后的施工图设计预算进行招标。凡没有进行公开招标的项目，市计划局一律不批准开工；未经报建和批准开工的项目，一律不予拨付工程资金；所有开工项目都要实行项目法人责任制、招投标制、资本金制、工程监理制。1996年，5个区的政府工程项目也百分之百地实行了公开招投标制度。

政府采购种类繁多，采购量大，非常容易出现浪费和腐败现象。1997年1月，政府公务用车实行统一投保。当年11月，又对政府公务用车实行了招标采购。1998年，政府采购项目扩大到所有实物性采购和工程性采购。1999年1月，深圳市颁布实施政府采购条例，以法规的形式将其固定下来并严格实施。

以上一系列管理举措，针对性强，收效明显，基本上做到了政令畅通，加强了政府的服务功能，为不同所有制企业的发展创造了良好的社会环境。

建立有效的国有资产监管体制，释放国企活力

国有企业改革是整个经济体制改革的一个关键环节。早在1987年，深圳市就成立了国有资产管理委员会（以下简称市国资委），加强对国有资产的监管。1996年，深圳市完善了国有资产授权经营制度，按照行业和资产规模重新组合，成立了3家国有资产经营公司，赋予其行使国有资产出资人的职能，形成了国有资产三个层次的管理体系，初步建立起了有效的国有资产监管体制。

深圳在竞争性领域和行业大力推行企业产权多元化改革，大力发展国有与民营、国有与集体、国有与外资，以及单一国有但多家股东参股的混合所有制，使公有制经济的多种实现形式得到了发展和体现。建立起完善的公司法人治理结构，颁布了《党组织工作条例》《董事会工作条例》《总经理工作条例》《监事会工作条例》《工会组织工作条例》。初步建立起激励机制、企业内部监督约束机制、竞争机制，企业呈现出生机和活力。

1994年开始，深圳还试行了《企业经营者年薪制和期权奖励办法》，试行了先进实用的技术作价入股的做法，最高可占企业股权的35%。在高新技术企业和外贸企业推行企业内部员工持股，到1998年年底，全市有148户企业实行了内部员工持股制度。

实施“三个一批”的发展战略，调整和优化国有资产布局。形成一批支柱产业，培育一批大型企业集团，增加一批名牌产品。在抓“大”的同时兼顾了小企业的发展，颁布了支持和搞活国有小企业的若干措施。

深圳国有企业改革的一系列措施，大大释放了国有企业的活力，提升了企业的经济效益和市场竞争力，为全国的国企改革和

发展发挥了探路和借鉴作用。深圳的国有企业从无到有，到2000年我离开深圳时，深圳的国有企业总资产达到了1 720亿元，年均增长41.7%。国有企业的总资产利润率、销售利润率、净资产利润率、资本利润率等主要经济效益指标，在全国各省、市地方国有企业中连续多年位居前列。

全国各地人才聚集深圳，支撑这座城市迅速崛起

深圳是一座移民城市。成立经济特区以后，市委、市政府多次到一些省、市招聘党政干部、专业技术干部、企业管理干部，到海外招聘出国留学的专业技术人员。他们每个人都怀着梦想来到深圳创业，形成了艰苦创业、勇于创新、不断进取、包容共享的城市文化。正是这样一个群体，在党中央的正确领导下，沿着中国特色社会主义大道奋勇向前，经过40年的艰苦奋斗，把深圳建设成了社会主义现代化国际性城市。

中央给予深圳经济特区15年的优惠政策扶持，毗邻香港的地理优势

深圳的政策优势和体制优势，吸引了电子工业部（1998年被撤销）等国务院一些部门以及一些省、市的投资，技术和人才也随之进入深圳。改革开放以来，来自香港、台湾的投资率先进入深圳，随着大批“三来一补”加工贸易工业企业的进入，深圳市的工业迅速发展，城市规模和城市人口快速增加。香港是世界金融中心之一，香港大学、香港中文大学、香港科技大学等高等院校位居世界高校排名前100名，这些要素对深圳市的发展，都有积极的促进作用。

思而有悟

回顾深圳走过的道路和取得的巨大成就，可以自豪地说，深圳是社会主义市场经济体制改革的先行者，中国特色社会主义理论的实践者，中国特色社会主义道路的成功范例，是社会主义制度优越性的有力证明。

深圳的成功实践雄辩地证明，中央当年做出兴办经济特区的决策是完全正确的；改革开放是决定当代中国命运的关键抉择，是实现中华民族伟大复兴的必由之路。我们要牢记并践行习近平总书记的指示，增强道路自信、理论自信、制度自信、文化自信，坚定不移地走中国特色社会主义道路。

时移世易，时代巨轮乘风破浪，经过多年的努力，中国特色社会主义进入了新时代。中国迎来了改革开放 40 周年。我坚信，在习近平新时代中国特色社会主义思想的指引下，特区建设和改革开放的伟大事业必将取得更加辉煌的成就，中国人民“两个一百年”的奋斗目标一定能够实现，中华民族伟大复兴的中国梦一定能够实现。

理政思路得到省委书记肯定

1994年11月5日，我从北京到深圳报到。从机场到迎宾馆的路上，马路两侧一座座厂房鳞次栉比，一栋栋高楼拔地而起，到处是热火朝天的工地。11月的北方早已秋风萧瑟，但这里的一切都像夏天一样焕发着蓬勃的生机，林木葱茏，鲜花盛开。深圳，曾经对我十分遥远。如今，我已踏上这片热土，成为其中的一员。

深入调研50天，拿出理政思路

从化工部副部长到深圳市委副书记、副市长、市长，级别没有变化，面对的却是新的工作、新的挑战，需要更加努力地学习、工作，担负更重的责任。

到深圳上班后，前50天，我基本上按照中央领导指示，集中力量进行调研，了解情况，熟悉干部。除了参加市委常委会议、市政府常务会议以外，我很少应酬。哪怕中央领导、外省市领导来，一般都是市里其他领导去陪同。我用近两个月时间，到龙岗、宝安、罗湖、福田、南山5个区，市政府30多个部门，以及重点单位，如盐田港、深圳机场、大亚湾核电站等单位，进行深入调研，了解情况，熟悉干部。

深圳经济特区成立以来，在党中央建设中国特色社会主义理论的指导下，在广东省委、省政府的领导支持下，经济社会快速发展。从 1990 年与 1994 年的几个重要经济指标的对比就可见一斑。国内生产总值从 144.82 亿元增加到 560 亿元，年均增长 31.7%；出口贸易总额从 29.96 亿美元增加到 183.09 亿美元，年均增长 26.9%，出口额自 1993 年起居全国大中城市之首；地方预算内财政收入由 21.1 亿元增加到 74.4 亿元，年均增长 44.8%；社会消费品零售总额由 66.76 亿元增加到 221.14 亿元，年均增长 34.9%；全市工业全员劳动生产率由 1.22 万元提高到 3.57 万元；工业经济效益综合指数由 108.3 上升到 145.1，高出全国 48 个百分点。

但是，在经济快速发展的同时，深圳也面临一些新情况、新问题，有些问题还相当突出，亟待解决。

第一个问题是，随着全国改革开放的不断深入，经济特区实施的优惠政策，除了所得税的税率继续保持 15% 外，其余的优惠政策，或者已经成为全国的普惠政策，或者已经逐步被取消。因此，经济特区的政策优势逐步在消失。中央领导找我谈话时都讲到了这一点。“你是从北京去的，要引导好深圳的领导干部平顺转弯。但是你讲话要有艺术，拿捏得准，不要让他们感觉你跟他们唱另外一个调。”来到深圳之后，确实听到不少干部议论这件事，“没有优惠政策，搞什么经济特区？”“经济特区到底‘特’在哪里？”中央认为在深圳经济特区初创时期，给一些优惠政策是必要的，但是经过 14 年的建设，深圳已经发展起来了，这些特殊政策应该逐步取消。

第二个问题是，经济结构的缺陷开始明显暴露出来。

1994 年之前两年，深圳的工业发展速度开始有所下降。低到什么程度？已经低于全国平均工业增长水平。工业投资的比重，只占深圳市固定资产投资和社会总投资的百分之十几，后劲乏力。产业结构升级比较慢，经济特区成立之初，工业上唱主角的是“三来一补”加工贸易企业。它们曾经带来了投资和就业，但基本上是劳动密集型企业。这种企业技术含量低、污染严重、安全隐患多。所以我到深圳就任之前，人家说深圳“水深火热”，几乎每年都发生火灾或者爆炸，主要指的就是这些“三来一补”加工贸易企业，说穿了，就是港台投资的部分企业。日本、美国、欧洲的企业在深圳也有一些投资，但是他们的企业并没有发生火灾和爆炸。这主要是因为香港和台湾的企业投资者实力不强，到深圳投资，在村里搞一个简陋厂房，一楼二楼存放原料，三楼生产，四楼办公，五楼作为员工宿舍。为了防盗，窗户上又安装了护栏，一楼二楼着火，四楼五楼的人就逃不出来。而且这种企业只给村里交很少的管理费，并不纳税。如果这种产业结构持续下去，深圳就绝无前途！深圳一无矿产资源；二无现代工业基础，成立经济特区之前是纯农业县；三无自己办的名牌大学和国家部委办的研究院所。如果产业结构还以“三来一补”加工贸易为主，深圳就毫无竞争力了。1993 年深圳的国内生产总值只相当于香港的 4% 左右，财政收入是香港的 4% 左右，所以唯有尽快地调整优化深圳的产业结构，大力发展高新技术产业，才是深圳的未来所在、光明所在、前途所在。

房地产大量积压，建成的楼房空置 350 多万平方米，在建的面积还有近 500 万平方米。建好的房子卖不出去，挤压占用资金近 400 亿元，成了经济上的一个包袱。股票市场低迷，1992 年“8·10”事件之后两年半的时间里，深圳证券交易所（以下简称深交所）每天交易量只有一两亿元，股票的价格已经跌到上市企业的固定资产净值。股票市场如此低迷，不仅使得深圳各银行的头寸短缺，资本市场的低迷也使得金融业对产业结构调整的支撑能力不够，同时也给深圳市的广大股民在经济上和精神上造成了很大压力。

第三个问题是，机关作风亟待改进，工作效率亟待提高。经济特区成立初期的那种高效率没有了，机关干部干劲十足、工作夜以继日、办公大楼晚上灯火通明的火热场景已经很少见。据说，企业到政府部门办事，都要拎一个大袋子，里面装满小礼品，递交材料的同时送上小礼品，以求事情办得顺利、办得快。少数政府工作人员的腐败和官僚主义，已经让市民和企业感到厌恶。北京一些部委和其他一些省、市对此也有议论。这样发展下去，势必影响经济建设和外商以及内地企业来深圳投资的热情，甚至影响到党和政府的形象。

第四个问题是，社会治安问题严重。市公安局报告，1994 年 1—10 月，全市暴力犯罪案件 2 395 起。其中杀人案件 152 起，平均 2 天发生 1 起，每次都得死一两个人；抢劫案件 1 855 起，平均 1 天发生 6 起；绑架勒索案件 388 起，平均 1 天 1 起；入室盗窃犯罪立案 5 704 起，平均每天 19 起。公共场所的扒窃、小偷拎包、路面飞车抢劫现象严重，市公安局估计深圳的扒手有 3 000 人左右。社会治安的状况令深圳市民感到人身不安全，整天担心家里被盗。因为社会治安问题，一些外商（主要是港台商人）缺乏安全感而导致投资意愿受到影响。社会治安问题已经成为深圳市稳定和发展的重大障碍。

第五个问题是，城市的基础设施不适应城市现代化的要求。

路少、路窄，再加上城市交通管理水平不高，堵塞严重。那些年，军队可以办企业，挂军队和武警部队车牌的车闯红灯、逆向行驶，可谓横冲直撞，交通警察制止时还遭掌掴！城市排水不畅，罗湖区的小区几次被大水淹及一楼窗台。城市供水能力不足，偶有断水现象。供电、通信问题日益突出。城市管理问题很多，市容市貌乱象丛生：供电线和电话线都是明线，密如蛛网悬在半空；小商小贩乱摆摊，马路边上很多卖凉粉的、卖小吃的，洗碗水乱倒；电线杆上多见“专治性病”的小广告，似乎深圳成了性病高发区。这些乱象严重影响市容市貌，与现代化城市建设格格不入。

面对上述问题，我不断思考，研究解决的良策。我在化工部任副部长时分管基本建设、科研和教育工作，对当时国际科技发展水平、科技发展动态以及产业结构变革的态势，有比较清楚的认识。到化工部工作之前，我还在辽宁省锦西市（1994年更名为葫芦岛市）担任过领导工作。这些工作经历和工作经验，使我百虑终有一得。我也一直牢记来深圳前中央领导找我谈话时的指示和嘱咐，最后形成了我认为可行的工作思路，理清了施政重点。

向省委书记汇报，理政思路得到全面肯定

1995年1月1日，我根据在调研中了解到的情况和问题，以及对今后深圳市经济社会发展应该开展的重点工作的思路，专程赴广州向广东省委书记汇报。我首先汇报了经过50天调查研究了解到的深圳市经济发展、城市建设管理的现状，以及存在的五方面的问题，接着汇报了针对这五方面问题所提出的对策以及今

后施政的重点。

第一，加快调整优化深圳的产业结构，大力发展以信息技术产业、生物技术产业、新材料产业为重点的高新技术产业。努力提高深圳市的经济质量和经济效益，这是深圳今后发展的希望所在、形象所在、后劲所在。不把产业结构调整过来，不奠定现代的产业基础，深圳今后就毫无优势、毫无前途！

第二，整顿机关作风，转变政府职能，增强服务意识，提高办事效率，建设廉洁高效的政府。

第三，物质文明建设和精神文明建设“两手抓，两手都要硬”。要大力加强社会治安综合治理和城市环境的综合治理，争取两年内实现基本好转，为经济发展和居民生活营造良好的环境。

第四，搞活深圳的房地产业。消化近900万平方米的库存，释放出被挤压占用的近400亿元资金。

第五，启动低迷的证券市场，搞活深圳的金融业。发挥资本市场和银行业对深圳经济发展、产业结构调整以及发展高新技术产业的支撑作用。同时，把广大股民从被套牢的股市中解脱出来。

省委书记十分专注地听我汇报。我谈完之后，他开头第一句话就说：“我对深圳的情况是了解一些的，但是像你这么清晰的分析和介绍，以前没有过。”

作为省委书记，他经常到深圳检查指导工作，对深圳的情况何止是“了解一些”，这显然是他的谦虚和讲话艺术。接着他又说：“你对今后工作的基本思路，虽然还没开始实施，但是凭我多年的工作经历，我认为肯定会取得很好的效果。我完全支持你的想法，大胆去做吧！”我从省委书记那里得到了非常坚决的支持！这五方面的工作思路，就成为未来5年我施政的重点内容。

书记在听完我汇报后，叫来他的秘书，吩咐道：“请广州市高祀仁书记、黎子流市长陪子彬同志在广州市内转转，介绍一下广州的情况。吃完晚饭再送子彬同志回深圳。”我心里感到很温暖。作为一位省委书记，他在看人、待人、用人这方面有很高的修养。

1995年以后，随着工作的陆续开展，我对深圳市属、区属国有企业存在的严重问题以及深圳市城市规划、建设方面存在的问题，逐渐有了清晰的认识。在我任市长的5年时间里，市委、市政府还把深化国有企业改革，做优、做强、做大国有企业，全面修编城市总体规划，以及加强城市建设、城市管理，作为全市改革与发展的重大任务，进行了艰苦、持续的努力。

选配副市长一波三折

1995年是深圳市级领导班子换届年。这一年，深圳市开始了“第二次创业”，4月召开的市第二次党代会确定了建设社会主义现代化国际性城市的目标。实现特区建设事业的宏伟战略目标，干部是决定因素，选配一个强干的市政府班子是我这个“班长”的当务之急。为物色一位理想的副市长人选，我多方努力，最后还惊动了国务院一位领导。

新一届市政府领导职数为一正六副。选配怎样的副市长搭班子？一是要德才兼备，二是其是分管工作领域的行家，三是要能独当一面，这三个条件是我坚持的主要选人标准。

1995年3月，新一届市政府6名副市长提名人选中已经确定了5个：李德成、王炬、何景焕、郭荣俊、袁汝稳，还缺一个分管财政、税务、教育和联系金融机构工作的副市长。我认为，为实现深圳市经济快速、高质量的增长，必须有现代金融业的支持，所以这名副市长提名人选必须是金融界的行家、专家。我一直坚持自己的标准选人，如果物色不到理想的人选，即使空缺也不将就。

“挖”武捷思当副市长费周折

4月初，我开始物色这个副市长人选。我第一个想到的人选是马明哲，时任平安保险公司董事长。我把马明哲请到我的办公室，给他讲这个副市长分管财政、税务、教育并联系金融机构，讲这项工作的重要性以及我为什么认为他是合适人选。

和马明哲谈了一个多小时。他觉得市领导对他很器重，但心里又定不下来如何选择。我问他是否同意担任这个职务，他说："我要回家问问我妈。"看来这次谈话让他心里很紧张，我发现他穿的那件蓝衬衫的整个后背都湿透了。

第二天早上8点钟，马明哲来到我的办公室告诉我："我妈说，副市长的工作，各方面协调量很大，你嘴笨，干不了，你把平安保险公司干好，就很不错了。"我问："你爱人什么意见？"他说："她也不同意。"就这样，因为家人不同意，马明哲婉拒了我。

我继续在金融界物色合适的副市长人选。后来我找到了武捷思，当时的中国工商银行深圳分行行长。跟他接触过的人都说他业务水平高，领导能力强。

我把武捷思请到我的办公室，开门见山说明了我的想法。我希望有一位金融方面的专家分管财政、税务工作，联系全市金融机构，而且希望他同时分管全市教育工作。之前，深圳的财政、教育工作由不同的副市长分管，人大代表普遍反映深圳的教育投入不足。新一届市政府班子的分工，我想改变一下：谁管财政，就让谁管教育。由分管财政的副市长同时分管教育工作，他就会更加重视全社会以及财政性教育投入，更好地促进教育事业蓬勃发展。

"我可以考虑来，但不一定能来得了，因为总行党组会议已经决定让我当总行副行长。"武捷思向我透露了中国工商银行总行党组关于他的最新人事安排。

我跟他说："你的总行副行长级别跟深圳副市长级别一样，都是正局级。我没有贬低银行的人的意思，但实事求是地说，深圳市副市长的工作量比你在工商银行总行当副行长的工作量大很多，接触的工作面更宽，接触的人更多，工作难度更大，也更具挑战性。"

"如果总行批准，我就留在深圳。"

武捷思的表态让我看到了希望。我开始做中国工商银行总行领导的工作，给总行行长张肖打电话。

"张行长，您好！我是深圳市政府的李子彬。"

"子彬市长，我知道中央派你去了深圳，那是改革开放的前沿，要努力工作。"

"张行长您得帮忙，我有困难，想请您支持一下。"

"你说吧，要贷款、要额度，我都支持你！"

"银行贷款肯定需要您支持，但是眼下最着急的是找您要个人。我想让武捷思担任深圳市负责财政、教育、金融的副市长。"

"子彬啊，啥事都行，就这事不行。武捷思到总行当副行长这事总行党组已经开会通过了，报告已送到中组部，这事改不了了。"

张肖行长的话把我顶回来了。

我看直接找中国工商银行总行要人这条路走不通了，就赶紧给中组部部长张全景打电话，请他帮忙把武捷思给深圳要过来。张全景部长听说武捷思是张肖行长的部下，就痛快地说"我可以联系联系"，从他的口气我感觉他对这事挺乐观的。

一个星期过去了，我没有收到张部长的回信。我想也不能总催领导，所以又等了几天。最后，我实在忍不住，又给张部长打了电话。

“子彬，不行啊，我联系了张肖行长两次，她都不开面。”我一听张部长这个口气不乐观，就知道不行了。张部长告诉我，他和张肖同志比较熟悉，以为武捷思的事情找她说一下能行，结果没想到张肖不开面，理由是武捷思的任命报告都报到了中组部。

虽然中国工商银行总行不放武捷思，我已经碰了两次钉子，但我还是不死心，最后，我决定求助于国务院一位领导。

在这位国务院领导的关怀下，深圳的这个副市长人选终于得以落实。我进一步感受到了中央对深圳工作的高度重视和大力支持，让原来一波三折的“挖”武捷思一事变得柳暗花明。

提名武捷思为副市长人选一事虽然尘埃落定，但时间上还是没有赶上 1995 年 5 月召开的深圳市二届人大一次会议的换届选举大会。厉有为书记及市委常委坚定支持了我的想法，在市二届人大一次会议上，市政府的副市长人选暂空一个名额。1995 年 7 月召开的深圳市二届人大常委会第一次会议，任命武捷思为深圳市副市长。

武捷思深夜暗访深圳大学，校园歌舞厅从此绝迹

在研究副市长分工时，我跟武捷思说“你分管财税、金融，同时还要分管教育”，武捷思对此有点顾虑，说他从来没有搞过教育。我跟他说，人大代表们一直反映教育经费不足，你管财政也管教育，这钱就应该能保证充足。你提出方案，我们通过就可

以了。

武捷思做事情非常负责任，让他分管教育，他很认真。

他两次拉上我的秘书郭立民，跟谁都不打招呼，晚上12点跑到深圳大学暗访。走进深圳大学校园，发现既有饭馆也有歌舞厅。已是子夜时分，饭馆还没关门，歌舞厅还在营业！第二次暗访后的第二天，武捷思直接把深圳大学领导班子找来谈话："你们都啥良心啊？我昨天半夜12点来，校园里的饭馆都不关门，好几个歌舞厅都在营业。你们说说，如果把你自个儿的闺女、儿子送到这学校来，你们能放心吗？立即整改，校园内饭馆迁出去！歌舞厅关门！"

饭馆、歌舞厅从此在深圳大学校园内绝迹。

武捷思工作上手很快，做事很踏实，善于沟通商量又雷厉风行。事实证明这个人选对了。

我们这一届政府的副市长在工作上都很胜任。1995年，全年召开市政府常务会35次，市长、副市长现场办公会154次，政府党组成员会4次。在政府党组成员会上，我给各位副市长、秘书长布置工作。做了哪些、做到啥程度，到一定时间，大家碰碰头。他们在落实过程中，要是遇到困难，或者他们没想好怎么办，或者办不下去时再找我。我们这一届政府班子办事效率高，大家都很忙，但忙得都很开心，那真是一段美好的日子。

重启深圳证券市场，半年即初见成效

中国证券市场起步晚，作为中央确定的进行股份制改造和发展股票市场的改革试点城市，深圳市和上海市共同担负着建立集中性交易市场并为全国证券业的发展提供经验的任务。1992 年 8 月震惊全国的“8·10”事件发生后，在多种因素作用下，全国证券市场步入了持续 3 年的低迷状态。

武捷思担任副市长后，其金融专家的优势得到了极大的发挥。1995 年 7 月，深圳市政府深入总结了证券市场建立以来的经验教训后，我决心重启已经低迷了三年的证券市场。这项工作由武捷思牵头，和庄心一、陈应春、刘新华等一起谋划推进。

市政府从调整市场组织架构、降低交易费用、改进结算交收、提高技术水平、改善服务质量等方面，对证券市场进行了全面整改。制定的文件包括 12 条整改内容，但并不是仅仅停留在发个文件上，文件要落实好不容易，需要一条条地抓。我们当时找了 10 家证券公司经理开座谈会，说要重新启动证券市场，座谈会上这些经理都说不行。

“市长，我们知道你好心，我们也着急，我们都亏损了，虽然不能任由这样下去，但现在启动不起来的。”座谈会上弥漫着这些证券公司经理的消极情绪。

但是，我坚定地认为重启、搞活证券市场意义重大，利大于弊，所以下决心要搞活证券市场。证券市场活了，各地资金都到这里来，深圳各商业银行的头寸将大幅度增加，信贷市场就活跃了。随着资本市场和信贷市场的活跃，整个金融市场对经济发展、产业结构的优化升级、高新技术产业的支持力度就会大大增强，有利于搞活整个经济。另外，从增加市财政收入的角度，搞活证券市场也有重要意义。1994 年深圳证券市场印花税款共 12 亿元，上交国家 7 亿元，我们留成了 5 亿元。有多少个企业能交

5 亿元？你得投入多大？还要经过多长时间？市投资管理公司一年才交市财政 2.5 亿元。

在我们的坚持和努力下，深圳证券市场半年就初见效果。1996 年 3 月，深圳证券市场交投日趋活跃，市场份额逐渐加大，4 月，“深市”出现了赶超“沪市”的势头。此后，深交所根据中央防范和化解金融风险的一系列方针政策和中国证监会的统一部署，进一步强化一线监管职能，推动证券市场的规范化进程。1998 年年底，国务院决定，上海、深圳两个证券交易所上划到中国证监会直管。深交所在 1991—1998 年共为企业筹集资金 1 262 亿元，为我国经济建设做出了重要贡献。

镇和街道办干部级别不降格

深圳市作为副省级城市，镇、街道办事处负责人级别是正处级，相当于内地的一县之长。但在深圳的发展史上，此规格险些被降为副处级。这其中有一个至今鲜为人知的故事。

1996 年 9 月 9 日，省委书记和一位副书记一起来到深圳，了解深圳市贯彻省委此前召开的市委书记座谈会精神的进展、深圳市检察院领导班子调整有关问题和深圳市关于机构编制管理等五项工作。

当时市委书记厉有为正在中央党校学习，我负责向他们汇报。汇报工作将近结束时，省委书记对我说："子彬同志，深圳是副省级市，书记、市长是副部级，副市长是正局级。你们的委办局正职相当于国家的副局级。但是，你们的镇党委书记、镇长和街道办事处主任却都是正处级，级别过高。按照副省级市的规格，他们应该降为副处级才合适。"

这一问题的提出，让我感到十分突然，也感到事关重大。我说："书记，这个事情不小，影响很大，需要慎重考虑。特区外的宝安区、龙岗区各有 10 个下属镇，特区内的几个区，每个区下设若干个街道办事处。每一个镇、每一个街道办事处管理的人口十几万到几十万不等，企业的数量从几千到近万不等，工作量很大，任务十分繁重。我在辽宁省锦西市政府工作过，深圳市的街道办事处主任和镇党委书记、镇长，他们面对的工作非常复杂，对经济发展所担负的责任，甚至比内地一个县委书记、县长的责任还重。所以，按照副处级的标准使用、管理这些干部，势必影响他们的工作积极性。另外，按副处级标准招聘这一级干部，又不能胜任当前的工作。深圳市委会面临许多难处，面临许多问题。从全市的领导干部队伍看，深圳也不差这几十个正处级干部的职数，不一定非得把他们降为副处级。”

“我的意见还是别降格，保留原级别：原来是正处级的还是正处级，是副处级的还是副处级。”

省委书记听后，觉得有道理，点头同意：“子彬同志，你说的有道理，这些干部的级别就不降格了，就这么定了。”

省领导的表态和指示十分明确，没有说“回去召开省委会议研究研究”之类的话，决策断事干脆利落。

时间飞逝，这件事已经过去20多年了，我从来没在市里的大会上说过，市委也没有下发过相关文件。所以直到现在，镇和街道办事处的干部都还不知道有这么个故事。

时过境迁，回头再看这件事，对深圳市这类干部的使用和管理，乃至对深圳市的工作，正面影响还是比较大的。省委书记来征求我的意见，说明省委很重视这个问题。事实证明，当年省委领导同意我的意见，做出不降格的决定是正确的。

第二篇

发展高新技术产业

20 世纪 90 年代初期，深圳的工业以“三来一补”加工贸易企业为主，工业增长后继乏力。90 年代中期，开始“第二次创业”的深圳面临经济转型抉择：是沿用“惯性打法”，还是闯出一条新路径？我们选择新铸一把“密钥”——把大力发展高新技术产业作为深圳未来的希望所在、形象所在、发展后劲所在。“一子落而满盘活”，正是这把“密钥”加速了深圳产业结构升级，最终实现了经济成功转型，奠定了深圳现代产业基础。

转型升级

城市经济工作的核心任务和关键环节是努力调整经济结构，切实转变经济增长方式，不断提高经济质量和经济效益，实现平稳、快速、可持续发展。20 世纪 90 年代中期，深圳进入“第二次创业”阶段。深圳能否继续发挥中国改革开放的试验田和示范区作用，在很大程度上取决于深圳经济结构调整的力度和产业升级的进程。深圳的经济结构必须调整、产业必须升级，这是共识。问题的关键是发展什么产业，如何实现这个目标。调整优化经济结构是篇大文章，是一项复杂、艰巨的大任务，绝不是领导做个报告、发一个号召就能实现的，需要我们找准目标，持续地采取一系列具体政策措施，扎扎实实、一步一个脚印地向前推进。

加快经济转型，深圳需要找准方向

来深圳之前，我已经做了三年化工部副部长，分管科研和基建工作，所以对世界科技发展水平和发展动态一直保持着高度关注。1994 年 11 月我到深圳工作后，花了近两个月时间，通过密集座谈、基层调研等方式，对全市各行各业进行了一次深入摸底。

图 2.1　1995 年 1 月 13 日，我（前排左五）和副市长李德成（前排左三）与进村高新企业总经理座谈

1995 年 1 月，针对调研中发现的问题，结合我国国情和深圳市情，我提出了加快深圳经济转型的方向：一方面，对原有的“三来一补”企业进行稳定、提高、升级；另一方面，大力发展高新技术产业。

20 世纪 90 年代，国际上对高新技术产业的认识和划分，包括六个重要产业，结合深圳市的实际，尤其要突出发展对经济发展带动作用最大、对传统产业渗透和改造能力最强的信息技术产业、生物技术产业和新材料产业。在理念上，我积极倡导“三个一”的原则：科学技术是第一生产力，高新技术产业是深圳市经济第一增长点，一把手亲自抓。把大力发展高新技术产业作为调整深圳经济结构和转变经济增长方式的中心任务，作为不断提高经济质量、经济效益和可持续发展的关键环节。加速发展高新技术产业是深圳未来的希望所在、形象所在、发展后劲所在。

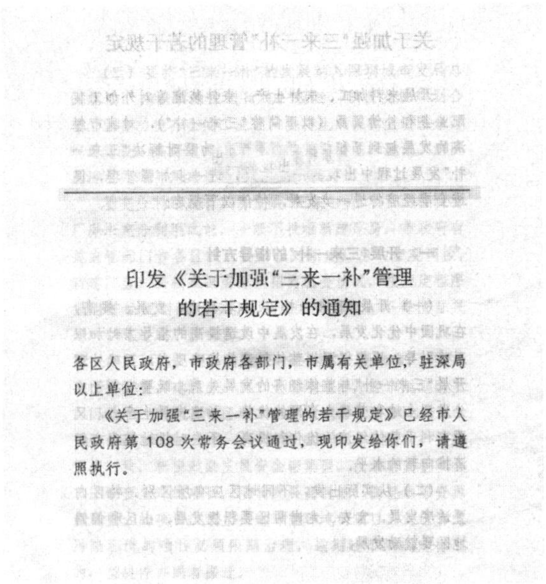

印发《关于加强"三来一补"管理的若干规定》的通知

各区人民政府，市政府各部门，市属有关单位，驻深局以上单位：

《关于加强"三来一补"管理的若干规定》已经市人民政府第108次常务会议通过，现印发给你们，请遵照执行。

图 2.2　1995 年 5 月 2 日，深圳市政府印发《关于加强"三来一补"管理的若干规定》的通知

政府制定具有前瞻性的规划，引领高新技术产业发展

高新技术产业既是高附加值的产业，也是高风险的产业，仅仅依靠企业的自发行为，虽然可以搞出一些产品，但很难形成规模和产业体系。市政府发挥宏观调控作用，适时地制定发展规划、产业政策、投资指南，引导国内外投资者对深圳高新技术产业进行投资，引导企业发展高新技术产业，并抓住一些骨干企业和拳头产品予以推动，充分发挥政府在发展高新技术产业中的指导和服务作用。

市政府当时制定了两个前瞻性的发展规划，一个是《深圳市科技发展“九五”计划和2010年规划》，另一个是1995年4月颁布的《深圳市高新技术产业发展“九五”计划和2010年规划》，当中提出了高新技术方面的重点产业、25种重点产品、70个重点项目。高新技术产业发展规划的出台为产业结构的调整提供了思路，指导企业明确了发展方向。

几年间，高新技术产业的快速发展，提高了深圳市的经济质量、经济效益和竞争力。即使在亚洲金融危机的严重冲击下，深圳经济增长势头依然不减，1998年全市国内生产总值比上年增长14.5%，工业总产值比上年增长18.5%，高新技术产品出口比上年增长19.19%。高新技术产业已经成为深圳经济第一增长点，成为成功阻击亚洲金融危机的利器。

扎实推进七大配套体系建设，推动深圳经济成功转型

发展高新技术产业必须有人才和科研成果的支持，大量的资金投入，还要有良好的企业发展环境以及以保护知识产权为核心的法治环境的支持。市政府在随后的几年里，着力构建七大体系，系统地支持和大力推动高新技术产业发展。

体系一：建立以市场为导向、以企业为主体、以全国高等院校和科研院所为依托、产学研相结合的技术开发体系

这是深圳在全国的创新之举。科教兴国的关键是将科技体制改革与经济体制改革相结合，解决好科技与经济“两张皮”的问

题。那个年代，我国大部分科研机构游离于企业之外，与市场相脱节，关起门来搞科研。至1997年年底，全国有“吃皇粮”的科研事业单位6 700多个，科研人员60多万名，占全国科研人员的70%以上。“吃皇粮”的科研单位的科研课题大部分不是来源于企业，不是来源于市场。“吃皇粮”搞科研，科研人员一门心思想的是发论文、出样机、评奖、评技术职称，并不太关心科研成果能否转化为生产力。这些科研单位也缺少办企业的人才、经验和资金，缺乏把较大的科研成果转化为生产力的手段和能力，科研成果能够实现产业化的只有15%左右，绝大部分成果都被“锁在抽屉里”。这是我国科研成果转化率比较低的根本原因，是对我国有限的科技人才、科技投入的极大浪费，经济发展只能走“引进—生产—再引进—再生产”的路子。一个国家、一个企业，不建立起自主科技创新体系，只靠引进，不可能在世界上领先，只能永远跟在别人后面爬行。

深圳不搞学院式、宫廷式的研究，强调企业在技术开发中的主体作用。科研课题从市场中来，以市场为导向，市场需要什么产品，企业就开发什么产品。市场对产品性能有什么新要求，企业就加快产品的更新换代。技术开发的目的非常明确：实现产业化、商品化，既能满足客户需求，企业也能赚钱。企业经济效益提高后，再加大研发力度，开发出更多的科研成果，加以产业化、商品化、国际化。循环往复，形成良性发展，从而推动科学技术与经济相结合，科技体制改革和经济体制改革相结合，为我国普遍存在的科技与经济“两张皮”问题提供可供借鉴的良策。

市政府制定鼓励政策，鼓励企业建设国家级、省（市）级的实验室。不论企业的所有制性质，凡在深圳建成一个国家级实验室，市政府补贴资金500万元，建成一个省级实验室，市政府补贴资金300万元。到1998年年底，全市共有521家研究开发机构，其中有477家建在企业，占92%；全市科研人员90%集中在企业；全市的科研经费90%来源于企业。我离任时，深圳企业中的500多家研究所与全国130多所高等院校及科研院所建立了稳定的合作关系，科研成果转化率高达90%左右，深圳市发明专利的申请量和授权量位居全国各大城市之首。

体系二：建立支持高新技术产业发展的综合配套政策体系，改善企业发展的社会环境

深圳市政府率先改变了传统的以减税让利为主的政策扶持方式。1995年以来，市政府围绕支持企业增加科技研发投入、人才引进、土地使用、税收优惠、技术入股、人员出国培训、贷款担保、出口信贷等，陆续出台了一系列的优惠政策。1998年2月，深圳市政府出台《关于进一步扶持高新技术产业发展的若干规定》（以下简称“旧22条”），汇集了以前实行的优惠政策，又增加了新的内容。这是深圳历年来力度最大、内容最全面的关于高新技术产业发展的文件。这个文件的贯彻实施，对支持高新技术产业发展具有十分重大的意义。1999年，市政府对“旧22条”进行了全面修订，出台了“新22条”。在建立以企业为主体的科技创新体系、扩大投资融资渠道、人才引进、增加科技投入、知识产权保护、科技骨干人员持股、税收政策、土地政策、知识产权交易等方面制定了切实有力的政策措施，形成了系统的支持高新技术产业发展的政策体系，推动高新技术产业进入了持续、健

康发展的轨道。

深圳的“旧 22 条”和“新 22 条”在全国引起了很大反响，在借鉴深圳经验的基础上，上海市出台了促进高新技术产业发展的“18 条”，北京市出台了“33 条”。

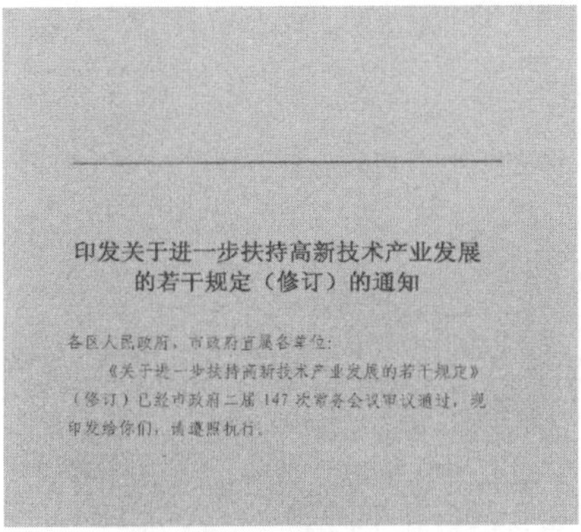

印发关于进一步扶持高新技术产业发展的若干规定（修订）的通知

各区人民政府，市政府直属各单位：

《关于进一步扶持高新技术产业发展的若干规定》（修订）已经市政府二届 147 次常务会议审议通过，现印发给你们，请遵照执行。

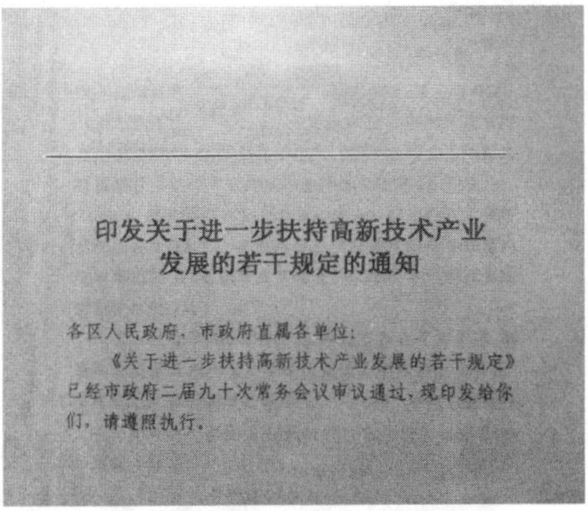

印发关于进一步扶持高新技术产业发展的若干规定的通知

各区人民政府，市政府直属各单位：

《关于进一步扶持高新技术产业发展的若干规定》已经市政府二届九十次常务会议审议通过，现印发给你们，请遵照执行。

图 2.3　1998 年 2 月 5 日，深圳市政府印发《关于进一步扶持高新技术企业发展的若干规定的通知》（左）；1999 年 9 月 24 日，深圳市政府印发《关于进一步扶持高新技术产业发展的若干规定（修订）的通知》（右）

体系三：从深圳的实际出发制定人才政策，坚持自主培养与引进并重，建立支持高新技术产业发展的人才体系

由于历史的原因，当时深圳市没有一所国家部委高等院校，只有市政府建的三四所大学和专科学校。深圳不可能在短时间内创办几十所大学、上百家科研院所。为了满足深圳市调整经济结构、产业升级、大力发展高新技术产业的人才和技术需求，市政府决定在人才政策上采取“拿来主义”。市人事局创办了“人才大市场”，从 1996 年开始，每年招收全国高等院校毕业生一万多人。市政府决定，凡在深圳各种所有制企业工作两年以上、具有

大学本科学历的专业技术人员，由人事部门、公安部门给予落户。住宅局将高新技术人才纳入微利房分房范围。同时，特别注意引进科学院院士、工程院院士、博士生导师等高学位、高职称的科技人才，这类专家学者，桃李满天下，引进一人，可以带来一群人，对改善深圳市人才结构，提高知识层次极为有利。

图 2.4　1996 年 9 月，深圳市人事局设立深圳市人才交流服务中心

1996 年 12 月 21 日，深圳市政府出钱、出地，清华大学出品牌、派老师，市校双方合作成立了深圳清华大学研究院。随后深圳市政府与北京大学、香港科技大学三方合作成立了深港产学研基地，与哈尔滨工业大学合作成立了深圳国际技术创新研究院。1999 年 9 月 10 日，由深圳市政府投资、与国内 22 所重点大学合作建立的占地面积 1.5 万平方米的深圳虚拟大学园奠基。建成后，深圳免费为这些重点大学提供办公用房、办公设备，免费为他们提供中间试验的设备。“名校在深圳，汇聚高新区”“深圳无名校，名校在深圳”，这些研究院和虚拟大学园后来得到快速发展，为

深圳市经济发展培养了大量的高级技术人才，大批科研成果在深圳实现了产业化。

体系四：坚持技术引进和自主开发相结合，建立技术来源体系

发展高新技术产业，一要有高科技人才和企业管理人才，二要有技术来源，三要有大的资金投入。从长远来看，深圳必须逐步建立起自己的研究开发基地，但是，深圳当时的科研自主开发能力较差，如果从建立实验室开始，经过小试、中试再实现产业化，10 年就过去了，我们等不及。所以，我们必须“两条腿走路”，走技术引进和自主开发相结合的路子。

一方面，突出引进国内、国外的高科技成果和高级人才，采取“拿来主义”发展自己。加强招商引资工作，吸引国外跨国企业集团来深圳市独资或合资建厂；从国外大公司引进世界一流的技术；加强从国内科研院所、高等院校引进科研成果，使之在我市实现产业化、商品化、国际化，把深圳建成将国内最新科研成果转化为现代生产力的重要阵地。

另一方面，加快本市企业的科技进步，建立健全大中型企业的技术开发机构，结合建立现代企业制度试点，实施技术创新示范工程。同时，以产、学、研联合的方式在重点行业的骨干企业中组建行业技术开发中心和中试基地，推动行业科技进步，使深圳市重点行业的整体技术水平在 20 世纪末达到国际先进水平。促使大中型企业成为技术开发的主体，各企业集团、总公司都要建立独立的科技开发机构，加强技术创新，增强企业自主研究开发能力。

体系五：建立政府资金引导、企业投入为主体、金融机构支持的资金投入体系

发展高新技术产业需要大量资金的支撑，解决不了资金问题，企业没法发展，一些成长中的高新技术企业死就死在资金断链上。解决科技投入问题，政府投入的引导作用不可或缺，积极探索建立以政府的科技投入为引导，以企业的科技开发投入为主体，以银行贷款、企业上市、创投基金大力支持的多渠道的科技投入体系显得尤为重要。

首先是发挥市区财政拨款的科技三项经费对科研项目的引导、支持作用。深圳市科技投入占市财政支出的比重逐年增加，1999年达到4.02%。1994年年底，深圳市政府出资1亿元组建深圳市高新技术产业投资服务有限公司，以市场化方式运用财政资金支持高新技术企业发展，到2000年资本金达到4亿元。这些资金主要用于高新技术企业流动资金贷款贴息。凡是在深圳注册并具有独立法人资格的不同所有制的高新技术企业均可申请，经专家委员会评审同意后即可得到支持。1997年9月，市政府成立以市长为组长的市科技风险投资领导小组，开始创建科技与金融相结合的科技风险投资市场体系。分别在内地和香港成立高新技术创业基金：内地的高新技术创业投资基金以私募方式为主，基金规模达到20亿元；在香港注册一只5 000万美元的基金，作为内地基金的“出口”。同时，深圳市政府还积极探索建立高新技术风险投资机制。1999年8月，市政府出资成立全国首家创业投资基金公司——深圳市创新科技投资有限公司，深圳市高新技术投资担保有限公司、深圳市中小企业担保公司也相继成立，并且积极引进多家国际风险投资资金在深圳市投资。

深圳市政府允许企业合理提高企业的科技三项费用进入成本，并支持高新技术企业通过资本市场融资。到1999年5月，深圳共有67家高新技术企业通过发行股票或借壳上市等方式进入资本市场，发行和配股筹资总量达230亿元。1996年，中国建设银行深圳分行开展高新技术企业出口买方信贷业务，支持华为公司、中兴通讯等企业的产品出口。

体系六：建立和完善以保护知识产权为核心的法律法规体系，建立公正、公平、公开的市场竞争环境

建立公正、公平、公开的市场竞争环境，是高新技术产业健康发展的重要条件。几年来，在市长的支持推动下，深圳市人大常委会、市政府先后颁布了9项促进高新技术产业发展的法规和政府规章，逐步建立并完善了以保护知识产权为核心的法律法规体系。

针对知识产权问题，深圳市人大常委会颁布了《深圳经济特区技术秘密保护条例》《深圳经济特区计算机软件著作权保护条例》，市政府制定了《深圳市无形资产评估管理办法》。为了激发科技人员从事技术开发的积极性，市政府颁布了《深圳市企业技术开发经费提取和使用暂行办法》《深圳市奖励企业技术开发人员暂行规定》《深圳市企业内部员工持股试行办法》。市政府还制定了《深圳经济特区民营科技企业管理规定》《关于加快高新技术产业人才队伍建设和人才引进工程的若干规定》，以加大人才引进和培养力度。

深圳市依法逐步建立起技术入股制度、科技骨干人员持股制度、技术开发奖励制度等，形成了以保护知识产权为核心的分配

机制和经营管理制度，为高新技术成果转化成生产力提供了内在动力机制。同时，企业活跃的技术创新体制又为创业资本提供了现实的市场需求。二者相得益彰，相互促进。

体系七：建立深圳市高新技术产业园区，为项目产业化提供孵化平台

市政府提出调整产业结构，强调以高新技术产业为先导的同时，我们面临的一大问题是：高新技术企业落户在哪里？市政府很快做出决定：建设深圳市高新技术产业园区（以下简称市高新区）。

南山区当时有5个工业园区，这些工业园区都没有怎么开发，只是搞了一些小规模的房地产，中间还有一个泰国正大康地养猪场，占地1.6平方千米，里面也没有养猪，是空的。

经过一年多的调研、讨论、酝酿，我于1996年5月2日和1996年9月9日两次主持召开市政府常务会议，专题研究市高新区的建设与发展问题。决定把位于南山区的5个工业园区进行清理、整合，组建市高新区，调市科技局副局长刘应力任市政府副秘书长，专职负责市高新区的开发建设工作。市政府常务会议决定正式成立深圳市高新技术产业园区领导小组，我任组长，李德成、郭荣俊、刘应力任副组长，下设办公室，由刘应力兼任办公室主任。领导小组对市高新区实行统一规划、统一政策、统一开发、统一管理，为进驻园区的高新技术企业提供税收、土地租金等方面的优惠及生产生活服务，为科技项目产业化提供孵化服务。当时，深圳新成立的高新技术企业大部分都落户在市高新区。

虽然和成都、西安、中关村等地的高新园区动辄几十平方千米甚至上百平方千米的面积比起来，深圳市高新区面积只有区区

11.5 平方千米，但含金量高，它的总产值和发明专利数量在全国高新园区中均在前列。经过 3 年的发展，该园区就被列为五大国家重点高新技术园区之一。

举办首届高交会，成就未来“中国科技第一展”

在产业转型升级中，深圳市高新技术产业取得了高速发展，至 1999 年已经初具规模。1999 年在深圳诞生的高交会是深圳发展高新技术产业的重要里程碑。停办荔枝节，与国家部委共同举办国家级、国际性的高交会，意味着深圳经济开始成功转型。

首届高交会从酝酿、筹备到开幕只有短短的一年零三个月，1999 年 10 月 5 日，高交会正式开幕，国务院总理朱镕基出席高交会、致开幕辞并宣布开幕。

图 2.5　1999 年 10 月 6 日，首届高交会展馆现场

历时 6 天的首届高交会，26 个国家和地区的 86 个代表团，32 家世界著名的高科技跨国公司，全国 31 个省、自治区、直辖市和港澳台地区以及 22 所著名高校、5 个国家部（院）组团参加了展示交易洽谈，参展企业 2 856 家，参展项目 4 150 个，成交金额 64.94 亿美元，总参观人数超过 30 万人，可谓一炮而红。目前，高交会已成为中国规模最大、最具影响力的科技类展会，有“中国科技第一展”之称。它作为中国高新技术领域对外开放的重要窗口，在推动高新技术成果商品化、产业化、国际化，以及促进国家、地区间的经济技术交流与合作中发挥着越来越重要的作用。

高新技术产业成为深圳经济第一增长点

在我担任深圳市市长的那 5 年，深圳高新技术产品产值从 146.2 亿元增加到 819.8 亿元，年均增长 42.6%，其中拥有自主知识产权的产品比重由 18.4% 提高到近 50%，在全国处于领先地位。在企业层面，更是涌现出华为、中兴通讯、长城、科兴、腾讯、迈瑞、比亚迪等一大批拥有自主创新能力和国际竞争力的骨干企业。高新技术产业成为深圳经济发展的第一增长点，大大提高了深圳的经济质量和经济效益。

深圳在 40 年的时间里，从一个“南国小县”发展成中国第三大城市，经济总量超过了香港、新加坡、首尔、大阪，位居亚洲第四，堪称世界工业化、城市化、现代化发展史上的奇迹。奇迹的背后，高新技术产业对深圳经济的拉动作用功不可没。

如今，中国改革开放已40多年，因改革开放而生的深圳经济特区必将把创新这面示范带动的旗帜举得更高，形成“一马当先”“万马奔腾”的局面！

与著名高校共建新型研究院

深圳市 1995 年开始“第二次创业”后，将大力发展高新技术产业、推动产业转型升级、调整优化经济结构作为重大发展战略。当时的深圳，一方面缺大学，只有深圳大学这一所本科院校；另一方面，没有国家部委设立的科研院所，而大力发展高新技术产业必须有科技人才、科研成果的支持。同一时期，作为我国的一流大学，清华大学、北京大学、哈尔滨工业大学等高校希望走出校门，实现科研成果转化，为经济发展做贡献，促进建设中国特色的世界一流大学。市校双方的共同需求一拍即合，1996 年 12 月 21 日，中国第一家新型研发机构——深圳清华大学研究院应运而生。这一创举在国内引起极大反响，北京大学、哈尔滨工业大学等著名高校纷纷上门寻求合作，建立研究院。名校走出校门，携手深圳建立新型研发机构，在推动高校科研成果转化，助力深圳建立起产学研相结合的技术创新体系，加快产业转型升级方面铺就了一条成功之路。

国内首创，市校合作成立深圳清华大学研究院

第一次商谈，双方一拍即合

深圳清华大学研究院的设立，是市校双方史无前例的创新尝试。

清华大学是我的母校，曾经有人问我，把清华大学引进深圳，作为市校合作建立新型研发机构的第一个项目，是否因为我是清华学子而让清华大学“近水楼台先得月”？清华 6 年的学习生活是我人生中最美好的一段时光，我对母校怀有深厚的感情，但清华学子的身份并不是促成深圳与清华大学创新合作的决定因素。清华大学是我国著名高等学府，自 1911 年建校以来，形成了独具特色的优良传统，成为我国数一数二的高等院校。作为我国高层次人才培养和科学技术研究的重要基地，清华大学的实力是深圳市政府最为看重的地方。

1996 年春节过后，清华大学常务副校长杨家庆来到深圳。这是我俩第一次见面商谈市校合作，双方表达了真诚的合作意愿。我说：“深圳市‘第二次创业’的主要任务是产业升级，大力发展高新技术产业，提高经济质量、经济效益和发展速度，加快建成现代化国际性城市。实现这一战略目标，需要科技人才、科研成果的支撑，而这恰恰是深圳的短板。深圳经济特区的前身是宝安县，是一个纯农业县，所以深圳的教育、科技研发是弱项。深圳市委、市政府决定实施自主培养与引进并重的人才政策，建立以市场为导向、以企业为主体、产学研相结合的技术开发体系，因此迫切希望与清华大学合作。建立技术创新研究院的目的，一是出科研成果，实现产业化，二是培养科技人才。”

杨家庆常务副校长说：“我受王大中校长、贺美英书记委托，到深圳和李市长面谈。清华大学是国内一流的大学，每年有大批的技术成果，但是难以转化成生产力。我们必须走出校门，寻求与地方政府的合作，考虑了几个城市，最后大家一致认为深圳市的条件最好：深圳是经济特区，有良好的政策环境、公平竞争的市场环境、保护知识产权的法制环境、国内最优的金融环境。所以我们决心走出清华园，和深圳市政府合作建立研究院，实现政产学研相结合，尽快实现科研成果转化，为经济发展服务。面向港澳台、面向国际科技前沿，提高科研水平和教学水平，推动清华大学尽早建成国际一流大学。”

我对杨校长说：“你的这番话，让我很受启发和感动。深圳市有国内最好的自主创新环境，我们的合作一定会很快结出丰硕成果。”

1996 年 12 月签订协议，首家新型研究院诞生

1996 年 7 月，杨家庆常务副校长再次来到深圳，就双方合作事宜与我、郭荣俊副市长进行第二次会谈。双方达成合作建立深圳清华大学研究院的原则性协议：深圳市政府出资 5 000 万元，在市高新区划出 1.6 万平方米的建筑用地；清华大学以无形资产作价，另外出资 1 000 万元；双方各占 50% 股权。

合作建立深圳清华大学研究院的目的：一是探索高等院校发展与地方经济发展相结合、科研成果与产业化紧密结合的成功之路；二是助力深圳建立起以企业为主导、产学研有机结合的技术创新体系，为把深圳建成高新技术研发和产业化基地培养人才、提供科研成果。

深圳清华大学研究院的主要职责包括：一是紧密结合深圳市高新技术产业发展，开展高科技应用研究，并把科研成果进行孵化，形成产业；二是支持深圳的企业进行技术改造，参与重大项目咨询评估；三是培训高层次的科技人才和管理人才。

1996 年 12 月 21 日，在深圳迎宾馆，我和清华大学王大中校

长分别代表深圳市政府和清华大学签署了合作建立深圳清华大学研究院的协议书。1997 年 4 月 20 日，深圳清华大学研究院大楼奠基。

图 2.6　1996 年 12 月 21 日，我（右）与清华大学校长王大中（左）出席深圳市政府与清华大学合作建立“深圳清华大学研究院”签字仪式

1998 年 5 月 8 日，清华大学党委书记贺美英、常务副校长杨家庆前来深圳，与我、郭荣俊、刘应力共同商谈研究院开展人员培训（硕士学位、博士学位、MBA、会计）、科研成果转化等事项。

贺美英书记说，过去清华大学只重视“863 计划”“火炬计划”攻关，今后应该重视技术成果的转化，也可以由深圳市出题目，学校做开发。清华大学将把一些好的企业转到深圳来落户，并希望在 1998 年将深圳清华大学研究院的大楼建起来。

我非常赞成贺美英书记关于重视科研成果转化的观点，并提议市校双方共同筹备，举办一次清华大学科研成果展销会，拟邀请珠三角地区各城市参加。

研究院的人事、组织准备和基础工程建设工作紧张有序地进行。正式开班之前的两个月，我和李德成、郭荣俊、刘应力以及市政府有关部门负责人到研究院现场办公。杨家庆汇报了筹建工作情况，并提出办公和科研设备的采购还缺 1 000 万元，我当即决定市财政如数拨付。研究院为深圳市事业单位，进行企业化管理，实行理事会领导下的院长负责制，主要领导享受正局级待遇。我出任首届理事长，清华大学校长助理冯冠平出任首任院长。

新生事物展现出无比强大的生命力

深圳清华大学研究院的总体发展目标是建成一个高层次、综合性、开放式的政产学研相结合的实体，使之成为我国华南地区技术创新的重要基地，面向港澳台和东南亚地区，逐步发展成为国际性的技术研发与学术交流中心。

研究院以体制机制创新为核心，打造了研发平台、人才培养、投资孵化、科技金融、创新基地、国际合作 6 大功能板块。研究院将研发平台建设作为立院之本，组建了 6 大研究所——宽带无线通信研究所、新能源与环保技术研究所、电子信息技术研究所、新材料与生物医药研究所、航空航天技术研究所、光机电与先进制造研究所，并延展出 26 个实验室。这里汇聚了 300 多位专职研发人员，形成了实力雄厚的公共技术研发平台，成为高科技孵化器。2012 年，研究院建成了深圳市第一家企业博士后科研工作站，博士后成为研究院又一支重要的科研力量。研究院企业家培训中心迄今已为 4 万多名企业家提供了高品质的管理培训服务，成为一个名副其实的人才成长的摇篮。

为破解科技与经济“两张皮”的问题，早在 1999 年，研究院便前瞻性地成立了力合创业投资公司。研究院迄今孵化高新技术企业近 1 600 家，股权投资 200 家，培育了 21 家上市企业，孵化打造出一批极具市场潜力和价值的项目与企业，其中包括十五六家“独角兽”企业，许多上市企业就是从研究院这栋大楼走出去的。

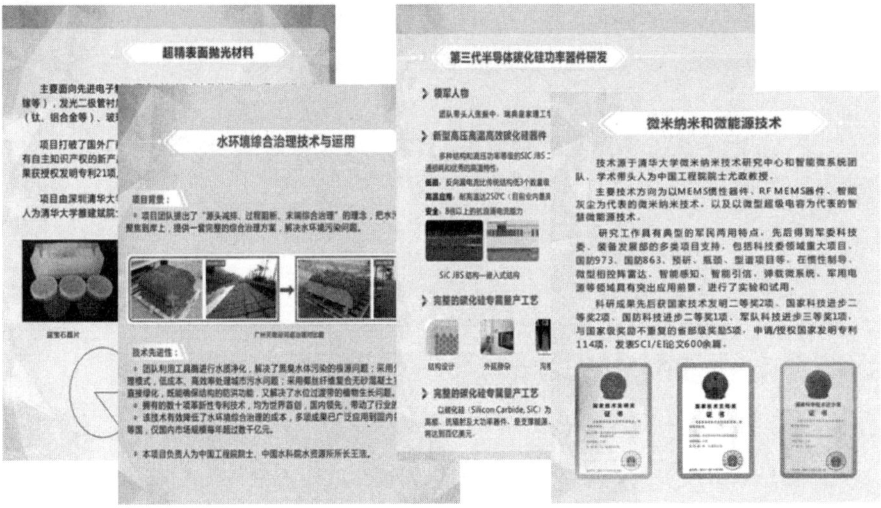

图 2.7　深圳清华大学研究院的部分研究成果

研究院从 2016 年开始，实施全球布局的国际化战略，先后在美国、英国、德国、俄罗斯、以色列成立 5 个海外创新中心，开展国际技术转移、海外人才团队引进和跨境投资并购的业务。6 大板块有机结合，高效运转，打造了产学研深度融合的科技创新孵化体系。

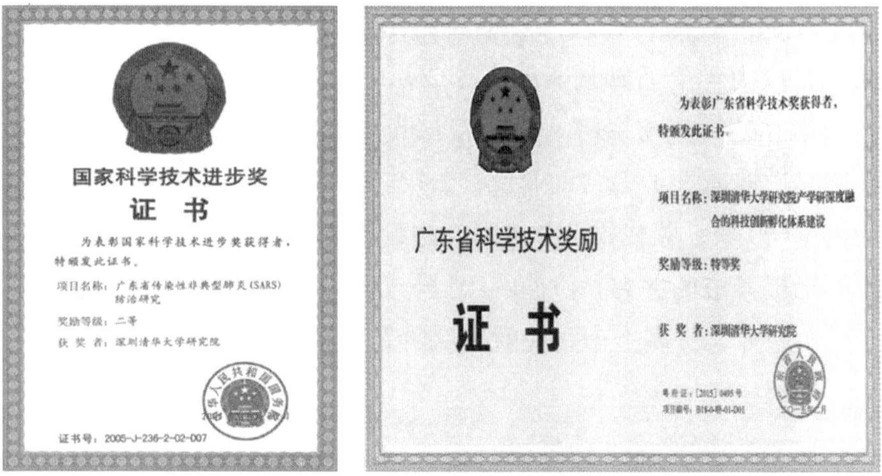

图 2.8　深圳清华大学研究院获得国家科学技术进步奖证书（左）、广东省科学技术奖励证书（右）

深港产学研基地：死心塌地在深圳“做最后一公里的事情”

继清华大学之后，北京大学是第二个与深圳市政府合作建立新型研发机构的著名高校，携手同行的还有它的学术联盟——香港科技大学。在香港回归之后，深圳市政府、北京大学、香港科技大学三方携手共建深港产学研基地，这一具有战略远见的构想，是深港科技合作的突破，对促进香港与内地的合作、我国高新技术产业的发展，以及形成我国具有特色的科技创新机制具有深远的意义。

早在 1998 年，北京大学、香港科技大学就“盯”上了深圳。那一年的 11 月 13 日，北京大学与香港科技大学在香港签署双方学术联盟协议，双方在协议中就商定，两校依靠自己的优势，同深圳市政府密切合作，在深圳市高新区设立研究院，开展高级人才培训和科技研究开发，兴办高新技术企业。香港科技大学校长吴家玮就这个协议的文本内容事先征求过深圳市高新办的意见。1999 年 1 月 7 日，我在市高新办的汇报材料上批示："可与对方联系，明确我方予以积极回应。"

那个时期，希望与北京大学开展合作的地方政府很多。1999 年 4 月，北京大学秘书长、校长助理史守旭等人专程前来深圳，与市政府首次接触，商谈市校合作建立新型研发机构的可能性。史守旭回到北京后，向许智宏校长汇报说："许校长，建议你到深圳看看去，深圳是真干，是真的需要北大，咱们就死心塌地跟深圳合作吧。"

1999 年 5 月 22 日，深圳市政府、北京大学、香港科技大学三方代表在深圳进行了具体磋商，共同签署了三方合作备忘录。

1999 年 8 月 16 日，在深圳市五洲宾馆，我和北京大学校务委员会主任任彦申、香港科技大学校长吴家玮分别代表深圳市政府、北京大学、香港科技大学签署了三方合作共建深港产学研基地的协议书，并召开深港产学研基地第一次理事会会议。我任首届理事长，北京大学校务委员会主任任彦申、香港科技大学校长吴家玮、深圳市常务副市长李德成任副理事长。理事会领导下的深港产学研基地的管理机构，由北京大学副校长陈章良任首任主任，香港科技大学、深圳市政府派代表出任副主任。

深圳市政府在市高新区为深港产学研基地提供了面积 1.5 万

图 2.9　1999 年 8 月 16 日，我（右二）与北京大学校务委员会主任任彦申（左一）、香港科技大学校长吴家玮（右一）出席深港产学研基地签约仪式

平方米的建筑用地。基地建设资金 8 000 万元由三方出资，其中深圳市政府出资 6 000 万元，北京大学和香港科技大学各出资 1 000 万元。参照深圳清华大学研究院的模式，北京大学、香港科技大学以无形资产作价，深港产学研基地权益按照深圳市政府 34%、北京大学 33%、香港科技大学 33% 确定。2001 年 3 月 8 日，深港产学研基地大楼奠基，2002 年 1 月 19 日正式建成投入使用。

成立 21 年来，深港产学研基地一直专注于“做最后一公里的事情”——把科研成果转化摆在首位，加快产业化进程。到 2018 年，187 名工作人员中有 59% 从事研究与开发，17% 致力于成果孵化与产业化。应用研发中心面向科技前沿，结合深圳需求，重点聚焦信息技术与装备自动化，生命健康与生物医疗，海洋、水资源与人居环境，新材料与新能源 4 大领域开展应用研究。产业发展平台重点围绕技术转移、企业孵化、成果转化、创业投资等方面开展工作，探索产业发展的混合所有制模式。1999 年 10 月，该基地首批项目之一的固高科技（深圳）有限公司成立，目前已经发展成为国内自动控制领域的龙头企业。深港产学研基地发起的创业投资机构——深港产学研创业投资有限公司投资的 14 个项目已在境内外上市，管理资产约 50 亿元。深港产学研基地培训中心依托两校的教育资源，面向深圳市政府、企业以及产业发展的需求，提供急需的高层次的人才培训，举办

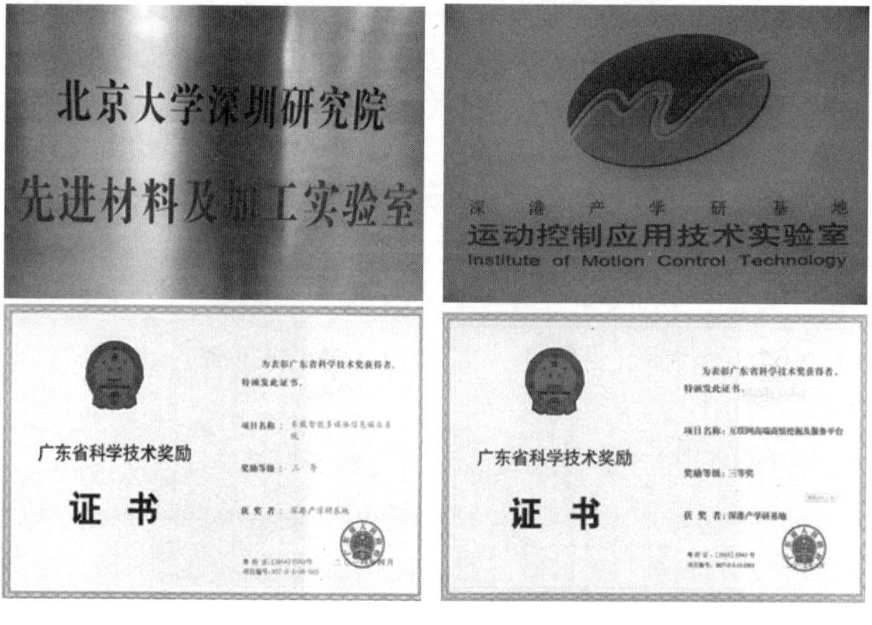

图 2.10　深港产学研基地部分重点实验室和获奖情况

了 13 年的深圳市民营及中小企业家工商管理班，已经培养了两万多名企业家和高管，这些企业中已经有 30 多家在中小板挂牌。

在聚集高端人才、创造科研成果、培育高新技术企业等方面，深港产学研基地 21 年的实践为深圳的发展源源不断地注入了新动力。

深圳航天科技创新研究院：打造军民融合式创新产业集群

哈尔滨工业大学是第三个与深圳市政府合作建立研究院的著名高校。

促成深圳市政府与哈尔滨工业大学的合作，时任广东省委书记是“红娘”。1999 年 6 月，时任广东省委书记在深圳考察期间，我向他汇报深圳高新技术产业情况时，特别提到了深圳市政府与清华大学合作建立的深圳清华大学研究院。他对此表示了充分肯定，并传递了一个重要信息——他的母校哈尔滨工业大学与俄罗斯、乌克兰等 5 个东欧国家合作建立了实验室。“哈工大在与俄罗斯、乌克兰等国家的合作上具有优势，深圳与哈工大有没有可能合作建立研究院，将哈工大以及俄、乌的科研成果在深圳实现产业化？”

我当即回答：“深圳市政府可以与哈工大合作建立研究院。”

1999 年 12 月 8—10 日，在深圳市政府与哈尔滨工业大学联合举办的深圳国际院士论坛暨高新技术发布会期间，深圳市政府与哈尔滨工业大学以及俄罗斯、乌克兰 8 所著名院校签署了十方合作备忘录。2000 年 2 月 25 日，我和哈尔滨工业大学校长杨士勤分别代表深圳市政府和哈尔滨工业大学签署了关于创建深圳国际技术创新研究院的合作协议，并召开第一次理事会议。研究院以信息、新材料、能源、机电一体化、生物和环保技术等6个领域为主进行高新技术成果的转化和新产品开发。参照与清华大学、北京大学合作的同等条件，市政府在市高新区划出1.3万平方米左右的建筑用地，出资6 000万元，哈尔滨工业大学出资2 000万元，权益按双方各50%确立。我任深圳国际技术创新研究院首任理事长，哈尔滨工业大学校长杨士勤、深圳市常务副市长李德成任副理事长，哈尔滨工业大学校长助理、科技处处长张华出任院长。

2000年10月13日，深圳国际技术创新研究院奠基。2002

图2.11　2000年2月25日，我（前排左）与哈尔滨工业大学校长杨士勤（前排右）出席深圳国际技术创新研究院签约仪式

图 2.12　深圳航天科技创新研究院部分重点实验室

年 4 月 28 日，深圳国际技术创新研究院研发大厦正式启用。2007 年 6 月 28 日，中国航天科技集团公司与深圳市政府、哈尔滨工业大学三方签署协议，重组共建深圳航天科技创新研究院，探索航天事业体制机制创新，开拓“央企－地方”产学研合作新模式。重组后的研究院旨在建设军民融合、航天技术的研发和产业化基地，产学研融为一体、高校科研成果转化的孵化平台。同年 9 月 6 日，深圳国际技术创新研究院正式更名为深圳航天科技创新研究院。

到 2018 年，研究院已形成包括 5 个研究所、1 个院士工作站、5 个深圳市重点实验室、5 个深圳市工程实验室、1 个 CANS 检测中心、多个与总体单位和用户单位合作建设的联合实验室、多家参控股专业公司在内的军民融合式创新产业集群。研究院针对卫星电源国产化任务，自主研制大功率等级卫星电源控制器、航天用数字 DC/DC 变换器等长期以来制约我国航天产业发展的关键部组件，替代进口，打破了欧美市场的封锁与垄断。

24 年前，清华大学与深圳市政府合作建立了我国第一家新型研发机构，带动了一大批高等院校与深圳展开市校合作。到 2018 年，已经有 60 所国内外著名大学在深圳市高新区设立研究院，形成了“名校在深圳，汇聚高新区”的喜人局面。这些研究院充分发挥科技人才资源优势和深圳改革开放先行一步的优势，培育了一大批优秀的科技人才，研发出一大批高质量的科研成果并且实现了产业化，为深圳经济转型发展做出了重要贡献。

深圳湾畔造“硅谷”

在深圳发展高新技术产业的战略棋盘上，1996 年 9 月落子在深圳湾畔的市高新区是其中至关重要的一步棋。这个面积仅有 11.5 平方千米、被誉为深圳“硅谷”的市高新区，它的诞生、发展和成功，是深圳市委、市政府建设高科技城市的实践与探索的缩影。

结束“诸侯割据”，政府决定建设市高新区

进入“第二次创业”阶段，大力发展高新技术产业是深圳市调整优化经济结构和转变经济增长方式的中心任务。发展高新技术产业，硅谷给了我们很多启示。得益于一大批高新技术企业和科研机构的集聚，硅谷成为美国高新技术产业活力和实力的象征，创新资源的集聚是发展高新技术产业行之有效的方法。深圳成立市高新区的探索，印证了这一点。

1994 年 12 月 27 日，我到深圳上任一个多月后，到位于南山区的市高新技术工业村调研。高新技术工业村于 1993 年 10 月开始筹建，占地面积 19.8 万平方米，规划建筑面积 34.8 万平方米。那时的高新技术工业村还没有真正建起来，几乎是一片荒地。在高新技术工业村的周边，还有深圳科技工业园、中国科技开发院、京山民间科技工业村、第五工业区等 4 个工业园区，其中还

有一个面积达 1.6 平方千米的正大康地养猪场，养猪场里也没有养猪，是空的。少量的企业散落在这 5 个园区里，这些园区各自进行规划，且入驻企业规模太小，深圳科技工业园的一栋厂房内就有几十家小企业。这个区域实际上处于“诸侯割据”状态，总体布局极不合理。

1995 年 1 月 13 日，我和副市长李德成与 30 家首批拟进驻高新技术工业村的企业总经理座谈，其中包括迈瑞、现代电子等刚刚崛起的企业。这些企业负责人都希望市政府尽快建成一个综合配套完善的高新技术工业园区，让深圳的高新技术产业集聚起来。

图 2.13　1994 年 12 月 27 日，我（后排右三）和李德成副市长（后排右二）在深圳市高新技术工业村座谈调研

发展高新技术产业，统一规划建设一个配套完善的高新技术产业园区成为市政府和企业的共同需求。在企业层面，企业需要产业配套，高新技术企业都希望集聚在一个园区发展；在政府层面，建立高新区，集中为企业提供服务，有利于培育和发展产业集群，形成产业集聚效应。同时，这样可以减少当时一些政府部门乱收费、乱集资、乱罚款对企业经营活动的干扰，使企业可以专心致志地抓生产经营。

根据多次调研和反复酝酿，市政府初步决定将市高新区设在南山区，北起广深高速公路，南到滨海大道，西临麒麟路、南油大道，东至沙河西路，面积为11.5平方千米，北环大道和深南大道横贯其中，将园区自然分割成南、北、中三个区域。园区内有深圳科技工业园、中国科技开发院、深圳市高新技术工业村、国家电子技术应用工业试验中心、京山民间科技工业村、深圳大学和第五工业区。从酝酿成立市高新区开始，我就强调，必须按照国家级高新技术开发区的标准，坚持“统一规划、统一政策、统一开发、统一管理”的原则来建设市高新区。

成立领导小组，市高新区亮丽诞生

1996年5月2日召开的市政府二届三十二次常务会议，专题研究市高新区的建设和发展问题，就园区的范围、管理体制、发展规划、优惠政策、招商引资等议定了六条意见。

第一，市高新区的范围包括科技工业园、原高新技术园区深南路以南部分和第五工业区。

第二，进一步理顺园区的管理体制，成立深圳市高新技术产业园区领导小组，我任组长，李德成、郭荣俊、一名市政府副秘书长，李连和、陶炎民任副组长。领导小组下设园区管理办公室（以下简称市高新办），主任由上述市政府副秘书长兼任。市高新办作为市政府的派出机构，代表市政府行使管理职能，全权负责园区的管理和入园项目审批工作。

第三，做好园区的规划。一是做好园区的总体规划，合理布局，明确园区功能。把第五工业区作为园区的生产和生活基地划入园区范围。园区内深南路以南部分，主要用于科研开发，不建生活区。二是做好园区产业规划，重点发展信息技术、生物工程和新材料等高新技术产业。对进入园区的高新技术企业要从严审批，对科技工业园（村）的现有企业进行一次全面清理，不符合产业规划要求的企业要迁出园区。

第四，继续落实园区的优惠政策，并将优惠政策的使用范围延伸到深圳大学。

第五，市法制局会同市高新办抓紧制定园区管理办法，尽早出台实施。

第六，加快园区的招商引资工作，特别要引进国际知名大型企业集团，以提高园区技术档次，尽快形成规模生产，发挥经济效益。

1996年8月，市科技局副局长刘应力调任市政府副秘书长，专职负责市高新区规划与开发的协调工作。

1996年9月9日，深圳市高新技术产业园区领导小组正式成立，我担任组长，常务副市长李德成、副市长郭荣俊、市政府副秘书长刘应力担任副组长，科技局、经发局等19个部门负责人为领导小组成员。

领导小组的主要职责是：贯彻执行市委、市政府有关建设市高新区的方针、政策和决定；批准或审查市高新区的发展规划、进园项目、土地配置、资金支持，以及管理法规、条例；协调解决市高新区开发、建设和管理过程中的重大问题；完成市政府交办的其他有关任务。领导小组下设市高新办，作为市政府的派出机构，代表市政府管理市高新区的各项行政事务。市高新办主任由刘应力担任。撤销原设立的深圳市政府高新技术工业村筹建领导小组和深圳市高新技术园区领导小组及其办公室，原办公室所配编制（7 名）相应划归市高新办。

深圳市高新技术产业园区领导小组的成立标志着市高新区的建设正式启动。

规划引领和“四统一”管理，建设国家级高新区

建设高新区，规划要先行。市政府拨款 5 000 万元作为市高新区规划研究和基础设施建设的补助费用，成立了由 25 个有关单位、44 名专家组成的规划班子，从总体、产业、土地、建设、法规等方面全面展开园区的规划工作，当年年底完成了《深圳市高新技术产业园区发展规划》的“总体规划”、“产业规划”和“土地规划”三大部分。

市高新办用半年时间摸清了园区家底。1997 年 2 月 20 日，市政府二届五十八次常务会议听取市高新区情况汇报，审议并原则通过了市高新区发展规划纲要。

市高新区的功能定位是：大规模、高效益的高新技术产业研

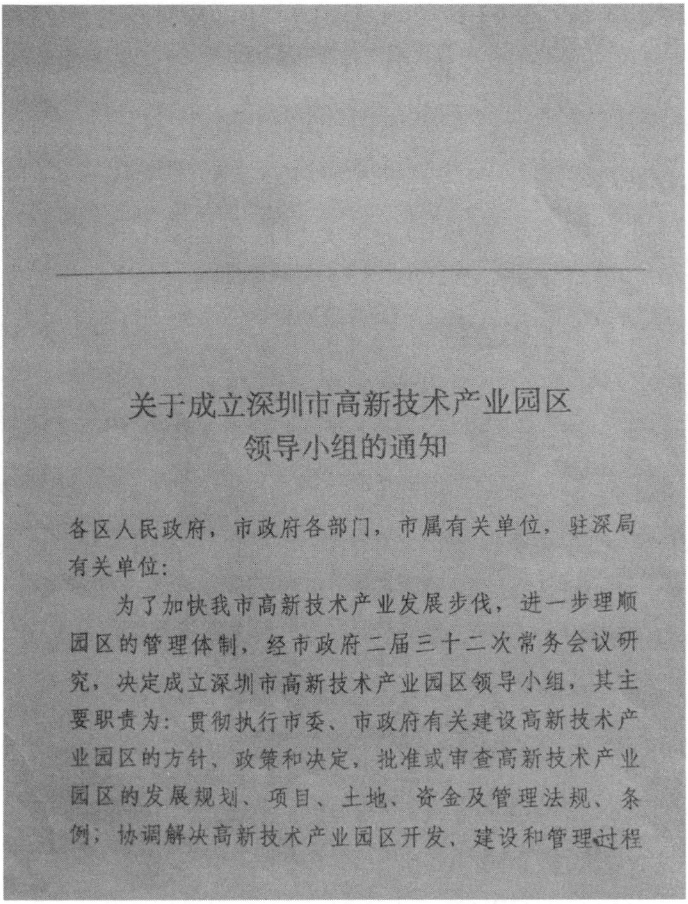

关于成立深圳市高新技术产业园区
领导小组的通知

各区人民政府，市政府各部门，市属有关单位，驻深局有关单位：

为了加快我市高新技术产业发展步伐，进一步理顺园区的管理体制，经市政府二届三十二次常务会议研究，决定成立深圳市高新技术产业园区领导小组，其主要职责为：贯彻执行市委、市政府有关建设高新技术产业园区的方针、政策和决定，批准或审查高新技术产业园区的发展规划、项目、土地、资金及管理法规、条例；协调解决高新技术产业园区开发、建设和管理过程

图 2.14　1996 年 9 月 9 日，深圳市政府下发
《关于成立深圳市高新技术产业园区领导小组的通知》

发生产区；科研成果转化区；企业经营机制改革创新的试验区；国内国际技术与经济合作区；高层次人员的培养教育区。

市高新区的发展目标是：建成我市高新技术产业发展的主要基地和国内一流、国际上有影响的高新技术产业园区。

在产业规划方面，市高新区以电子信息、生物工程、新材

料、光机电一体化四大产业为发展方向，入园企业必须是经市科技局认定的高新技术企业，且达到一定的经济规模和经济效益。不符合入园标准的企业将被清退出市高新区。

在土地开发利用上，打造“一区多园，有园无界”的开放式格局，对没有被合理利用的土地进行清理。我特别强调，入园企业不得在园区内兴建商品房，已经立项但未施工的商品房项目一律停建。入园企业需要的配套住宅由市高新办统一在园区外规划建设、解决，市高新办建设的房产不以营利为目的。

在政策方面，园区内的所有企业享受高新技术开发区的税收优惠政策；高新技术企业的设备、原材料进出口享受免税政策；国土开发“七通一平”费用由市财政垫支，售出土地时收回。

市高新区实行决策层（市高新区领导小组）、管理层（市高新办）和服务层（市高新区管理服务中心）三级管理模式。从“一城多区”到“一区多园”，这种有别于国内其他城市同类园区的管理体制，有着鲜明的两大特色：一是强化了政府的规划引导与服务行为。二是实行开放式管理，不改变和中断政府各部门原来对市高新区的管理审批链条、程序，以及职能、权限，实行点控制、块管理、面协调的三级运行机制，核心是为了强化整体规划、宏观协调和微观服务。

市高新区建设启动之后，市政府相继制定了《深圳市高新技术产业园区产业发展“九五”计划和二〇一〇规划》《深圳市高新技术产业园区发展规划》《深圳市高新技术产业园区管理规定》等一系列政策法规，推动国家级高新园区的规划、建设和管理走上法制化轨道。

创新驱动，长成全国科技“高产田”

市高新区发展的成败，产业布局和项目质量是关键。为引进高新技术企业和项目，市领导几乎每个月都要到市高新区走访和调研。在获悉日本爱普生公司准备在中国投资建厂的消息后，李德成常务副市长亲自到香港会见该公司的高层领导，并督办解决项目用地，最终爱普生公司选择将新项目落户市高新区。

联想集团“好马也吃回头草”的小插曲一度成为市高新区磁场效应的注解。20 世纪 90 年代初，联想集团曾把生产基地建在深圳，后来因为劳动力成本的提高，把厂房迁往其他城市。90 年代末期，联想集团拟在北京、华东、华南建立 3 个区域指挥部，选来选去，决定在深圳市高新区建立他们的华南研发、结算、商贸和培训中心。联想集团的一去一回，迁走的是劳动密集型的生产基地，迁回来的是核心的研发机构，这从一个侧面说明深圳已经形成了适合高新技术产业发展的环境。

1996 年 12 月，深圳市政府与清华大学合作建立的深圳清华大学研究院，作为我国第一家新型研发机构落户市高新区，开创了我国市校合作的先河。北京大学、香港科技大学随后跟进，1999 年 8 月与深圳市政府三方合作共建的研发机构深港产学研基地，选址也在市高新区，与深圳清华大学研究院为邻。两个研究院的示范效应，最终在市高新区催生了深圳虚拟大学园，形成了“名校在深圳，汇聚高新区”的局面，为市高新区构建完善的创新体系提供了丰富的创新资源。

深圳市高新区成立 3 年后即跻身国家重点高新区行列，目前是国家 6 大重点高新技术园区之一。

20 多年来，在科技创新、体制创新、机制创新的驱动下，深圳市高新区不断优化经济结构，园区经济持续发展壮大。在科技部火炬中心对国家高新区 2017 年度评价中，深圳市高新区综合排名第二，已经成为名副其实的“高产田”。截至 2017 年，深圳市高新区培育了 1 498 家国家高新技术企业，境内外上市企业 111 家，孵化了大量的科技型中小企业，集聚了大批创新创业人才。市高新区培育和发展了通信产业群、互联网产业群、计算机产业群、软件与集成电路设计产业群、生物医药（医疗器械）产业群等一批配套完善、门类齐全、富有竞争力的产业集群，若干领域的核心技术从“跟跑”向“并跑”“领跑”转变，创新成果密集涌现。以中兴通讯、腾讯、创维、海王、迈瑞、海能达为代表的一批具有国际竞争力的自主创新型企业迅速崛起，成为我国企业参与国际竞争的先锋队。大疆创新、光峰光电、奥比中光、柔宇科技等“独角兽”企业不断涌现，带动了上下游中小科技企业的整体发展，产业集聚效应持续凸显。经过 20 多年砥砺前行，深圳市高新区已经成为我国创新资源集聚、创新成果显著、创新氛围浓郁、创新环境优越的区域。

提质扩容，祝愿建成全球技术创新中心

深圳市高新区面积只有 11.5 平方千米，仅占深圳市土地面积的 0.6%，但产生的国内生产总值却占了全市的 11%，有 100 多家上市企业，全国密度最大、体量最大，成为真正意义上的高新技术产业集聚地。在国家“建设世界一流高科技园区”的 6 家试

点园区中，深圳市高新区面积最小，与北京中关村、上海张江等兄弟高新区相比，面临着土地资源匮乏、发展空间受限等短板的制约，扩容迫在眉睫。

2014年，国务院批准深圳为国家自主创新示范区，面积达397平方千米。借此东风重新梳理、明晰市高新区的目标定位、规划引领、体制机制和服务体系，优化市高新区的发展正当其时。加强前沿领域核心技术的研发，发展壮大实体经济，建立现代产业体系，作为创新载体的市高新区是重要的抓手。目前，深圳大学城、留仙洞、坂雪岗、坪山区已经集聚了一大批创新资源，形成了浓郁的创新氛围，如果市高新区扩容，把这些区域纳进来，面积将扩大到80平方千米，可以布局更多的高新技术企业、研究院所和大学，为深圳发展高新技术产业提供更大空间。

图2.15　深圳市高新技术产业园区俯瞰

深圳作为我国改革开放的窗口，在新的历史时期，如何继续高举中国特色自主创新的旗帜，奋力把深圳建设成为全球技术创新中心，推动建设充满活力的创新型国家，任重道远。我们坚信，作为中国改革开放先行者的深圳经济特区，必将再攀高峰。

国内首只创投基金

1995年开始的深圳市“第二次创业”，主要任务是调整优化经济结构，通过大力发展高新技术产业，加快产业升级，实现深圳经济成功转型。发展高新技术产业需要科技人才、科研成果、巨量资金、政策环境、法治环境等的强力支撑。深圳发展战略的调整，催生了大量科技创新型企业，而初创期的科技创新型企业，因为尚无产品或者企业规模较小，且没有银行贷款必需的抵押物，所以这些初创期的企业不可能从银行获得贷款。它们的第一笔融资只能是股权融资——从天使基金或者创投基金获得投资。深圳高新技术产业的迅猛发展，呼唤风险投资机构的诞生。

市场呼唤，深创投公司应运而生

创业投资是发展高新技术产业的重要推手。1946年成立的美国研究发展公司开创了现代创业投资业的先河，最成功的案例是投资DEC（美国数字设备公司）。进入20世纪90年代，纳斯达克已经风靡全球，全世界都在关注美国硅谷，但是中国的创投基金尚未诞生。

深圳市政府为了推进产业升级，大力发展高新技术产业，于1994年12月出资1亿元成立深圳市高新技术产业投资服务公司（以下简称高新投），专门为中小科技企业的银行融资提供担保服务。1998年起，市财政每年注资1亿元，使高新投资本金到2000年达到4亿元，提高了该公司对高新技术企业获得银行贷款的担保能力。1996年，市政府研究培育风险投资体系，成立了创建科技风险投资体系课题组。1997年9月4日，市政府常务会议决定成立深圳市科技风险投资领导小组，负责领导创建科技风险投资体系的工作，我担任领导小组组长，副组长由副市长郭荣俊、武捷思，市政府副秘书长刘应力，市科技局局长李连和担任，下设办公室，设在市科技局。这次会议标志着深圳科技风险投资体系的创建工作正式拉开帷幕。成立一个由市领导亲自挂帅的科技风险投资领导机构，在全国尚属首例。

1998年年初，市政府决定出资并发起设立高新技术产业投资基金，其中国内基金20亿元人民币，在香港设立境外基金5 000万美元，作为国内基金的"出口"。我和武捷思副市长先后三次向国务院主要领导汇报，得到了他的大力支持。财政部通过科技部出资10亿元人民币，国家开发银行陈元同志拍板以统贷统还的方式借给深圳10亿元人民币，一共20亿元人民币，用以引导社会资金及境外投资基金投资深圳的高新技术产业。

1999年1月29日，我在北京向国家发展计划委员会常务副主任王春正汇报深圳高新技术产业发展情况，并请求国家批准深圳设立创业投资基金，支持迅猛发展的高新技术产业。王春正主任说，深圳高新技术产业发展突飞猛进让他非常高兴，如果中国要设立第一只创业投资基金的话，一定是放在深圳。但是，国家刚刚开始研究制定创业投资基金的管理办法，在这个管理办法出台之前，无法批准深圳创业投资基金的设立。

这次北京之行，意味着深圳从国家层面谋求支持设立创业投资基金暂时“此路不通”。但是，要等到国家出台相关法律法规才能设立创业投资基金，深圳高新技术产业的发展等不及！经过研究，市政府找到了变通的办法——把设立深圳创业投资基金改为设立深圳创业投资公司。1999 年 8 月 26 日，深圳创新科技投资有限公司（以下简称深创投）正式成立，市政府足额注资 5 亿元，企业投资原计划募集 5 亿元，因当时未被看好，实际募得 2 亿元。深创投的员工作为基金的 GP（普通合伙人），市政府和两家企业作为基金的 LP（有限合伙人）。深创投虽然没有基金之名，但却以公司的名义干着创业投资基金的事。深创投实际上就是中国第一家创业投资基金。

深创投成立 6 年后，2005 年 11 月，国务院制定的《创业投资企业管理暂行办法》才出台。深圳因为深创投而被誉为中国本土创业投资基金的策源地。

组建公司领导团队，政府“不塞项目不塞人”

深创投的筹建工作，刚开始由分管金融的副市长武捷思负责。1998 年 10 月，庄心一同志接任副市长后，这项工作由他分管。

成立深创投，首先要搭好领导班子。市政府决定由深圳市国有资产管理委员会（以下简称市国资委）主任王穗明兼任董事长。关于总经理人选，庄心一提议：经营班子的当家人不能是学者也不能是政府官员，必须是具有较强的公司经营管理能力和丰富的市场运作经验的专业人士。

有一天，庄心一在接待外地客人时，在宾馆大堂偶遇了申银万国证券的前 CEO（首席执行官）阚治东，两个人做了深入交谈。那一刻，他认定阚治东就是深创投经营班子的理想人选。第二天，庄心一就把想请阚治东出任深创投总经理的想法跟我和李德成常务副市长做了汇报，我们都觉得阚治东挺合适。随后，庄心一以个人名义写了一个报告报到市委，市委13个常委全部都画了“圈”表示同意。当时，上海金融工委正准备给阚治东安排一个新工作岗位，为了避免夜长梦多，在庄心一不断向阚治东发出“强烈信号”的同时，李德成同志专门给上海金融工委书记打电话沟通，终于把阚治东从上海“挖”到深圳主政深创投经营班子。

市里敲定了深创投的董事长、总经理人选后，庄心一又提出一个建议——“不塞项目不塞人”。深创投班子的副职由总经理推荐、董事会任命，市政府不能指定项目让深创投投资。我亲自找了市委组织部和市人事局负责人，讲清楚市里成立深创投的宗旨，并且市委、市政府已经委派了董事长和总经理，请他们不要再往这家企业指派副职领导干部。我又在市政府常务会上“约法三章”：市政府任何领导、任何部门都不允许指定项目让深创投投资！

1999年8月26日，在深圳经济特区建立19周年之际，深创投正式成立，并在五洲宾馆举行新闻发布会。庄心一代表市政府在会上郑重承诺“不塞项目不塞人”。但第二天就有人撞到“枪口”上来了。

市里某位副局长来到庄心一办公室，说他的夫人在一家国企工作，效益不好，想到深创投去。

庄心一说：“这不好办啊，因为深创投实行市场化运作，我昨天刚代表市政府表态‘不塞项目不塞人’。”

“庄市长，那不就是说说而已的嘛。”

那位副局长的话音刚落，庄心一就气得一下子从椅子上蹦起来："既然这样，我就没话跟你说了！"随即打开办公室的门请他出去。

待那位副局长尴尬地走出办公室后，庄心一一脚把办公室门踹得"咣当"响："这简直太侮辱人了！"

当时，还有其他类似的"阻击故事"。总之，市政府上下共同坚守，兑现了自己的承诺。

市长定下深创投经营方针，注入企业"成长基因"

深创投应该如何经营？我当时给庄心一交代了一个方向性原则，概括起来就是四句话：政府引导、市场化运作、按经济规律办事、向国际惯例靠拢。后来，在这个原则的基础上又衍生出另外两个原则：立足深圳，面向全国；政府"不塞项目不塞人"。三个原则的核心理念都是强调市场化。正是这三个原则给深创投注入了企业的"成长基因"，让这家国有创投公司放开了手脚，开疆拓土，炼成了"中国创投领头羊"。

"立足深圳，面向全国"，汲取"生命活水"

关于深创投的启动资本金，市里当初的计划是筹集 10 亿元，其中市政府出资 5 亿元，从社会上募集 5 亿元。最终是市政府出资 5 亿元，从社会上募集到 2 亿元，公司注册资本金为 7 亿元。选好了当家人，解决了资本金问题，市政府接着给深创投的投资领域立规矩：一是支持高新技术产业发展的初衷不能忘，深创投所投企业必须是处于初创期、成长期的科技创新型企业；二是深创投的投资不受地域限制，“立足深圳，面向全国”。

“立足深圳，面向全国”的理念，不仅在当时是先进的，放在今天也依然先进。当年，我在定下这条原则时，市政府有些领导想不通。7 亿元在那时可是大钱，相当于现在的 70 亿元左右，他们认为，深圳好不容易凑到的钱却要投到外地去，“肥水”不就流进“外人田”了吗？

为了消除大家的疑虑，我向他们详细解释了自己的理由。第一，只有效益好，企业才能发展。深创投要想实现可持续发展，最重要的是要投资到效益好、市场前景好、成长性好的项目。好的项目不仅深圳有，全国 960 万平方千米的投资腹地肯定还有不少好项目，限制深创投的投资地域就等于限制了这家企业本身的发展，就不是按经济规律办事。第二，创业投资需要源源不断的滚动资金，深创投 7 亿元资本金两三年就投完了，如果不允许它到外地投资，就只能等到把投出去的资金收回来后才能再投资，这意味着它只能干 7 亿元的活儿。只有让深创投“立足深圳，面向全国”，外地的政府和企业才知道深圳有这么好的一家创投机构，才会把钱投给深创投。资金来源更多，深创投才会有更多“生命活水”，才能不断发展壮大，更好地支持高新技术产业的发展。

“立足深圳，面向全国”这个原则成为深创投放开手脚、驰骋市场的利器。2002 年，外地企业投资、增资至 16 亿元。截至 2018 年 6 月 30 日，当年以 7 亿元起家的深创投经过 19 年的发展，其管理的各类基金总规模已超过 2 896 亿元，投资企业数量、投资企业上市数量均位居国内创投行业第一位：已投资项目 889 个，累计投资金额约 376 亿元，其中 140 家投资企业分别在全球 16 个资本市场上市。

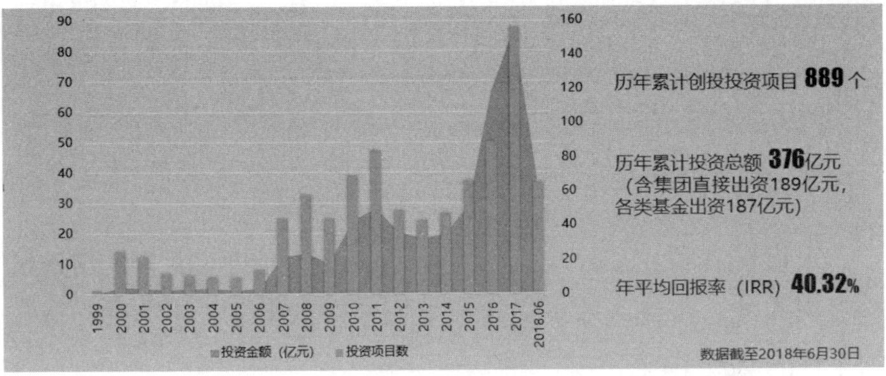

图 2.16　深创投历年创投投资项目情况

建立激励机制，激发深创投活力

企业的生命力在于有一个良好的经营机制，建立企业激励机制、竞争机制至关重要。

一天，阚治东带着筹备组向庄心一汇报工作。国外的创投机构都有跟投机制和收益分成机制，这种体制设计旨在把项目管理团队的利益和所投项目的效益捆绑在一起，降低投资风险。阚治东等人提出可否将企业利润的一定比例奖励给公司团队，庄心一非常认同阚治东关于建立项目团队激励机制的理念，认为可以考虑从税后净利润中拿出一定比例奖励项目团队。最后经市政府研究决定，将公司利润的 8% 奖励给公司全体员工，公司利润的 2% 奖励给公司领导班子。

深创投在创投行业站稳脚跟后，曾经因为公司业绩好，领导班子和员工薪酬高而让一些人眼红，市国资委内部有人提议将深创投“投资收益的8%奖励给公司全体员工”中的8%降到5%，理由是可以减轻其他国企员工的心理不平衡。当时深创投的董事长靳海涛急了，表示坚决反对：“定下的规则说改就改，是不讲信用，会严重影响员工积极性。”最终，8%的规定被坚持了下来。从2016年起，深创投实行新的薪酬体系，投资净收益的10%奖励给全体员工，净收益的4%奖励给公司领导班子。

跟投机制和收益分成机制增强了创投机构的动能，是创投机构吸引人才、留住人才，提高员工的工作积极性、能动性、自我约束性的有效手段。

“三原则”奠定深创投的行业老大地位

企业能否做强做大，经营机制是决定性的“成长基因”。创业投资在国内兴起后，不少地方政府注资成立创投基金，但最终存活下来的没有几家。创业投资是个充分竞争的行业，股东结构中国有资本占比49.08%的深创投在激烈的竞争中存活下来，并在培育、推动深圳乃至全国一大批科技型、创新型企业发展的过程中，逐渐成长为国内创投行业的领军企业和一面旗帜，市场化的经营方针是其强大的“成长基因”。深创投拥有自主投资决策、投资范围不受地域限制、投资收益可按比例转作员工奖励等“特权”，市政府不能对其“指手画脚”。政府的充分放权无形中逼着深创投千方百计去挖掘好项目，做强做大自己。到2018年，深创投已经建立起了覆盖全国的政府引导基金网络、集中与分散相结合的全链条管理、科学严密的决策及风控体系、充分市场化的激励约束机制、全面的增值服务体系，积累了丰富的企业资源，在优秀的投资与管理团队运作下，公司年平均回报率（IRR）高达 40.32%。

在“成长基因”的作用下，深创投的发展令人瞩目。2002 年，深创投由深圳创新科技投资有限公司更名为深圳市创新投资集团有限公司，增资至 16 亿元，并成立了中国第一只中外合作风险投资基金——中新基金。2010 年，深创投增资至 25 亿元，投资企业当年上市 26 家，刷新了业界记录。2014 年，深创投增资至 42 亿元，成立了红土创新基金管理有限公司。2016 年，深创投受托管理 1 000 亿元深圳市政府引导基金、60 亿元国家中小企业发展基金首只实体基金，担任 280 亿元前海股权基金母基金唯一机构合伙人。深创投连续多年摘得“优秀创业投资机构”最高级别奖项，2011—2013 年连续三年蝉联福布斯“中国最佳创投机构”第一名，2011 年、2012 年蝉联“中国创业投资暨私募股权投资年度榜单”榜首，连续多年斩获“中国创业投资机构”内外资综合排名前三名（2011 年、2017 年荣膺第一名）。

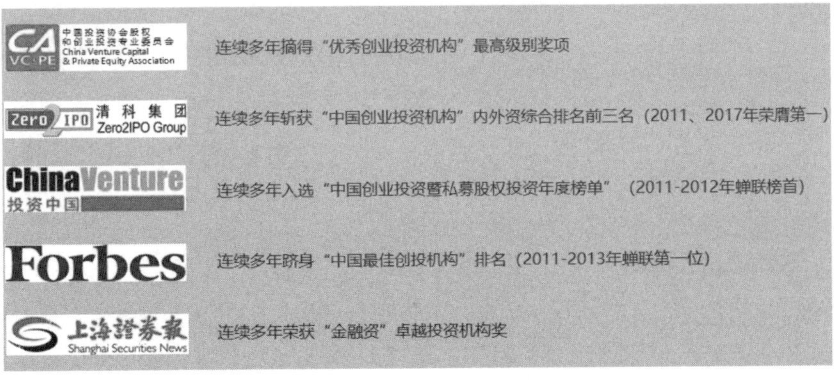

图 2.17　深创投在业界获得的部分荣誉

20 多年来，深创投经历了几任董事长、总经理，其中靳海涛同志主持工作长达 11 年（2004—2015 年），这些同志都为深创投的发展立下了汗马功劳。

深圳市政府创建的创投体系是高新技术产业发展的加速器

深创投的发展充分体现出深圳的创新环境优势，带动了一批不同所有制形式的创投机构在深圳生根、发芽、发展、壮大，到 2014 年，在全国 9 000 多家创投机构中，深圳已经是三分天下有其一，深创投也因此成为哈佛大学商学院的研究案例。从“一家”到“一批”，再到聚成“一个群”，深创投的成功实践是深圳市政府探索建立创投体系的缩影。

从先行试点到逐步推进，在市场化原则的指导下，市政府构筑创业投资体系稳妥有序，有声有色。

早在 1994 年 12 月 29 日成立的高新投是深圳探索建立创投体系的啼声初试。它作为我国第二个成立的担保投资机构，如今已成长为具备资本市场主体信用 AAA 最高评级的全国性创新型金融服务集团——深圳市高新投集团有限公司。公司注册资本 72.77 亿元，净资产超过 110 亿元，业务规模和综合实力位居全国前列，“保证担保”业务居全国之首。高新投为中小微科技型企业提供自初创期到成熟期的全方位投融资服务，包括融资担保、投资、金融产品增信、资产管理、工程担保等业务。截至 2018 年 6 月，高新投为 28 849 家企业累计提供担保 3 946 亿元，相继扶持近 300 家企业由小到大，几十家企业到境内外上市，被媒体称作资本市场的“高新投系”。高新投所支持的华为、比亚迪、创维、大族激光、欧菲科技、海能达、沃尔核材、兴森科技、东江环保等一大批高新技术企业已经发展成为国内外知名企业。

继深创投之后，1999 年 12 月 28 日，市政府出资 2 亿元设立的专业担保机构深圳市中小企业信用担保中心是国内最早成立的中小企业信用担保机构之一。叶小杭同志是第一任主任，直到 2012 年退休。该担保中心现在已经升级为深圳市中小企业信用融资担保集团有限公司，注册资本 54.95 亿元，担保机构资信评级 AAA，资本市场评级 AAA，被工业和信息化部认定为“国家级中小企业公共服务示范平台”。深圳中小企业信用融资担保集团有限公司在 2007 年 11 月发出全国第一只中小企业集合债，5 年到期时，没有一笔不良记录，服务的 20 家企业中有 6 家成为上市公司。该公司成立以来，重点扶持支柱产业和战略新兴产业发展，大力助推中小微企业转型升级，服务中小微企业超过一万家，融资担保金额超过 2 000 亿元。

1999 年 10 月，市政府将创业投资引入首届高交会，构筑了国内外创投交流平台，让“向国际惯例靠拢”的理念浸润到中国创投业的骨髓里。

深创投成立不久，从法律层面规范创业投资的发展即被提上市政府的重要议事议程。2000 年 10 月，深圳市颁布《深圳市创业资本投资高新技术产业暂行规定》，这是国内第一部关于创业投资的政府规章。5 年之后，国家发展和改革委员会等 10 部委才联合发布了《创业投资企业管理暂行办法》，国家的暂行办法吸纳了深圳市关于创业投资发展的成功经验。

现在，高新技术产业已经成为深圳第一经济增长点，深圳经济实现了成功转型。20多年前，在我国市场经济体制尚不完善的时代背景下，深圳从实际出发，培育了当时只是在少数发达市场经济国家才非常活跃的创业投资产业，构建了创业投资体系，促进了我国高新技术产业快速发展，在中国创业投资发展史上写下了浓墨重彩的一笔。

建立虚拟大学园

1996 年 12 月 21 日，深圳市政府与清华大学合作建立我国首家新型研发机构深圳清华大学研究院的创举，在国内引起了极大反响。一年后，深圳清华大学研究院交出的优异成绩单更是令人刮目相看。北京大学、香港科技大学随后跟进，与深圳市政府三方合作建立研发机构深港产学研基地。市校强强联合，推动科研成果产业化，助力地方经济发展，激发了国内一批著名高校“孔雀东南飞”的决心：与深圳开展市校合作，实现政产学研的有机结合。1999 年 5 月，市政府决定在深圳市高新区设立深圳虚拟大学园，以全新的机制开展市校合作。20 多年来，虚拟大学园为深圳引进、培养高层次人才，推动科研成果转化和教育科研体制改革提供了一个创新平台。

清华大学的示范效应，引发众多名校钟情深圳

世界上著名的高新区内都有著名的大学。但是，深圳是座新兴城市，没有众多的高校和国家各部委办的科研院所，与北京、上海等地相比，缺少人才资源和科技资源。鉴于当时在全国普遍存在的科研机构与经济发展“两张皮”的现象，深圳市扬长避短，大胆创新，在全国率先提出并逐步建立起以企业

为主体、以市场为导向、政产学研紧密结合的技术开发体系。1996 年年底深圳清华大学研究院创办以后，国内先后有 20 多所著名高校前来深圳寻求合作。大学通过与深圳市合作，实现了走出校门办教育，推进了科研成果转化为生产力。深圳市通过与大学合作，加强了科技研发，实现了科研成果转化，培养了人才，推进了高新技术产业发展。但考虑到市高新区土地资源有限以及探索更合理有效的合作机制的需要，市政府不可能像与清华大学、北京大学合作那样，为每一所大学都提供一块独立的土地和建设资金。

在市高新区设立虚拟大学园是市政府副秘书长、市高新办主任刘应力的创意。在虚拟大学园成立之前，其实国内很多名校都来过深圳，不过都是单打独斗式的，就是个别专家、教授怀揣着发明专利、技术成果来深圳创办企业以实现产业化。但是由于这些人缺少办企业的经验，市政府也难以与他们逐家对接，不能成体系地规划和布局，所以成功率比较低。刘应力为此建议在市高新区设立虚拟大学园，为各个大学提供与深圳开展合作的场所，让众多高校在这个“联合国”内共同从事人才培育、研究开发及科研成果转化，达到“用高校的有效人才、有效资源，在深圳有效环境的作用下，形成有效贡献”的目的。在市政府常务会议上，大家一致同意这个创意。

“虚拟大学”是一个网上教学的概念，而“虚拟大学园”是虚实结合，既有网上联系，又有具体的地理意义，是一种新的尝试。

强调名校特质，国家“211 工程”大学首批优先入园

1999 年 5 月 29 日，市政府决定在市高新区设立深圳虚拟大学园。1999 年 6 月 14 日，设立虚拟大学园的工作方案出台。

创建虚拟大学园的宗旨和目的：一是发挥名校优势，形成高层次教育基地，引进高素质人才，培养高素质人才；二是创立有利于大学技术成果转化的环境，使政产学研更好地结合；三是促进大学与企业、科研成果与风险投资机构的交流和合作，为科研成果产业化创造良好的环境，成为新产业、新企业成长的源泉。

虚拟大学园对申请入园的院校要求很高，有两个硬性指标：一是全国重点大学，特别是被列入国家“211 工程”的大学；二是学科与深圳主导产业相适应，对深圳经济发展有推动作用。

市政府成立虚拟大学园联席会议，将其作为虚拟大学园的领导协调机构。联席会议由深圳市主要领导、市各有关部门领导、各入园学校领导参加。联席会议制定虚拟大学园公约，作为管理依据。联席会议设秘书处，由深圳市高新办代行其职责。秘书处负责做好深圳市政府与各大学的交流、协调和服务工作，各校驻虚拟大学园的机构由各校自行管理。

市政府兴建一座建筑面积为 1.5 万平方米的创新基地大厦作为虚拟大学园的综合大楼。在创新基地大厦建成之前，借用市高新区服务中心 C-1 综合服务楼第三层西侧约 1 300 平方米的区域，成立虚拟大学园启动区，先期开展工作。虚拟大学园启动区为每

所入园大学提供一个25~32平方米的房间作为临时工作场地，校方第一年、第二年的全部租金、物业管理费由深圳方面负担，第三年开始以校方工作业绩确定租金和管理费减免比例。深圳市政府为每所入园大学提供办公桌椅4套、文件柜1个、电脑1台、电话线路1条、电话机1部、计算机网络接口、有线电视接口等办公器材，供校方无偿使用；为每一所大学办理一个赴香港长期通行证；有偿提供计算机网络服务器、公共会议室、车辆、文印等服务。

1999年9月10日，在庆祝我国教师节的喜庆日子里，深圳虚拟大学园正式开园，园区综合大楼创新基地大厦奠基，虚拟大学园第一次联席会议召开。全国22所名校校长荟萃深圳，济济

图2.18　1999年9月10日，我（前排右十四）出席深圳虚拟大学园升旗暨奠基仪式

一堂，这在深圳历史上还是第一次。我担任联席会议主席，常务副市长李德成任常务副主席，副市长郭荣俊、庄心一任副主席，市高新办主任刘应力任秘书长。首批进驻虚拟大学园的 22 所名校（院）包括：中国工程院、中国科技大学、北京大学、北京理工大学、华中理工大学、西北工业大学、西安电子科技大学、西安交通大学、吉林工业大学、同济大学、西南交通大学、武汉大学、南开大学、复旦大学、哈尔滨工业大学、南京大学、香港大学、香港科技大学、浙江大学、清华大学、厦门大学和深圳大学。“深圳无名校，名校在深圳”“名校在深圳，汇聚高新区”成为深圳虚拟大学园的民间注解。

虚拟大学不虚设，市校合作实现共赢

深圳虚拟大学园开园后引起的关注超乎想象，不到半年时间就“客满”——申请入驻名校猛增，启动区场地已无法容纳。许多符合条件的大学只能望“园”兴叹，有的学校甚至宁愿在外面租用办公场地也要申请入园。

深圳虚拟大学园是深圳市委、市政府为大力发展高新技术产业而实施的具有战略意义的创新举措，是我国第一个集成国内外院校资源，按照一园多校、市校共建模式建设的创新型产学研相结合的示范基地。成立仅一年，这所全国首创的“大学”就吸引了 34 所全国著名高校、17 所网络成员院校加盟，为深圳培养高层次人才 800 多名，引进高新技术成果 60 多项并在深圳实现了产业化。在培养高层次人才方面，成员院校发挥各校学科优势，紧紧围绕深圳高新技术产业发展需要，将人才培养的学科，从虚拟大学园成立前的多以 MBA、法律等人文学科为主，扩大到计算机、通信工程、机电一体化、金融管理、世界经济、工商管理、药学、交通运输管理等 10 多种专业的培训，理、工、文、管、医并举。成员院校在深圳办学的同时，还通过与深圳企业合作成立高新技术企业或者成立独资企业，将大批科研成果带到深圳并实现产业化，其中清华大学的 30 多项科研成果已经在深圳实现产业化，复旦大学、西安交通大学、中国药科大学等众多项目在深圳相继投产，香港科技大学的 14 项成果也开始在深港产学研基地孵化。成员院校的一批有实力的企业，如清华同方、北大方正、北大青鸟等纷纷进入深圳，它们带来的科研成果也开始产业化。

虽然深圳市委、市政府的领导已经换了几届，但是大家都像接力赛跑一样，持续推动着虚拟大学园的高速发展。

到 2018 年，虚拟大学园已经聚集了 60 所国内外知名院校，包括清华大学、北京大学等 44 所中国内地院校，香港大学、香港中文大学等 6 所香港院校，佐治亚理工学院等 7 所国外院校，以及中国科学院、中国工程院院士活动基地和中国社会科学院研究生院。虚拟大学园已建成清华大学、北京大学等 15 家产业化基地，12 家研究院被认定为“广东省新型研发机构”。

深圳虚拟大学园积极构建创新型开放式教育培训体系，充分发挥优质教育资源集聚优势，已形成从学士到硕士、博士的在职学历学位培养体系和从短期专项到为企业量身定做的订单式人才培养体系，累计培训各类人员 29.7 万人，其中培养博士 1 887 名、硕士 44 243 名、本科生 61 761 名，订单培训 96 932 名。

依托深圳市对科技的持续高投入，深圳虚拟大学园大力整合入园院校校本部科技研发的优势和力量，积极参与深圳的科研工作，设立研发机构 262 家，其中省级以上重点实验室、工程实验室等创新载体 8 家，获批市级以上重点实验室、工程实验室等创新载体 70 家。在科研成果转化方面，截至 2017 年，深圳虚拟大学园累计转化科研成果 1 744 项，技术服务 801 项。

作为国家级孵化器和国家大学科技园，深圳虚拟大学园多次被评为国家级优秀孵化器（A 类），拥有良好的创新创业氛围。园区有 17 家入园院校建立了孵化器，孵化企业 1 000 余家。截至 2017 年年底，累计“毕业”企业 139 家，累计孵化出拓邦股份、和而泰等 30 多家上市公司。

深圳虚拟大学园产学研工作持续深化，科研实力不断增强，已成为特色鲜明、高端人才荟萃、研发机构集聚的产学研相结合的示范基地以及中小科技企业孵化培育基地。

我与华为的友情

华为公司成立于1987年，是一家民营企业，通信设备供应商。1992年华为公司渡过难关，销售额达到1亿元，1995年销售额增长到15亿元。1995年以前，其产品技术含量不高，市场主要在中国农村。1996年，华为公司的产品进入中国城市市场，华为公司着手起草《华为基本法》，进入“第二次创业”阶段。为了和世界先进的管理水平接轨，华为公司于1997年引进了IBM公司的IPD（集成产品开发）和ISC（集成供应链管理），随后又引进美国的两家人力资源管理顾问公司，同时请KPMG（世界六大会计师事务所之一）做公司的财务管理顾问。1998年，华为公司的销售额为89亿元。1999年，华为公司开始征战海外市场。

为华为公司面见国务院领导

1999年年初，正当华为公司蒸蒸日上之际，署名“魏华”的3 000封诬告信铺天盖地而来，华为公司所有的客户都收到了那封诬告信。诬告信上说华为公司拖欠银行贷款数十亿元，拖欠职工工资数十亿元，拖欠客户数十亿元，现已资不抵债。华为公司的客户难辨真假，充满疑虑，这使得华为公司几个月内没有一份订单。

华为公司总裁任正非、常务副总裁孙亚芳写信给我，请求给予帮助和支持。我在来信上批示，“近日约任正非总裁或孙亚芳常务副总裁面谈一次。深圳市政府和我本人将一如既往坚定地、全力地支持华为公司的发展。让这颗明珠在深圳经济特区和中国通信领域大放光彩，为深圳争光，为伟大祖国争光”。

6 月 15 日，我专程为了华为公司的这件事情赴北京面见一位国务院领导。那时的华为公司远不像现在这样名气如雷贯耳。我简单地向他介绍了华为公司的情况，并说：“这 3 000 封信肯定是诬告信。一是信中写的与我平时对华为公司的了解差异甚大；二是写信者若真的发现华为公司存在严重问题，写信给国务院、省市领导就可以了，政府领导一定会认真查处。而诬告者竟写信给华为公司的每一个客户，这说明这封信一定是出于市场的恶性竞争而发的诬告信。”

这位国务院领导说：“子彬同志，为一家民营企业的困难找到我的，你是第一个。”

我说：“因为我出于公心，毫无私念，问心无愧。”

领导笑了：“我知道，我们认识三四年了，我了解你。”又说：“你让我做些什么呢？”

我说：“市场只相信事情真相！您虽贵为国务院领导，可是即使您打包票说华为公司没问题，市场也不会认可。我建议您批示给国家审计署，牵头组织财政部、银行、工商局、税务局等部门，共同组成联合审计组，到华为公司进行审计。这样规模的公司，半个月时间足够。然后公开发布审计结果。我相信，审计报告一定能还华为公司一个清白，诬告信立即现出原形，华为公司的问题就可以迎刃而解。”

这位国务院领导同意我的意见。

华为公司知道了我面见国务院领导的事。6月20日，任正非也给这位国务院领导写了一封信，拜托我转交。我于6月23日再次到北京拜见这位国务院领导。他秘书说："领导到外地出差了，不在北京。"于是我在领导办公室当即给他写了一封信，连同任正非写给他的信，一并嘱其转交给领导。

次日，这位国务院领导在我的信上批示，要求审计署负责同志阅示并抓紧审计，"久拖会影响华为的生产经营和企业信誉"。

随后，审计署牵头组织的联合审计组到了深圳。在这次联合审计中，吴敬琏教授是审计组成员之一，他到我的办公室了解了相关情况。审计组进入华为公司进行审计，一周多时间就完成了审计工作。

7月5日，这位国务院领导在审计署关于华为公司的审计报告上做出批示："请子彬同志阅，经审计，对华为评价是积极的。请协助消除负面影响，鼓励华为大胆工作。"

7月22日，我收到这位国务院领导的批示意见后当即批示："请办公厅、华为公司阅。一是感谢国务院领导对华为公司的支持，对深圳市一贯的关怀和指导。二是将此审计报告转华为公司阅。望华为公司不辜负党中央、国务院领导的关心和期望，再接再厉，创造出新水平，在世界通信领域中占有一席之地。三是市政府各有关部门要帮助华为公司，消除诬告信带来的负面影响。"

审计报告一经公布，华为公司的订单立即涌入。华为公司遇到的这一劫，迎刃而解。

后来，为支持华为公司发展，这位国务院领导在时任广东省委书记的陪同下专程去华为公司考察。在路上他对时任省委书记说，对华为公司要支持，华为公司是民营企业，但也是民族工业，中国企业改革很多方面可能要从民营企业取得突破。

任正非在纽约请我吃了一顿饭

我在深圳市工作期间，每年都要召开一次高新技术企业的座谈会，市政府各有关部门要参会，为企业的生产经营排忧解难。任正非当时是华为公司总裁，几乎每次座谈会他都参加。那些年，中央领导到深圳调研时，多数会到华为公司考察，我几乎每次都会陪同。所以，那些年我与任正非每年都能见上几面，但我们是“君子之交淡如水”。从我 1994 年到深圳任职，直到 2005 年 8 月我从国家发展和改革委员会副主任的岗位上退休，任正非从未到过我家串门，从未送过我任何礼物。我和任总之间只有工作上的往来。

我退休后，于 2006 年筹建中国中小企业协会。2007 年 6 月我到美国考察期间，会见了时任美国参议员克里先生（后来担任奥巴马总统的国务卿）、格林伯格先生、世界银行前行长、贝尔斯通投资银行总裁以及多位经济界人士。

一天上午，有人敲我酒店房间的门，一开门，竟是任正非。

“怎么是你？”我很意外。

“我来请你吃饭。”

“这太夸张了，这顿饭太贵了！”

“这就是我任正非。你在领导岗位 11 年的时间，我们公司一顿饭也没请过你。但是华为公司的人是懂得感恩的，你是我们的恩人，你现在退休了，我请你吃饭，表达我们的感激之情。”

我说：“那也别让你白来。明天上午我拜会格林伯格先生，你有时间就一起去。”

格林伯格在美国是家喻户晓的人物，前友邦保险集团总裁。正是在他任职期间，友邦保险资产从100亿美元增加到1 000亿美元。

第二天上午，我们一行人去拜会格林伯格先生。因为有朋友事先向他介绍了我，所以见到我时他很热情。谈了一会儿，我介绍任正非给他认识。这老头儿以前没听说过华为公司，所以我介绍任正非时，他端坐在椅子上，根本没站起来。

他问任正非：“华为公司是做什么的？多大规模？”

任正非说：“华为公司是通信设备制造企业，公司现有8万员工，有2.5万件发明专利。”

格林伯格听到这里，像椅子上装了弹簧一样，一下子“弹”了起来，和任正非握手，并说：“我一定去华为公司看看！”

三个月之后，格林伯格先生真的到中国来，考察了华为公司。

告别荔枝节，举办首届高交会

始于1995年的深圳市“第二次创业”，找准了一大突破口——将高科技开发和大力发展高新技术产业作为经济发展战略。这个从深圳实际出发做出的重大决策，加快了全市的产业结构优化升级，从根本上改变了深圳以劳动密集型的“三来一补”企业为主的经济结构，高新技术产业进入快速发展通道，成为深圳第一经济增长点。在此过程中诞生的高交会，不仅是未来的“中国科技第一展”，也是深圳发展高新技术产业的里程碑。

1999年10月5—10日，首届高交会在深圳举行。外界曾有一种声音，认为高交会的诞生带有偶然因素。实际上这是偶然中的必然。1995年起，深圳发力打造高新技术产业的实践为在深圳市举办高交会打下了基础，是高交会诞生的必然因素。5年来，深圳高新技术产业高速发展的成果和经验是举办高交会的资本，使深圳具备了联合国务院有关部门共同举办高交会的资格。所以，首届高交会才能水到渠成，一炮打响。

考察大连的早餐前聊天，“聊停”了荔枝节

1998年4月20—28日，市委书记和我率团到厦门、上海、大连三个城市学习考察。考察组成员有李统书、王顺生、刘涛、白天、王炬、张余庆、邵汉青、谭国箱、宋枝旺，6个区的区委

书记、区长，还有计划局、国土局、体改办、国资办、城管办、交管局、经发局的局长和主任，共计30人，是深圳经济特区成立以来，组团规格最高、规模最大、收益最多、启发最大的一次学习考察。

深圳党政考察团4月26日抵达大连，当时大连正在举行每年一届的国际服装节。27日早上，大家吃早餐前聊起国际服装节，很自然地说起深圳的市节——荔枝节。荔枝节办了10年，每年市里、区里都搞活动，花钱太多。市委书记突然话锋一转："深圳能不能停办荔枝节，新办一个与高科技有关的节？"

"当年举办荔枝节的初衷是开展经贸和文化联谊活动，加强与港澳台地区、企业的感情联络，对于招商引资、加强对外交流等方面起到了积极作用。现在，荔枝节的规模越搞越大，花钱越来越多，但效果、作用已经不明显，再办下去没有必要，不如配合深圳高新技术产业的发展，办一个高科技方面的节。"我接过市委书记的话说。

大家也都同意我俩的意见。我们就这样聊天"聊停"了荔枝节，但具体新办个什么节代替它，当时还没有明确想法。

4月30日，从大连返深后第三天，我主持召开市政府常务会议。我说："市委书记和我决定停办荔枝节，每年举办一次科技节。"与会的同志一致赞成，认为深圳经过5年的快速发展，已经具备了这样做的基础，今后要大力发展高新技术产业，举办科技节有利于推动科技人才、科研成果、投资落户深圳，有利于推动我市高新技术产业的加速发展，推动全国的科研成果产业化进程。会议决定，今后停办荔枝节，而改为举办更具特色、更高档次、更有分量的国际经贸活动，该活动要以发展深圳高新技术产业为主题。由市委常委、宣传部长白天，分管外资、外经、外事工作的副市长袁汝稳，市政府副秘书长江潭瑜召集市政府办公厅、市委宣传部、科技局、经协办、外资局、外事办、计划局、经发局、贸发局等 9 个部门，组成课题小组，进行专题研究，尽快提出方案后报市政府审定。

不久，市委书记和我向广东省委书记汇报，深圳市决定停办荔枝节，举办科技节，以更好地支持深圳高新技术产业发展。省委书记表示完全赞成。他提议，深圳科技节的名称可叫“高科技交易会”，这样，广州有“中国商品交易会”，深圳有“中国高科技交易会”，将为广东经济注入新活力。

由“地方队”升格到“国家队”，改名背后有深意

1998 年 8 月 3 日，市政府决定成立筹备深圳高科技成果交易会领导小组并召开第一次会议。我任组长，副组长为白天、郭荣俊、李连和，成员由谭国箱、宋枝旺、刘应力、张溯、庞大同等 18 人组成。办公室设在市科技局，李连和兼任办公室主任。

各成员单位按 10 个方面进行分工，抓紧筹备工作。任务繁重，时间紧迫，困难很多。

第一，需要做大量的具体工作，包括项目征集、项目发布、项目评价、无形资产评估、市场前景预测等基础工作。从搭建两万平方米的临时展览场馆开始，到正式开幕，满打满算只有一年零三个月，时间十分紧迫。

第二，国内许多城市都举办过高新技术成果交易会，但是水平和效果都一般。深圳要办出水平和特色，不容易。不仅要有集

中展示，还要有展前、展中的推介和洽谈，要办成“永不落幕”的高新技术成果交易会。

第三，工作难点很多，特别是项目评价、技术成果交易和项目招商，要做大量艰苦细致的工作。招商比招展难，如果只有卖家没有买家，这样的交易会一定不会长久，参展商一两年后就不会再来了。

我在会上讲了七条意见。决定邀请对外贸易经济合作部、科学技术部、信息产业部、中国科学院，国家发展计划委员会等国务院部门与深圳市政府共同主办，由深圳市政府具体承办；主办单位从“地方队”升格为“国家队”，从深圳市自己主办，升格为由深圳市牵头、联合国务院有关部门共同主办；高交会的名称从“深圳高科技成果交易会”更名为“中国国际高新技术成果交易会”。要提高办会的规模和水平，把高交会办成国家级、国际性的盛会。

我特别强调，高交会是技术市场的集中活动，要广泛吸引国内外的技术开发单位、技术购买单位、投资单位（基金、投资银行）、中介单位参加，推动技术市场的形成和发展。项目展出之前要特别重视项目评价工作和市场前景预测，这样才能有高新技术成果交易和项目招商的落实。

举办高交会的两大目的：一是推动科技人才、成果、投资落户深圳，加快深圳高新技术产业的高质量、高速度发展；二是推动深圳成为高新技术成果交易中心，推动全国高新技术产业发展，推进全国科研成果产业化进程。

随后，我于 1998 年 8 月 10—12 日，亲赴北京逐个拜访对外贸易经济合作部、科学技术部、信息产业部、中国科学院，国家发展计划委员会，邀请它们与深圳市政府共同举办首届高交会，这一提议得到了“三部一院”的积极响应。1998 年 10 月，我再次逐一拜访了“三部一院”，“三部一院一市”共同决定成立首届高交会组委会，我任主任，各部门指派一位副部长任副主任。

11 月 5—6 日，首届高交会组委会第一次联席会议在深圳召开。在这次会议上，高交会的全称定为“中国国际高新技术成果交易会”的提议，得到了大家的一致认可。大家认为，“三部一院一市”可以办出全国最高水平的交易会，建设一个最高层次的技术市场，从发展方向看肯定是国际性的。

会议达成以下共识：一是高交会成功的关键是科研成果的供应方和需求方都来参加，深圳市当好“经纪人”；二是把集中交易和网上交易结合起来，办成“永不落幕”的高交会；三是把高新技术成果交易与风险投资机制结合起来；四是切实做好项目评价工作，对项目的技术水平、技术成熟程度、市场前景进行准确的评估；五是邀请香港、澳门、台湾的科技界、企业界参加，使高交会成为海峡两岸高新技术成果交流、产业合作的盛会。这对促进香港回归之后的繁荣稳定具有积极意义。

我对筹备高交会的基本目的和指导思想发表了意见。高新技术产业的发展，除了需要一流的人才、大量的资金投入、良好的体制和机制外，还特别需要一个良好的社会环境和比较完善的技术市场体系。举办这个交易会的根本目的是推动科研成果的产业化、商品化、国际化，从而推动我国的高科技开发和高新技术产业的发展，更好地解决科技与经济相结合、科技体制改革与经济体制改革相结合的问题，调整优化我国的产业结构，提高科技含量，提高质量和效益，提高我国经济的整体素质。

高交会的规格从“深圳”到“中国”，既是国家对深圳发展高新技术产业的实践与成就的高度认可，更是国家充分利用深圳经济特区这个改革开放的窗口，促进我国高新技术产业发展，推动产业结构优化升级，提高国民经济整体素质的重要实践。

给高交会“筑巢”，优质高速新建临时场馆

从高交会组委会举行第一次联席会议到高交会正式开幕，筹备时间只有短短的 10 个月。

筹备高交会，首先遇到的问题是：交易会的场馆设在哪里？当时全市没有一个合适的场所能够成为高交会的举办地。国展中心展厅只有 3 400 平方米，面积最大的经协大厦一栋裙楼也不过一万平方米左右。此外，深圳规划新建一个面积 20 万平方米的国际会展中心，启用时间却在 4 年之后，远水解不了近渴。

时间不等人。几经权衡之后，在市政府常务会上，我拍板：高速度、高质量新建一个大型临时场馆！选址就定在市中心区的深南路边上。会议责成筹备领导小组办公室主任、市科技局局长李连和以及科技局负责此项工作。首届高交会展览中心于 1999 年 1 月 15 日破土动工，占地面积 5.4 万平方米，总建筑面积 2.9 万平方米。

不仅要建，还要建出新水平。

“举办这么大规模的高新技术成果交易会，不仅在深圳市是第一次，在全国也是第一次。”我一再强调高交会展览中心的重要性，“展览中心是交易会的形象标志，虽是临时建筑，但必须是高水平的，不能搞成‘仓库’‘厂房’的外形，要努力体现‘超

前’形象，并节省造价。”

高交会展览中心开建时，距离开幕时间不到 9 个月。市政府要求施工方和相关部门立下“军令状”：工期不能超过 7 个月，保证在 7 月 30 日前高质量建成并试运行。

展览中心给深圳加了分。深圳能否在短时间内建成一个大规模的国际化展馆，IBM 公司负责人一直心存怀疑，因为在他看来，建成这样的场馆至少需要一年时间。但是事实打消了他的疑虑。1999 年 7 月，这位负责人再次前来深圳探营时，高交会展览中心即将建成。“这是个奇迹！”就在展览中心施工现场，这位 IBM 公司负责人明确表示签约参加高交会。

以高新技术成果交易为核心：主办方直面三大“拷问”

继中国出口商品交易会（广州）和中国投资贸易洽谈会（厦门）之后，高交会是面向国际、辐射全国的第三个国家级交易会。

立足于交易，那么主角自然是买卖双方。无论是高交会组委会联席会议还是深圳市政府筹备高交会领导小组会议，我们每次开会都强调高交会不是展览会，而是交易会，必须有卖家和买家。否则，高交会不会长久。

谁来卖谁来买？我从刚开始筹备高交会时就反复对大家说：一切以高新技术成果交易和实现产业化为核心，一切围绕市场化而展开，这条主线要一直贯穿首届高交会筹备工作的全过程。我们首先必须有一大批让人惊艳的高新技术成果，就好比大卖场的货架上要有充足的货品，这样才能吸引顾客。让科研成果实现产业化，转化出许多多元化的高科技产品，我们要做一个为项目方和投资方牵线搭桥的“经纪人”，给科研成果找到市场。举办高交会，项目征集是首道工序，项目评价是关键环节，高新技术成果交易成功、实现产业化是结果。在筹备过程中，主办方经历了三大“拷问”。

拷问一：项目从哪里来？

我们划定了征集重点，邀请重点高校、科研机构、企业和跨国公司提供可产业化的科研成果，邀请“863 计划”、重大科技攻关计划、“火炬计划”、科研成果推广计划等项目参与交易。

“参加交易会的科研成果，成熟的要多一些，要很快就可以产业化；不太成熟的、超前的、水平高但风险大的科研成果也要有，但是比例应稍少一些。”我在组委会的联席会议上强调，“这两类科研成果都要有。科技成果不够新，就没有吸引力；风险太高的成果，中国的企业目前还无法承受。”

拷问二：征集来项目之后，谁来做出权威评审？

参展项目的技术水平、技术成熟程度以及市场前景评估关系到首届高交会的含金量，决定着交易的成功率。“要逐步建立起一支高水平的专家队伍来从事科研成果的评估。首先，‘三部一院’要事先对参加交易会的项目进行评估、筛选。”在高交会组委会第一次联席会议上我就强调，“项目筛选的目的在于促成交易，项目必须具有产业化的基础，能够吸引境内外投资，实现产业化。”

很快，涉及 21 个专业领域的 100 多位专家组成了高交会项目评审委员会，当中包括“863 计划”专家和企业界的专家，对征集的项目进行评审，筛选出有市场前景的项目。

在一年零一个月的时间内，我们累计征集项目达到 1.5 万个。由于场地原因，能在展馆“露脸”的项目有 4 150 个，不到 1/3，其余的 9 000 多项都进了另一个“展场”——高交会网站。参加高新技术产品展示的国外著名企业有微软、IBM、希捷、佳能、施乐、AMD、朗迅、爱立信等，国内知名企业则包括华为、中兴通讯、大唐、长城、曙光、联想、东大阿尔派等。

拷问三：撮合成功率有多高?

高交会上必须有大批量项目成交，而且一定要达到可观的合同金额，这样才能说本届高交会是成功的。

我们开始大胆探索和尝试引入风险投资，让全球资本青睐高交会。谈起首届高交会，大家感觉一个显著特点就是风险投资机构多。参加交易的投资商共有 955 家，其中境外 125 家，包括美国资本集团、波士顿投资银行、美林证券、汉鼎亚太公司、IDG 太平洋投资公司、新加坡亿胜投资公司等国际著名投资公司。有了上述实力雄厚的风投机构加盟，就有了买方的资金保障，这大大提高了我们撮合交易的成功率。

首届高交会参展企业和机构共计 2 856 家，其中境内 2 579 家，境外 277 家。在 1 459 项成交项目中，高新技术项目成交 1 030 项，成交金额为 42.78 亿美元（合同成交金额 30.44 亿美元，协议金额为 12.34 亿美元），占总成交额 64.94 亿美元的 65.9%。在成交项目总数中，外商投资成交项目数 198 个，投资总额 18.29 亿美元，占总成交额的 28.16%。

惊喜不断：国际国内高度关注，展位供不应求

场馆建设顺利，推介工作也有条不紊。

1999 年 1 月 28 日，国务院新闻办在北京举行记者招待会，正式向世界宣布中国每年秋季在深圳举行国家级、国际性的高新技术成果交易会，首届高交会将于 1999 年 10 月 5—10 日举行。我向中外媒体介绍了首届高交会的特点：在内容上，高交会将集高新技术成果交易、产品展销、项目招商、信息交流于一体，是一次高科技要素综合交易会；在交易方式上，将尝试新的运作模式，使高新技术成果交易与风险投资机制相结合，落幕的交易会与不落幕的交易会相结合，高新技术成果交易与高新技术产品的展示相结合。2 月 11 日，我作为高交会组委会主任前往香港召开新闻发布会，邀请跨国公司与港澳台高新技术企业和研究开发机构参加高交会。我在发布会上表示，高交会是我国继中国出口商品交易会（广州）、中国外商投资与贸易洽谈会（厦门）后又一个面向国际、辐射全国的国家级交易会，它的举办为深港两地业已深入的科技合作带来了新的机遇。充分利用香港作为国际金融中心、贸易中心、信息中心的优势，充分利用深圳联结内地的人才、技术优势，可以加快发展两地的高新技术产业，促进深港两地的共同繁荣。同时，在深圳举办高交会，便于邀请跨国公司与港澳台高新技术企业和研究开发机构参加，对于把高交会办成海峡两岸科技交流和高新技术产业合作的盛会具有重要意义。

深圳派出 3 位副市长，带领 3 个团组到国内 10 个城市、境

外10个国家和地区，向企业、大学、科研机构及跨国公司宣传、推介高交会；对外贸易经济合作部通过我国各驻外使领馆向跨国公司广发“英雄帖”，科学技术部、信息产业部、中国科学院的招商和招展同时紧锣密鼓进行，农业部（国务院原有组成部门之一，2018年后不再保留）和教育部也报名参加。

外界对高交会的关注超出了我们的预期。高交会展览中心最多可以容纳1 954个展位，我们刚开始还担心招不来那么多参展商，结果在1999年6月2日举行的市政府筹备高交会领导小组会议上，组委会办公室反馈“展位供求矛盾突出”：已报名的参展商所需展位在2 600个左右，最后可能突破3 000个，即使按2 600个展位计，缺口也高达646个。

首届高交会筹备工作有太多的“想不到”，接二连三地带给我们惊喜：参展企业达2 856家，参展项目达4 150个；5个外国政府团组、26个国家和地区的86个代表团、32家世界著名的高新技术跨国公司纷纷报名参加，使“中国国际高新技术成果交易会”的“国际”二字得以落实；全国31个省、自治区、直辖市和港澳台地区以及22所著名高校、5个国家部（委）都将组团参加展示和交易洽谈。高交会期间举办35场论坛，围绕4大主题：知识经济与国际战略；21世纪信息技术；生物技术与医药、新材料与新能源；高新技术与创业投资。36位演讲人中有诺贝尔奖获得者4人，IBM、朗讯等跨国企业总裁7人，两院院士6人，世界银行副总裁等国内外著名科学家、企业家、经济学家、风险投资及金融专家在内的重量级人士都已接受邀请，将在高新技术论坛上发表演讲。

组委会责成郭荣俊、李连和以及领导小组办公室负责与参展商、投资商和演讲嘉宾做好对接。

百日冲刺，市领导集中办公，狠抓落实

1999 年 6 月 22 日，距离高交会正式开幕还有 105 天，高交会组委会召开第二次联席会议，高交会进入“百日冲刺”阶段。这个时候，展览中心主体工程已经完成了 85% 左右；对外贸易经济合作部、科学技术部、信息产业部、中国科学院，国家发展计划委员会、农业部、教育部，31 个省、自治区、直辖市，5 个计划单列市，国外 32 家大公司决定组团参加；累计征集到 8 000 多个项目；累计有 700 家投资商申报了投资意向资料，其中有 200 家有明确的投资领域和投资意向；国内外 160 家大公司参加产品专业展。落实参展企业！落实参展项目！落实每一个展区展位！“百日冲刺”要全力以赴，确保质量。

1999 年 10 月 1 日，市政府筹备高交会领导小组开会，布置开幕前最后阶段的各项工作，确定高交会的各项活动日程以及中央领导 10 月 4—7 日的活动安排。将上述各项安排提交 10 月 3 日召开的高交会组委会第四次联席会议进行审定。市政府筹备高交会领导小组会议决定，总指挥部全体成员从 10 月 2 日起，集中到五洲宾馆现场办公。五洲宾馆与高交会展览中心只隔了一座立交桥，如有问题，总指挥部成员可以随时到现场解决。市领导分工如下：我任总指挥；李德成任常务副总指挥，协助我做好总协调工作；白天负责宣传工作及新闻记者的接待；何景涣负责中央领导、广东省委领导及国际嘉宾的安全保卫工作；郭荣俊负责展览、论坛的会务及重点项目的签约工作；王炬负责全市的绿化、美化、灯光夜景工程；谭国箱、宋枝旺负责国内、国外嘉宾

的接待工作。

我特别强调：“高交会是个复杂的系统工程，工作量大，头绪繁多，每个部门都要树立全局观念和高度的责任感，服从大局，各部门之间要主动配合，互相提供方便。要推功揽过，不怕困难，吃苦耐劳，夜以继日地做好工作。”

朱镕基总理“站台”亮明“国家态度”，高交会一炮打响

10 月 5 日晚 8 点，首届高交会正式开幕，朱镕基总理在开幕致辞中向世界发出了中国发展高科技的时代强音。为了促进中国与世界各国的经济技术合作，中国政府决定每年在深圳举办中国国际高新技术成果交易会。这次交易会，集中地展示新中国 50 年来特别是改革开放 20 年来的高新技术成果，为中国企业和科研机构走向国际市场创造条件。通过交易会，中国企业和科研机构将更好地把握国际市场需求变化，增强高新技术研究开发的针对性、实用性，使更多的科研成果迅速地转化为富有市场竞争力的商品。同时，中国也希望更多地了解和学习当今世界的各种先进技术，更好地开展国际交流与合作，加快中国高新技术产业发展和现代化的进程。

10 月 6 日上午 9 点，高交会举行开馆仪式。当天，朱镕基总理巡馆并会见了参加高交会的国外贵宾和世界 500 强企业的代表。

当天下午 6 点，广东省委书记、省长设晚宴，招待出席首届高交会的各省、部、高等院校领导 230 余人。

朱镕基总理为高交会“站台”，提升了我们这个国家级盛会

的档次和权威性，让所有与会者深受鼓舞并为之骄傲。

首届高交会见证了创新的力量，在业界成就了许多佳话：已在激光生产领域处于领先地位的大族激光，获得了1 000万元订单；曾为营运资金发愁的马化腾带着商业计划书推销QQ的前身OICQ，拿到了腾讯发展史上最关键的第一笔风险投资220万美元，步入了快速发展的轨道；安徽省天长市秦栏镇，一个远在深圳千里之外的小乡镇，首次参展就把自己的电子产品卖到数十个国家和地区；深圳市冠日高科技公司与美国IDG集团旗下的广东太平洋创新投资有限公司签订了4 300万元的合作协议；新加坡亿胜投资集团和中国科技开发院等投资2.5亿元建立医药科技发展公司……

历时6天的高交会，成交项目1 459项，成交总额达64.94亿美元，大大超出了我们当初预期的10亿美元。首届高交会的成功，远远超出了大家最初的预期，经过一年零三个月的紧张筹备，当初许多在外界看来不可能的事情最终被我们变成了现实。

首届高交会的成功举办，成就了"中国科技第一展"。每年在深圳举办的高交会，推动了科技人才、科研成果和投资落户到深圳，推动了深圳高新技术产业高质量、高速度发展，推动了深圳建成全国高新技术成果交易中心，推动了中国与其他各国之间的高新技术产业的交流与合作。成功地举办首届高交会，是我难忘的一段工作经历。

10月10日晚，高交会闭幕。市政府筹备高交会领导小组成员举行工作晚餐。经过一年的谋划和紧张艰苦的工作，首届高交会终于取得圆满成功，取得的成果超过了预期。大家非常欣慰，激动异常，举杯庆祝。工作餐吃到一半，我发现市政府副秘书长刘应力不见了。最后，我们在餐厅外面的走廊上发现了他。紧绷了一年多的神经突然放松，刘应力竟然躺在过道的地板上睡着了。我赶紧让人把刘应力送到酒店房间休息，随后拿起手机拨通了刘应力家里的电话："你好！我是李子彬，我替应力同志向你请个假。他太累了，今晚庆功会期间睡着了，我们想让他在酒店住一晚，好好休息一下，请你放心！"电话那端，刘应力的爱人通情达理："就让他在酒店好好睡一觉吧，睡一觉就会好起来的。"

图 2.19　2000 年 1 月 7 日，我（中）、李德成常务副市长（右一）、郭荣俊副市长（左一）出席深圳市科技系统举行的首届高交会总结表彰大会

第三篇

两个文明建设协调发展

深圳经济特区成立初期，伴随着开放，“苍蝇”“蚊子”也跟着进来了，“黄、赌、毒”丑恶现象和社会治安混乱等问题一度非常突出。铁腕整治，在香港回归之前用两年时间实现社会治安基本好转，再用三年时间实现更大好转，我们对老百姓许下的两个承诺一一兑现。重典治乱，促进两个文明建设协调发展，还百姓一个清平世界，深圳让全国刮目相看。

整治军牌车乱象

20 世纪 90 年代中期，深圳的道路上时常有挂着军车牌的车辆，其中许多车辆不守规矩，强闯红灯，横冲直撞，逆向行驶，扰乱交通秩序，威胁他人安全。不过，到了 1995 年年底，这种乱象得到了整治。

军政座谈会上谈军牌车乱象

1995 年 7 月 31 日，一年一度的“八一军政座谈会”在深圳迎宾馆举行，出席会议的有深圳市领导，驻港部队、驻深解放军以及武警部队的司令员、政委。

会上，市委书记厉有为致敬酒辞，感谢部队为深圳经济特区建设发展所做出的贡献，感谢他们守护着特区的安全。

一番热情洋溢的致辞后，我随即起身敬酒并讲话：“毛主席教导我们说‘没有一个人民的军队，便没有人民的一切’。这是一个真理，革命战争年代得到了证明，新中国成立以来我们也都深有体会。深圳经济特区经济社会的快速发展，与驻深解放军和武警部队提供的安全稳定的环境是分不开的，市委、市政府以及全市人民都十分感谢你们付出的心血和汗水！”

接着我话锋一转，谈到一个亟待请他们解决的问题：“今天我有个请求，希望得到各位在座首长的支持！”

大家有些诧异，都侧耳倾听。

我说："在党中央国务院、广东省委省政府的领导下，深圳市发展得很快，城市人口已经达到了500多万，汽车数量也在快速增长，这是好事。但是，深圳的社会管理工作和城市基础设施建设相对滞后，还没能与之同步发展。比如，深圳路窄、路少，交通管理跟不上，交通秩序还比较乱。可是一些挂着军车牌的车辆，却在马路上肆意行驶，横冲直撞，闯红灯和逆向行驶等严重违法的现象经常发生，这更加剧了深圳交通的混乱。我们的交警拦车，要依法管理，有的司机下车就打交警耳光，态度恶劣嚣张。老百姓对这种现象很有意见，非议颇多，这影响了部队形象和军民关系。我知道这些车其实不是你们的。自从中央军委决定允许部队经商办企业后，许多私营企业挂靠在军队和武警部队，每年交给挂靠单位几万甚至几十万元'管理费'。其实，这些私营企业经营什么，部队也不过问，但这些企业的车却可以挂军车牌，以军车的威势上路。老百姓不明就里，误以为就是部队车辆，影响很不好。"

我提出："请在座的各位首长，整治挂靠部队、武警的企业的军牌车。希望半年之内能够整治好，不再发生闯红灯等违规行为，不再发生殴打交通警察的事。"

部队首长答应市长请求

部队首长们坐不住了。他们实在想不到，深圳市市长会在这个场合说这件事，会提出这样的请求。

驻港部队司令员刘镇武第一个站起来表态："我向市领导保

证，挂驻港部队车牌的车，一个月之内不再发生这种事，这事由我亲自负责。如果还发生闯红灯、打交警的事，市长您就找我，我负责任！”说完，他敬了我一杯酒。

武警深圳指挥部政委翁伟芳紧接着说：“武警部队的情况比驻港部队的要复杂些，尽管这样，我保证不用半年，三个月后挂武警车牌的车都会遵守交通秩序、服从交警管理。”同样，他也敬了我一杯酒。

刘镇武和翁伟芳发言后，其他部队的负责人也相继表态，表示将整治好所属车辆，共同维护交通秩序。我对他们一一表示感谢。

部队办事就是雷厉风行，效率很高，这点让我感触很深。他们很快就开展了车辆整治行动，令行禁止，违法行驶的乱象得到了整治。据交警部门反映，大约两三个星期后，挂驻港部队车牌的车，就再也没发生过违规行为；挂武警部队车牌的车，一两个月后行驶情况也有明显的好转。

又过了一年，即1996年，中央军委决定，进一步清理整顿全军的生产经营，剥离地方挂靠企业。这如釜底抽薪，从根本上解决了社会企业挂靠部队、武警的问题，解决了企业车辆挂军车牌的问题。

允许军队办企业以弥补军费不足，这显然是权宜之计，不得已而为之。军队办企业，弊端很多，滋生腐败。比如企业利用军舰走私的事时有发生，海关无权检查，只能开关放行。后来，中央军委看到军队办企业副作用太大，消极因素太多，于是果断收回了政策。这对国家的经济秩序、对军民关系、对国防建设都大有益处，是个正确的决定。

还百姓一个清平世界

1994 年 11 月初，我到深圳任职前，中央领导找我谈话时都特别谈到了深圳的社会治安问题。我还没来深圳报到，加强深圳社会治安的综合治理，在我心中已经摆上了非常重要的位置。

恶性案件高发，百姓人心惶惶，特区形象受损

我来深圳以后，确实感到社会治安问题很严重。

干部们反映，深圳的社会治安很长时间以来就是省委、省政府和市委、市政府非常重视又非常头疼的一件事。市公安局汇报：1994 年 1—10 月，300 天内，杀人案 152 起，平均 2 天 1 起，当中还有 17 起是一案两命，所以这 152 起案件，死亡人数不是 152 人，而是 169 人；绑架案 388 起，平均 1 天 1 起多；抢劫案 1 885 起，平均 1 天 6 起多；入室盗窃案 5 704 起，平均 1 天 19 起。

如果换一个说法，就更让人触目惊心：1994 年 1—10 月在深圳，平均每 2 天有 1 个人被杀；每天有 1 个人被绑架、6 个人被抢劫、19 个家庭被盗窃。拦路抢夺、飞车抢夺就更多了。市公安局估计深圳有 3 000 个扒手。

上述种种情况严重危害了社会的稳定，威胁了居民的人身安

全，也影响了投资环境。老百姓人心惶惶，上班时担心家里被盗，下班时担心在路上被抢。有些人上班时都把家里的现金、首饰细软等用小包拎到单位，下班后再拎回去。这种让人啼笑皆非的事，时过境迁后人们当作笑谈，但是在当时，却让人心情沉重！

绑架案受害者多是港台的商人。那时还没发生过一起来深圳投资的欧洲人、美国人、日本人被绑架的事件。在港台企业家中，有些人赌博、嫖娼、露富，所以被绑架的基本都是港台老板。这对香港和台湾在深圳的投资影响比较大。在深圳经济特区成立后的前15年，实际利用的外资中,65%是香港和台湾的投资，欧、美、日的投资占35%左右。不管被绑架者有什么不当行为，只要绑架案发生在深圳，深圳在城市形象上就输掉了一分，同时还必须负责破案。

除了恶性案件持续高发外，当时深圳“黄、赌、毒”现象也很严重，难免负面名声远扬，深圳经济特区的形象受到了严重损害。虽然1984年邓小平同志题词“深圳的发展和经验证明，我们建立经济特区的政策是正确的”，但是，认为深圳搞的是资本主义的声音一直没有平息过，甚至有些高层领导也这么想。我来深圳报到之前曾回辽宁一趟，去看望一位省委副书记时，他对我说：“深圳好啊！发展得快！”接着又说：“那地方除了国旗是红的，其余的都是白的！”

深圳的企业改革早，民营经济发展得快，国企混合所有制改造得早，很多人认为这些都是资本主义。经济特区自建立以来就备受争议，社会上曾发生过几次攻击深圳的“浪潮”——20世纪80年代初有一次舆论高峰，小平同志题词后争论小了一些。不久，各种口诛笔伐又起，小平同志1992年视察南方谈话以后又好一些。我 1994 年 11 月来深圳时还听到不少攻击言论，国内一位学者根本没来过深圳，但是不断地发表文章攻击深圳。我给他捎信，请他到深圳来一个月，我陪他参观考察，请他考察之后再评论深圳。他不来，但是自那以后，他就不再攻击深圳了。深圳好的方面，很多人看不到。例如，深圳南岭村老人合唱团，高歌《没有共产党就没有新中国》，声音洪亮，精神饱满，他们平均年龄 60 多岁，凡是看过演出者都深受感动。俗话说“好事不出门，坏事传千里”，当时的深圳正是那样。

为什么深圳的社会治安问题会如此突出？这与深圳在几个方面的特殊性分不开：

第一，深圳毗邻香港。香港黑社会势力比较强，他们往返深圳很方便。香港的黑社会势力与内地到深圳的黑恶势力互相呼应，为害百姓，为害社会。

第二，深圳的流动人口太多。据市公安局统计，1995 年年底，深圳市户籍人口 99 万，暂住人口近 300 万，其中办理了暂住证的 231 万人，“三无”人员有 30 余万人。流动人口的居住需求又催生了出租屋的大量涌现。当时深圳约有 30 万间出租屋，居住暂住人口 90 万人，而政府对出租屋的管理没有跟上。很多业主只求经济收益，根本不管求租者是否证件齐全，不管租住者从事什么行业，以致很多出租屋成为藏污纳垢之地，“黄、赌、毒”现象严重，也成为内地负案在逃犯的庇护所。

第三，深圳确实比内地许多地方富裕，不法分子在深圳的作案成本低而收益高。一个小偷在内地偷一次可能只得到几十元，而在深圳偷一次可能会得到上千元。如此之高的“投入产出比”使各地歹徒闻风垂涎，纷纷南下。还有的准备“扩大经营”，召集喽啰，一歹徒发往家乡的电报“钱多人傻速来”被曝光后迅速流传开来，几乎成为全国人民调侃深圳人的流行语。

第四，虽然广东省委、省政府和深圳市委、市政府都十分重视社会治安综合治理，持续开展了扫除“黄、赌、毒”斗争，但是广东、深圳改革开放早，环境复杂，情况特殊，政法队伍建设包括公安队伍建设跟不上，“两手抓，两手都要硬”的措施还不够到位，社会治安综合治理很长时间以来一直是省、市非常重视又非常头疼的一件事。

加强警力，从严治警，把公安队伍建成威武文明之师

加强公安队伍建设是搞好社会治安综合治理的首要环节。

1994 年 12 月 1 日，市公安局召开系统教育整顿大会，宣布将集中一个月时间对全市公安系统开展教育整顿工作。

我到会讲话，首先充分肯定了成绩：“全市公安队伍的主流是好的，是党和人民完全可以信赖的、有战斗力的队伍。今年以来，针对社会治安的突出问题，开展了多个专项斗争和专项治理工作。开展‘严打’斗争、打击车匪路霸、反盗抢机动车辆、清理‘三无’人员、开展扫除‘黄、赌、毒、黑’统一行动、整治交通秩序专项治理，取得了显著成绩，担负起了保护人民、打击敌人、惩治犯罪、服务‘四化’建设的神圣职责。市委、市政府的领导非常了解广大公安干警的辛苦。广大公安干警长年累月超负荷工作，为深圳的改革、开放、稳定默默地做出了无私奉献，不少干警为维护社会治安甚至献出了宝贵的生命。特别是在 1992

年的‘8·10’事件、1993年的‘8·5’大爆炸以及今年的洪水灾害面前，广大公安干警、武警官兵不畏艰险，连续作战，保护了国家财产和人民生命的安全，维护了特区社会治安的稳定，受到了党和人民的高度赞扬。”

随后，我也指出公安系统存在的问题——少数人由于处在同违法犯罪斗争的第一线，长期地、广泛地接触社会的某些黑暗面而缺乏抵制能力；还有很多不法分子盯着公安机关的各项执法权，千方百计地拉拢腐蚀公安干警，致使公安队伍中出现了少数利用职权贪赃枉法的违法犯罪分子；有的干警参与“黄、赌、毒”活动；有的干警在专项行动前通风报信；也有的执法违法，打人骂人，刑讯逼供；等等。这些消极腐败现象严重腐蚀着公安队伍的肌体，削弱了公安队伍的战斗力。所以，这次为期一个月的公安队伍教育整顿工作是非常必要、非常及时的。

打铁还需自身硬。只有把公安队伍建设好，才能严格执法，完成各项任务。

根据这次教育整顿活动，市委、市政府制定了领导干部任职和年度考评制度。对年度考核不合格的治安责任人，予以通报批评；对治安情况严重并在限期内没有明显改善者，坚决实行“一票否决”，由组织、人事部门提出调整或免职建议。建立岗位轮换制度，市局机关、5个区的公安分局机关干部进行岗位轮换。建立公安分局局长、派出所所长的交流制度，规定派出所所长任职两年的必须调到另一个派出所任职，这样做有助于防止某些人被腐蚀，也有利于干部的成长。加强培训教育工作，长打算、短安排，定期轮训，不断提高干部的政治素质和业务素质。

严格区分两类不同性质的矛盾，既要严格执法，又要文明执法。坚决杜绝以罚代刑，严禁刑讯逼供，在严厉打击犯罪分子的同时，保障人民群众的安全和全面确保社会安定。要努力保持政法队伍的纯洁性，把好进人关，同时清理违法违纪分子、腐败分子，调出不适宜从事政法工作的人员，市委组织部门、市政府人事部门制定并执行系统内外岗位轮换制度。按照市委、市政府关于加强机关建设的规定，从教育、体制、机制、监督和激励五个方面入手，加强机关建设。

教育整顿工作以及其后紧密跟进的各种制度建设和切实执行，使公安队伍提高了战斗力，增强了凝聚力，精神面貌焕然一新，成为后来我市接连不断地开展“严打”斗争并不断取得重大胜利的保证。

认真抓好公安队伍建设，从思想上进行教育整顿是一个方面，同时也不可忽略必要的物质支持。犯罪分子的活动能量很大，公安机关同犯罪分子做斗争，要有可靠的物质后盾。经费紧张、装备落后、办公场所不足等，都势必影响公安机关及时打击犯罪活动和严格执法。我提出，要舍得增加投入，保证办公经费、办案经费，改善装备和办公场所，改善干警生活待遇。

1994 年 12 月 8 日，厉有为书记和我召开组建巡警队伍工作协调会。梁达军、李容根、何景焕，以及市委组织部、政法委、公安局、人事局、计划局、财政局、国土局等部门负责人参加。市委、市政府决定组建 2 000 人的巡警队伍，作为单独的警种进行集中管理，设立一个支队，辖 5 个大队、23 个中队；设立 116 个巡区。巡警的职能以街面巡查、加强治安为主，查违法，打“现行”，做好事。装备费 6 000 万元，由市财政局直拨；开办费 3 000 万元，由市和 5 个区各分担一半。宿舍、食堂、训练场地、教室等基建费用预算 2.05 亿元，由市、区两级财政承担，按照基建工作计划按时拨款。

会议决定成立组建巡警协调领导小组，我任组长，李容根、何景焕任副组长。

1995 年 3 月 15 日，市政府召开深圳市巡警成立大会。10 月 1 日，巡警正式上路执勤，查违法，打“现行”，做好事，以良好的形象受到了市民的欢迎。在开展打击抢夺、扒窃犯罪活动的专项行动中，巡警与交警、武警、治安警密切配合，集中力量打击公共场所和繁华路面的抢夺、扒窃、诈骗等违法犯罪活动，起到了重大作用。违法犯罪分子看见巡警肯定是要躲着走的，而市民则普遍反映，走在路上看见巡警就放心了，有安全感了。

图 3.1　1995 年 10 月 1 日，深圳市第一批巡警正式上路执勤

党政一把手担任第一责任人，落实社会治安综合治理责任制

1995 年 2 月 10 日，我主持召开深圳市社会治安综合治理委员会会议，布置全市社会治安综合治理工作。

第一，狠抓领导责任制的落实。按照《深圳市社会治安综合治理领导责任制实施办法》，第一季度要做好市长与各区区长，区长与镇（乡）长、街道办事处主任之间层层签订治安责任书工作。市、区综治委要会同同级纪检、组织、人事、监察部门，制定治安领导责任制的考核办法，协助党委、政府抓好社会治安综合治理领导责任制的贯彻落实。对考核“不合格”者，要追究领导责任；对问题严重、构成玩忽职守罪或渎职罪者，要依法追究法律责任。

第二，健全综治委和办公室，充分发挥其职能作用。区综治委设 4~6 名专职干部。镇和街道办事处综治办设 2~3 名兼职工作人员。各级综治委（办）在机构改革中都应当按规定保留，已经撤销的要尽快恢复。

第三，狠抓“严打”斗争。

第四，坚持不懈扫除“黄、赌、毒、黑”等“七害”。

第五，加强基层基础建设。

第六，加强对外来人口的动态管理，清查出租屋底数和居住人员情况，加强对“三无”人员的清理、收容、遣送工作。

第七，继续抓好安全文明小区建设。

第八，加强法制宣传教育工作。

1995 年 5 月 6—9 日，省委、省政府召开全省社会治安综合治理工作会议。

会议强调：社会治安问题是关系到政治稳定、社会稳定、投资环境、人民安居乐业的大事，是坚持无产阶级专政的重要内容，仅仅依靠几个职能部门是不行的。省委、省政府要求各级党政一把手作为治安第一责任人，对当地治安负总责，分管领导作为第二责任人。各级综治委是协助党委、政府抓好社会治安综合治理的常设机构，综治委主任要由党政一把手中的一位领导同志担任。要把领导责任制层层落实到每个地区、每个部门、每个基层单位。必须建立完善具体的考核办法。对治安问题严重仍不整改者实行“一票否决”。坚持依法从重从快的方针，狠狠打击严重刑事犯罪分子。进一步加强社会治安防范管理基础工作，广州、深圳、汕头等大中城市开展安全文明小区创建活动。动员广大人民群众参与社会治安综合治理。进一步加强执法队伍建设。广州、深圳市的专职巡警队伍不少于 3 000 人，市区警力 5 年内要逐步达到占总人口（包括外来流动人口）的 0.5% 的要求。把反腐败斗争和社会治安综合治理工作结合起来。

1995 年 7 月 20—21 日，深圳市召开全市社会治安综合治理暨安全文明小区命名大会。我在 20 日上午做了讲话，传达了省委、省政府于 5 月 6—9 日召开的大会的精神，对全市加强社会治安综合治理工作做了具体部署。厉有为书记在 21 日的大会上做重要指示。

市委、市政府要求：坚决贯彻省委、省政府会议的精神，各级党委、政府的一把手要亲自抓，作为治安第一责任人，层层落实“保一方平安责任书”，“做一方官，保一方平安”。从严治警，加强公、检、法、司队伍建设，要建成威武之师、文明之师。持续开展“严打”斗争。加大对杀人、抢劫、绑架勒索、持枪作案、带黑社会性质团伙的打击力度。从重从快打击大案要案的犯罪分子。对治安的突出问题，要集中力量打“歼灭战”。群防群治，继续抓好安全文明小区建设。全市初步划定890个小区，每年要有1/3的小区建成安全文明小区，到1997年年底，全部建设成为安全文明小区。进一步加强外来流动人员管理。市、区都要成立流动人口管理工作协调小组。加强教育工作。解决好征地、拆迁、待业职工的实际困难，化解矛盾，妥善解决基本生活问题。

持续开展“严打”活动，维护治安稳定和社会稳定

针对重大治安问题，要集中力量打“歼灭战”。打击重点是杀人、抢劫、绑架人质、持枪作案等影响恶劣的案件；摧毁带黑社会性质的犯罪团伙和流氓恶势力，他们称霸一方，欺压群众，气焰嚣张；侦破一批重大案件，抓获一批重大案犯和负案逃犯；狠狠打击车匪路霸和盗抢机动车犯罪；收缴黑枪；反复多次开展扫除“黄、赌、毒”等社会丑恶现象，严厉打击“黄、赌、毒”的经营者、策划者和后台势力。

1995年开展了“冬季灭罪”“春季严打”“收缴黑枪”专项活动。在龙岗区平湖镇开展的打黑专项行动，铲除了一个以香港黑社会组织“新义安”头目王少强为首的涉黑性质团伙，一举抓获19名人贩子，挖出了一个成员60余人、涉嫌拐卖妇女230多人的特大拐卖妇女团伙。

1996年4月26日，召开全市“严打大会战”大会。我在会上做动员讲话时，提出严格要求：“党中央、国务院决定在全国范围内开展‘严打’斗争。市、区成立‘严打大会战’领导小组和办公室，各级党政主要负责人担任领导小组组长。从现在开始，开展调查摸底，制定方案，找准目标，主动出击，各个击破。对治安混乱的地区、部位和路段进行集中整治，‘重兵压境’，全面、彻底地清理整顿。全党动手、全民动员，各级各部门广泛发动群众，形成围歼犯罪分子的强大攻势。检察院、法院要提前介入，捕、诉、审、判各个环节要准、要快，依法从重从快惩处严重刑事犯罪分子。”

图3.2　1996年5月13日，深圳市中级人民法院召开宣判处理大会

1996年5月13日，深圳市中级人民法院在市体育馆召开宣判处理大会。对故意杀人、伤害、抢劫、绑架勒索、组织他人卖

淫等 12 宗案件的 26 名罪犯公开宣判，其中刘炳龙等 16 人被判死刑，4 人被判死缓，2 人被判无期徒刑，4 人被判有期徒刑。

我在大会上说："今天的大会是我市开展'严打'斗争以来，召开的第一次宣判处理大会，必将有力地打击犯罪分子的嚣张气焰，弘扬法制，壮大'严打'斗争的声威，对于危害大、民愤大的犯罪分子，该重判的坚决依法重判。否则就不足以平民愤，不足以震慑犯罪，不足以彰显'严打'斗争的声威。"后来深圳又召开了几次公开审判大会，使违法犯罪分子受到了巨大震慑，各类社会丑恶现象得到了有效遏制。

市委书记在一次全市干部大会上讲："有一些搞'黄、赌、毒、黑'的场所，据说背景很深。但是，无论涉及什么人，都要彻底铲除。我和子彬同志表态，如果做不到这一点，我辞去市委书记职务，子彬同志辞去市长职务。"台下听众报以热烈掌声。

1998 年 6 月 29 日，深圳市委、市政府领导与省公安厅举行 6 人会议。市委书记说："经与省政法委书记研究，由省公安厅派 2~3 人，市公安局派 3 人，组成得力的小组，通过各种手段摸清涉黑性质的'黄、赌、毒'场所，如 HOUSE 歌舞厅、阳光酒店的歌舞厅，据说它们的'背景很深'。这件事，只有今天在场的几个人知道，不能扩散出去。一是要采取各种手段，摸清情况；二是此次行动会涉及许多'人物'，要考虑好下一步工作。所以，要将行动方案报告省委和中央，经批准后采取行动。"

经过翔实侦察，市委、市政府做出周密部署，集中了 300 名公安干警和武警，在一天夜里 11 点钟，突袭 HOUSE 歌舞厅，一举捣毁了这个有很深背景的"黄、赌、毒、黑"窝点，广大群众拍手称快。

全面整治出租屋，清理“三无”人员

流动人口犯罪是困扰我市社会治安的一大问题。据 1995 年年底市公安局统计，我市有户籍人口 99 万人，暂住人口 260 多万人，其中办理了暂住证的有 231 万人，“三无”人员 30 万人。全市有出租屋近 30 万间，居住暂住人口 90 万人。“三无”人员大量存在，有的甚至形成了村落，自办学校、自办接生站、自设市场。流动人口的违法犯罪问题也比较严重，外来人员犯罪占抓获案犯总数的 90% 以上。市委、市政府决定，借“严打”的东风，开展一次全市性整治出租屋、清理“三无”人员的行动。

出租屋是流动人口的居住地。深圳的流动人口大多数是有身份证、办理了暂住证，在深圳合法打工的人。但是，也有相当一部分人无身份证、无暂住证、无务工单位，他们被称为“三无”人员。他们中间可能会有负案在逃犯，即使没有前科的人，当他没有正当工作和稳定收入，面临生活困境时，也很可能会铤而走险。所以，“三无”人员是深圳治安问题的重大隐患。

1996 年 6 月 7 日，深圳召开“严打”第二次统一行动动员大会，我在会上做了动员讲话。要求各区、镇（乡）、各部门要精心组织，周密部署，互相配合，协同作战。政法、公安等部门要发挥主力军作用，落实责任制。要做好宣传发动工作，动员广大群众积极参与、支持整治出租屋和清理“三无”人员的行动。执法人员要注意政策和方法，要严肃纪律，依法办事，文明执法。这次以打“恶”、扫“毒”、清理“三无”人员、整治出租屋为主要内容的统一行动，重点是整治出租屋、“三边”（山边、塘边、村边）地带搭建的住人窝棚、地下旅店、发廊、食街等。整治出租屋是这场“严打”斗争的关键战役，也是一场攻坚战。公安部门要对全市出租屋进行一次彻底清理，登记造册，建立管理机构，配齐暂住户口协管员。颁发《出租屋治安管理许可证》，由房东与派出所签订治安责任书。万一在某出租屋里发生案件，此出租屋的房东必须负责。

解决问题的关键，就是找准责任人。明确了房东是出租屋案件的责任人以后，对出租屋的整治犹如打响了一场人民战争，而不再仅仅是一个派出所十几名或几十名干警的任务，治理出租屋的任务被分解到了派出所辖区内成千上万个房东的头上。一旦发生案件，房东难逃责任。房东怎敢掉以轻心?！他们会密切关注着自己出租的房子——成千上万双眼睛盯着出租屋，很多案件就胎死腹中了。

动员会后，各区迅速展开行动，党政一把手都做到了既“挂帅”又“出征”。例如，南山区公安分局将任务分为东、南、北、西4个片区。前3个片区分别由区委书记、区长和政法委书记带队行动；西片区由区委领导和蛇口工业区领导共同指挥作战。整个南山半岛出动7 000多人，分片清理“三无”人员、清查出租屋。

宝安区公安分局和辖区51个派出所出动了1 000多名干警、200多名民兵、3 000多名治安员；区委、区政府、8个镇、两个街道办事处从领导到一般干部，共200多人也参加了行动，对全区出租屋、宾馆、酒店、旅店、招待所、发廊、歌舞厅，群众反映强烈的“三陪”活动场所，以及山边、路边、海边等场所进行清理，抓获了一批嫌疑人，清理了一批“三无”人员。

市领导不能坐在办公室等着听汇报。我们都分头深入到各区参加行动，到第一线去检查工作。例如，我深入到罗湖区，市纪委书记莫华枢深入到龙岗区，市委常委、宣传部长邵汉青和副市长武捷思深入到宝安区……

整治出租屋，清理“三无”人员，既要使出雷霆万钧之力，大造声势，摧枯拉朽，又要做非常细致、琐碎的工作，还要坚持不懈，打持久战，工作难度非常大。我们靠着上下一心，艰苦奋战，取得了显著的成效。

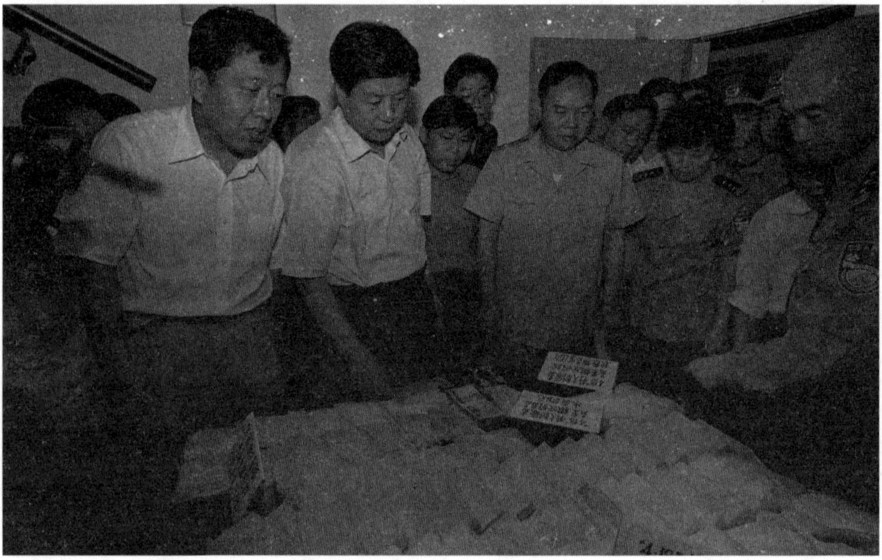

图 3.3　1996 年 6 月，我（左二）在罗湖区检查“严打”行动中缴获的毒品

持续深入开展创建安全文明小区活动

自 1995 年以来，全市深入持续开展创建安全文明小区活动。1998 年 4 月 17 日，市委、市政府召开全市创建安全文明小区活动总结表彰大会，部署《深圳市建设安全文明小区第二个三年规划（1998—2000）》。李容根同志对全市过去三年创建安全文明小区的工作进行了全面总结。

我在会上代表市委、市政府发表了如下讲话。

在过去三年中，市委、市政府高度重视安全文明小区创建工作，每年都将其列入为市民办的“10 件实事”。全市各级各部门大力配合，广大市民积极参与，创建工作取得了很大成绩。全市创建达标的安全文明小区已达 1 498 个，覆盖面积 922 平方千米，覆盖人口 335 万（常住人口），面积和人口覆盖率分别达到 50% 和 92%。我市实现了安全文明小区建设的第一个三年规划目标。目前，全市刑事犯罪、治安案件及大案要案发案率均比创建活动前下降了 50% 以上，特别是杀人、抢劫、重大盗窃案等暴力性和恶性大案下降幅度更大。在成绩面前，我们也要看到不足：过去各类犯罪案件基数较大，目前治安形势只是实现了基本好转，治安形势仍不容乐观；城市环境综合治理的任务仍然十分艰巨；市民的综合素质和城市的文明程度与现代化国际性城市的要求还有较大差距。为此，市建设安全文明小区领导小组又制定了《深圳市建设安全文明小区第二个三年规划（1998—2000）》。今后三年是面向 21 世纪的三年。全市建设安全文明小区的奋斗目标和指导思想是：以党的十五大精神为指导，高举邓小平理论伟大旗帜，坚持“两手抓，两手都要硬”的方针。到2000年年底，全市已经达标的1 498个小区要上新档次，新创建的580个安全文明小区都要达标，全市安全文明小区（村、镇、单位）的面积覆盖率，特区内要达到95%以上，宝安、龙岗区要达到90%以上，人口覆盖率要达到98%以上。

为实现上述目标，我们还要做好以下四方面工作。

第一，在思想上、认识上要有提高。

一是建设安全文明小区，是我市贯彻落实党中央“增创新优势，更上一层楼”要求的重要措施。各级党委、政府要发扬连续作战的精神，在巩固现有成绩基础上，全面实施第二个三年规划，将建设安全文明小区工作提到新水平。二是要充分认识创建安全文明小区是实现社会治安形势更大好转的有效途径。创建安全文明小区，是健全防范机制，提高防控能力，降低刑事犯罪发案率，增强群众遵纪守法的自觉性，形成和睦的邻里关系，实现社会治安形势有更大好转的重要途径。三是要充分认识到创建安全文明小区是建设现代化国际性城市的客观要求。良好的治安秩序和祥和的社会风气，优美的居住环境和优越的投资环境，较高的城市文明程度和市民综合素质，这是国际性城市的内在要求和重要标志。

第二，加强领导，把创建安全文明小区的各项任务落到实处。

实现第二个三年规划目标，关键在于加强领导。各级领导必须进一步增强工作的责任感，保证创建工作顺利完成。

一要保证投入，落实创建安全文明小区各项经费。精神文明建设必须有必要的物质支持和保障。创建高标准的安全文明小区，扩大小区的绿化面积，加大小区管理技术设备改造力度，增加小区内休闲场所和文化设施等，都要有一定的资金保障。二要继续完善领导挂点创建责任制。领导既要“挂帅”也要“出征”，领导挂点创建责任制是一个行之有效的做法，也是领导干部深入基层，为民办实事、好事的具体表现。三要增强创建合力。创建安全文明小区是一项系统工程，牵涉面广，受益面也广，需要各部门紧密配合，齐心协力，众志成城。公安、政法、城管、宣传、文化、城建、国土、财政、住宅、卫生、民政、交通、消防、环保，以及工会、共青团、妇联等各部门都要充分发挥各自的职能作用，积极参与创建活动。

第三，夯实基础，进一步调动广大人民群众参与创建活动的积极性。

经过三年努力，我市的创建活动得到了广大群众的认同，出现了从“要我建”到“我要建”的可喜转变。要保护好这股热情，宣传舆论部门要加大宣传力度，大造声势，发动广大群众踊跃投入到创建活动中去。

一是各区、镇、街道办事处要对辖区内安全文明小区建设负总责。根据“谁主管、谁负责”“条块结合、以块为主”的属地管理原则，各区、镇、街道办事处对创建活动负有直接的领导责任。对辖区内的创建活动要通盘规划，统一部署、统一组织，加强指导、协调、督促和检查，认真落实创建目标责任制。二是要充分发挥基层派出所的作用。创建安全文明小区活动，重在安全。公安部门是创建活动的主力军，基层派出所是治安工作的主要组织者和执行者。要逐步推进公安机关的机构改革，把更多的编制和警力用于加强第一线的战斗力。三是要充分发挥居（村）委会和物业管理机构的作用。创建安全文明小区，居（村）委会负有重要责任。各级党委、政府要解决居（村）委会工作中存在的问题，切实改善居（村）委会的工作条件，切实提高居（村）委会的战斗力和凝聚力。物业管理公司要把治安管理作为物业管理工作的重要组成部分切实抓起来。

第四，加大创建力度，促进安全与文明建设协调发展。

安全和文明，是创建安全文明小区活动的最终目标，两者互为条件，互相促进。加大创建安全文明小区力度，促进小区安全与文明建设协调发展。

要以安全文明小区为载体，努力营造使各类犯罪分子闻风丧胆的社会环境，保证人民群众生命财产安全。建立健全社区防范机制，预防和减少各类案件。加强对全市 30 多万间出租屋的管理，管好外来流动人口。加强建章立制工作，对小区实行依法管理。根据《深圳经济特区社会治安综合治理条例》和《深圳经济特区社会治安综合治理领导责任制实施办法》，形成一套行之有效的监督、检查和奖惩制度。要利用高科技、现代化手段提高小区管理水平。

由于采取了上述一系列的综合治理措施，到 1997 年香港回归前，深圳的社会治安实现了基本好转。治安基本好转的标志就是女同志夜里 12 点敢打出租车，老百姓上班时不用担心家里被盗。

又经过三年的艰苦努力，深圳的社会治安一年比一年好，5 年内实现了更大好转。深圳市在 1999 年广东省社会治安综合治理评比中荣获第一名。深圳先后被评为“全国卫生城市”“国家园林城市”“国家环保模范城市”“全国优秀旅游城市”“全国创建文明城市先进城市”等称号。一块块熠熠生辉的奖牌，承载着市委、市政府和全市人民辛勤的汗水。

两手抓，两手都要硬

深圳经济特区解决好“两手抓，两手都要硬”的任务十分艰巨。交好物质文明建设和精神文明建设两份答卷，两个文明建设都要走在全国前面，这是党中央对经济特区的要求和期望。邓小平同志在视察南方期间谈到广东 20 年内要赶上“亚洲四小龙”问题时，明确指出：“不仅经济要上去，社会秩序、社会风气也要搞好，两个文明建设都要超过他们，这才是有中国特色的社会主义。”承担着为建设有中国特色社会主义先行试验历史任务的深圳经济特区，必须坚持“两手抓，两手都要硬”，实现两个文明建设协调发展。

精神文明建设先行试验和探索，深圳特区责无旁贷

1996 年 10 月召开的党的十四届六中全会是一次十分重要的会议，是我们党在我国改革开放和社会主义现代化建设的关键时刻，带领全国各族人民把建设有中国特色社会主义伟大事业向新世纪全面推进的历史性会议。在发展社会主义市场经济和对外开放的历史条件下，如何加强社会主义精神文明建设，是一个新的历史性课题，任务更加艰巨复杂。六中全会《决议》进一步明确了社会主义精神文明建设的指导思想、目标任务、工作方针和重

要措施，江泽民同志在六中全会上的讲话，对《决议》的基本精神和社会主义精神文明建设的若干重大问题做了精辟的论述，是今后一个时期指导我国社会主义精神文明建设的纲领性文献。广东省委七届五次全会审议通过的《中共广东省委关于加强思想道德文化建设的决定》，对加强广东社会主义精神文明建设做了全面部署。

1992年小平同志视察南方谈话和党的十四大以来，党中央坚持用邓小平理论武装全党，深入宣传贯彻党的基本路线和基本方针，不断加大精神文明建设的工作力度，使精神文明建设取得了积极进展和明显效果，对促进改革、发展、稳定起了重要作用。但是，在充分认识精神文明建设主流的同时，也要清醒地看到，在一些地方和部门的领导工作中，“一手比较硬、一手比较软”的问题还没有解决。如果不认真对待和解决精神文明建设领域存在的问题，就会贻误现代化建设的全局，我们就会犯历史性的错误。广大干部群众，特别是各级领导干部务必进一步提高对精神文明建设重要意义的认识。在特区改革开放和现代化建设过程中，坚持“两手抓，两手都要硬”，在牢牢把握经济建设这个中心，把物质文明建设搞得更好的同时，也要把精神文明建设提到更加突出的地位，努力开创深圳社会主义精神文明建设的新局面。

深圳经济特区成立以来，深圳精神文明建设取得了显著的成绩，两个文明建设基本做到了相互促进，协调发展。深圳精神文明建设之所以能够取得这样的成绩，与市委、市政府历届领导班子的重视是分不开的，是全市广大干部群众共同奋斗的结晶。但在肯定成绩的同时，也要清醒地看到，深圳精神文明建设还存在许多薄弱环节。

搞好深圳经济特区的精神文明建设具有不同一般的意义。在发展社会主义市场经济和对外开放的条件下，精神文明建设将遇到许多新情况、新问题。深圳经济特区处在我国改革开放的前沿地带，这使得我们在没有经验的情况下，较早面对历史发展的重大课题和严峻挑战。如果我们及时地深入研究这些变化和问题，找出对策，不仅对特区精神文明建设大有裨益，还能为全国提供借鉴，使更多的地方少走弯路，少付出代价。在精神文明建设方面先行试验和探索，取得实践经验，这是深圳经济特区责无旁贷的任务。只有这样，深圳经济特区对内地的示范、辐射和带动作用才能更全面、更充分地发挥出来，才能充分展示中华民族优秀传统文化，充分体现时代精神文明的魅力和社会主义制度的优越性。

结合“第二次创业”的实际，我们要巩固和发展深圳取得的成就，更好地发挥“四个作用”，促进“三个根本性转变”，顺利实现“九五”计划的奋斗目标。深圳精神文明建设面临的形势更复杂了，难度更大了，任务更艰巨了，这就要求广大干部群众特别是各级领导干部要进一步增强精神文明建设工作的紧迫感、责任感和使命感，通过真抓实干，把深圳精神文明建设推上更高水平。

真抓实干，深圳精神文明建设取得明显成效

“八五”期间，深圳市各级党组织和广大干部群众认真学习和贯彻邓小平同志视察南方谈话和党的十四大精神，认真学习和

贯彻江泽民同志两次视察深圳的重要指示精神，以邓小平理论和党的基本路线为指导，按照市委、市政府的部署，坚持“两手抓，两手都要硬”，在加快经济发展的同时，大力加强社会主义精神文明建设，取得了明显的成效。

理论建设和思想道德建设不断加强

几年间，我们坚持用邓小平理论教育党员、干部和群众。市、区（局）领导干部坚持中心组学习制度，带头学习《邓小平文选》和《邓小平同志建设有中国特色社会主义理论学习纲要》。以市、区、镇（街道）三级党校为主要阵地，分期、分批对党员干部进行轮训共计 24 万多人次，党员理论教育初步实现了阵地化、网络化、制度化。重点抓好“四项基础教育”和创建文明单位等“五项文明建设工程”。制定了《中共深圳市委贯彻落实〈爱国主义教育实施纲要〉的意见》，颁布了《深圳市民行为道德规范》，命名沙头角“中英街”等 13 个爱国主义教育基地，在革命老区建立了一批校外德育基地，广泛开展“深圳海岸百里行”“《香港基本法》知识竞赛”等爱国主义教育系列活动和“怎样做个深圳人”“以什么样的姿态投身‘第二次创业’”的大讨论。全市共评出三届文明市民 59 名，文明单位、文明村镇 557 个，文明户 14.9 万个，分别占居（村委会）总数和常住家庭总数的 40% 和 61.5%。我市先后荣获“国家卫生城市”、“国家园林城市”和广东省“双拥模范城”称号。

结合学习孔繁森活动，树立和宣传了陈观玉等先进典型，大力弘扬了“开拓、创新、团结、奉献”的深圳精神，有计划、有组织地开展了大规模的“特区与老区、山区心连心活动”：援建

“希望小学”，开展“1+1”助学活动，帮助对口地区开发项目、安置劳务工和培训干部。截至1995年9月底，全市共收到单位和个人捐款7 006万元，加上市财政拨出的专款150万元，援建“希望小学”142所，资助6.3万多名失学儿童重返校园。经济合作发展基金滚动发展，对口扶持的范围不断扩大，有力地促进了欠发达地区经济的发展。这些活动使我市广大干部和群众受到了生动具体的爱国主义、集体主义和社会主义教育，共同富裕的思想进一步深入人心。

教育、科学、文化、卫生、体育事业蓬勃发展

在全市财政预算内教育投入逐年提高的同时，拓宽了教育投入的渠道。成立了“深圳市教育发展基金会”，募集基金2.3亿元。新建了一批中小学，每年可增加近1万个学位。深圳市比国家规定时间提前6年基本普及了高中教育。11所中小学被评为广东省一级学校。各级各类学校努力推进教育改革，发展特色教育，提高教学质量，进行德育系列化、一体化探索，促进学生全面发展。

坚持“科学技术是第一生产力”的思想，加强规划，增加投入，科技实力日益增强。积极引进、吸收国内外先进科研成果，同时注重自主开发，科研成果转化率在90%以上。

社会科学事业日趋繁荣，1995年正式成立了深圳市社会科学联合会。文化事业兴旺发达。陆续兴建了深圳体育场、深圳书城、深圳画院、关山月艺术馆、海天出版大厦等一批新的文体设施。新闻出版、广播影视、文学艺术等领域产生了一批有影响力的精品，长篇通讯《东方风来满眼春》、报告文学《深圳的斯芬克斯之谜》、故事片《一家两制》《兰陵王》、舞蹈《大鹏湾渔女》等作品在国内、国际上获奖。制定了《深圳经济特区文化市场管理条例》和实施细则，依法加强了对文化市场的管理。

医疗卫生事业迅速发展。全市各类卫生机构已达 400 多家。几年来市财政对医疗卫生事业的投入年递增 58.59%。体育事业形势喜人。深圳市运动员在第九届广东省运动会上获得的金牌总数为第四位，在第三届全国城市运动会上获得的金牌总数和总分分别为第十二位和第十三位。优秀运动员孙彩云 1995 年八破世界女子撑竿跳世界纪录。深圳足球队从刚组建的乙级队连续打入甲 B 和甲 A，战绩显赫。深圳市成功地举办了第四十一届高尔夫球世界锦标赛，在国内、国际上产生了良好的影响。

社会综合治理和环境综合治理有新的进展

制定并实施社会综合治理方案，重点开展除“七害”、打击车匪路霸、反盗抢机动车、清理“三无”人员、禁毒统一行动等专项斗争和专项整治，健全了社会治安群防群治网络。“扫黄打非”斗争有重大突破，连续侦破几个大量制售黄色和非法出版物、盗版、复制激光视盘的大案，引起很大震动，为全国的“扫黄打非”工作做出了贡献。全市正在建设的安全文明小区 363 个，已达标 243 个，基本达标 65 个，其中，已建成 10 个“安全文明标兵小区”，莲花北村小区荣获“全国物业管理优秀示范小区”第一名。与此同时，制定并实施环境综合治理方案，重点解决“水、火、路”的问题，大力整治“脏、乱、差”，交通、环保、卫生面貌有新的改观，保持了“国家卫生城市”的称号。投资环境、社会环境、生活环境得到进一步优化。

党风廉政建设成果显著，反腐败斗争不断深入

一是坚持“教育为本、预防为主”的方针，从严治党，从严治政，从严管理干部。采用“党日”“党评”“党片”等多种形式，教育广大党员干部增强党性观念。举办了廉政建设展览和孔繁森事迹展览，宣传了一批廉洁勤政的先进典型。全市处级以上领导干部 4 052 人，基层站所负责人 750 人，全部对照中央纪委关于领导干部廉洁自律的“五条规定”、“新五条规定”和“四条补充规定”，逐条检查，认真整改，提高了廉洁自律的自觉性。专项清理工作进展顺利，全市党政机关和国有企业自查出超标小轿车共 771 辆，其中党政机关原使用的“七种车”156 辆，已全部停止使用，并按规定进行了处理，已拍卖45辆，共计2 200多万元。有力地制止了用公款吃喝玩乐的现象，据不完全统计，各单位接待费用普遍下降 30% 以上。

二是健全法规制度，强化约束保障机制。已形成规范领导干部廉洁自律行为的制度 30 多项，规范政府公务员行为和实行党内党外监督的制度 190 多项，一些比较成熟的反腐倡廉制度上升为法规，发挥了重要作用。

三是加大查处大要案力度，从严惩治腐败分子。几年来，全市纪检监察机关立案634宗（其中大要案343宗），已查结539宗，处分 470 人；检察机关立案侦查经济犯罪案 402 宗，涉及 482 人（处级以上干部 48 人），依法逮捕 321 人，已向法院起诉 290 人；法院系统共审结经济犯罪案 274 宗 346 人，已判处 165 人。通过办案，为国家和集体挽回经济损失计人民币 1.3 亿多元、港币 428 万元、美元 104 万元。携款潜逃的案犯 2/3 被缉拿归案，有

力地震慑了犯罪分子。

四是群众反映比较强烈的部门和行业不正之风初步得到遏制。

搞好精神文明建设，必须坚持五条基本经验

回顾几年来深圳精神文明建设所取得的新成就，的确来之不易，它是全市人民对坚持“两手抓，两手都要硬”不断提高认识的结果，是努力探索、扎实工作的结果。切实加强党的自身建设，加强干部队伍建设，以好的党风带动民风，是精神文明建设取得新进展的关键。我们深深体会到，要把精神文明建设进一步搞好，必须继续坚持以下五条基本经验。

一是要坚持为特区改革开放和经济建设服务，促进两个文明协调发展，保证特区发展的社会主义方向。中央在决定创办经济特区时就明确指出，我们要建立的是经济特区，不是政治特区。经济特区作为对外开放的窗口和改革的试验场，要充分利用国外的资金、技术和管理经验来发展社会主义经济，努力探索有中国特色的社会主义路子。这就决定了精神文明建设既要大力促进特区的改革开放和经济建设，又要为特区改革开放和经济建设的健康发展提供有力的思想保证。自成立以来，深圳经济特区的一条宝贵经验就是，紧紧围绕经济建设这个中心来不断加强精神文明建设，在推动经济高速发展的同时，保证了特区改革开放的正确方向，保证了市场经济的健康发展，保证了绝大多数党员干部经受住改革开放和发展市场经济的考验。无论过去、现在和将来，在任何情况下，都不能以牺牲精神文明为代价去换取

经济的一时发展。只有两个文明共同进步、经济与社会协调发展，深圳才能在继续改革探索的过程中始终保持社会主义的精神风貌。

二是要坚持精神文明重在建设的方针，广泛开展群众性创建精神文明活动，全面提高深圳人的综合素质。精神文明要重在建设，以立为本。树新风，立正气，创造现代社会文明，关键是要提高人的素质，而提高人的素质，就要调动人的积极性，发挥人的主动性和创造性。因此，在进行思想道德文化建设时，要特别重视吸引和发动广大群众积极参与，让人们在群众性创建精神文明活动中自我教育、自我提高、自我完善。深圳多年来坚持开展“做文明市民、创文明单位、建文明深圳”群众性活动，已造成了声势，形成了规模，并逐步完善了评选制度和程序，先后树立了一大批个人和集体的文明典型，有力地促进了全市精神文明建设，提高了社会的文明水平。

三是要坚持经济效益与社会效益相统一，把社会效益摆在首位的原则。精神产品的生产，有不同于物质产品生产的特殊性。精神产品作为一种商品，它要遵循价值规律，讲求经济效益，作为一种供人们精神消费的特殊商品，它又要顾及社会效益。如果忽视社会效益，那就会失去正确导向，产生有害的后果。我们针对深圳文化市场、文化企业比较繁荣和发达的特点，制定了相应的文化经济政策，始终坚持一手抓繁荣，一手抓管理，既用市场机制增强其活力，又用必要手段约束其行为，实现经济效益与社会效益的统一，并把社会效益放在首位，保证了精神产品生产和文化娱乐消费的健康发展。

四是要坚持走系统化、规范化、目标化管理的路子。精神文明建设是一个复杂的系统工程，必须统筹兼顾，制定明确的目标任务，进行周密的规划部署。1986 年，深圳制定了第一个社会主义精神文明建设大纲，标志着精神文明建设走上了规范化、目标化管理的轨道。1991 年，深圳制定了精神文明建设“八五”规划，1994 年又编制了“四项基础教育”和“五项文明建设工程”方案，将目标细化分解，落实到人。实践证明，走系统化、规范化、目标化管理的路子，有利于把精神文明建设纳入经济和社会发展总体规划，有利于把“软”任务化为“硬”指标，有利于检查落实，抓出实效。

五是要坚持从实际出发，针对不同情况采取不同形式和方法，分类进行指导。深圳地理位置特殊，人员情况复杂，精神文明建设要讲求针对性、适应性。针对“三资”企业较多的特点，我们在国内率先进行了企业文化建设的研究与实践，形成了以华侨城为代表的企业文化特色；针对中外文化交汇的特点，我们把弘扬优秀的民族文化与积极吸纳世界文明成果相结合，形成了以中国民俗文化村和世界之窗为代表的旅游文化景观；针对文化消费多层次的特点，我们把普及与提高相结合，形成了以“大家乐”为代表的大众文化和以深圳交响乐团为代表的高雅文化共同发展的模式；针对不同区域和群体的构成特点，我们广泛开展了社区文化、村镇文化、校园文化、家庭文化活动，形成了灵活多样的基层文化载体。通过因地制宜，分类指导，保证了精神文明建设能够落到实处，丰富了活动的内容与形式，满足了人们不同类型、不同层次的精神文化生活的需要。

增强使命感，把精神文明建设提到更加突出位置

深圳经济特区成立以来，我市精神文明建设取得了显著成绩，两个文明建设基本做到了相互促进，协调发展。但是，在肯定成绩的同时，要清醒地看到，我市精神文明建设还存在许多薄弱环节，六中全会《决议》中提到的几个方面的问题，我们都不同程度地存在：部分党员干部艰苦创业、敢闯敢试的精神有所退化；一些领域道德失范，拜金主义、享乐主义和个人主义有所滋长；“黄、赌、毒、黑”等社会丑恶现象屡禁不绝；市民思想道德文化的整体素质有待提高；社会治安和环境综合治理方面离文明城市的要求还比较远；反腐败斗争形势仍相当严峻。这些都是我市精神文明建设中必须认真对待、尽快解决的问题。对照中央和省的要求，我们看到了差距，更感到了压力。深圳作为全国改革开放的试验场和排头兵，在物质文明建设方面取得的成就是有目共睹的，在国内外都产生了巨大影响。在精神文明建设方面，深圳也应该而且必须成为全国的排头兵，这是由经济特区承担的特殊使命所决定的。

党的十四届六中全会提出把社会主义精神文明建设提到更加突出的地位，具有十分重大的理论和实践意义。把精神文明建设提到更加突出的地位，是有中国特色社会主义的重要特征。社会主义的本质决定了不仅要解放生产力，发展生产力，建设高度的物质文明，而且要提高全民族的科学文化水平，推动社会全面进步，建设高度的精神文明。因此，把精神文明建设提到更加突出

的地位，是建设有中国特色社会主义的重要内容，是小平同志关于坚持“两手抓，两手都要硬”的战略思想的充分体现。

把精神文明建设提到更加突出的地位，是深圳“第二次创业”的必然要求。“第二次创业”比“第一次创业”更艰巨，它要求增创精神文明建设新优势，为建设社会主义现代化国际性城市做出新贡献。在深圳实施“九五”计划和跨世纪发展战略的过程中，必须把精神文明建设提到更加突出的地位，努力形成有利于特区改革开放和现代化建设健康发展的舆论力量、价值观念、道德规范和文化条件，激发全市人民继续艰苦奋斗，开拓前进。

要深入分析和认识深圳市精神文明建设所处的环境，切实把精神文明建设提到更加突出的地位。深圳市精神文明建设所处的环境，具有一定的特殊性。这种环境作为客观因素，经常在精神文明建设过程中反映出来，构成了深圳精神文明建设的某些特点。深入分析和认识这些因素，有利于我们从实际出发来决定工作方针、思路、任务和方法。哪些因素是应该在精神文明建设中加以认真考虑的呢？

第一，深圳毗邻香港。这个特点作为一个地缘政治因素，决定了我们在建特区之初就提出“有所引进，有所抵制”的方针。在香港回归日益临近之际，我们应更好地坚持这一方针。精神文明建设按照“区别香港，一国两制”的思路，既要大胆吸收和借鉴香港、国外进步文化和现代文明观念为我所用，并积极为深港衔接服务，促进两地优势互补、共同繁荣，又要坚决抵制外来腐朽思想的侵蚀，巩固和发展特区社会主义思想文化阵地。

第二，深圳是移民城市。人们来自全国各地，观念驳杂，心态各异，习俗有别，经历不同，特别需要增强凝聚力和认同感、归属感。我们弘扬深圳精神，制定《深圳市民行为道德规范》，开展“怎样做个深圳人”的大讨论和其他活动，都是为了培育和形成全体市民普遍追求和遵守的共同理想、价值观念和行为方式。这将是一项长期而又艰巨的任务。

第三，深圳有大量暂住和流动人口。如何加强对占全市人口总数 2/3 的暂住和流动人员的管理和教育，发挥他们的积极作用，始终是一个困难的课题。沙头角镇建立临时工安全文明小区，一万多临时工住集体宿舍，有公共饭堂，有必要的文体活动空间和设施，由居委会、综治办配合区劳动服务中心进行集中的安置、管理和教育，就是一个值得总结和推广的经验。我们在这方面的工作还很不够，必须深入调查研究，不断开拓新途径。

第四，深圳人年龄结构年轻化。全市人口平均年龄不足 30 岁，广大青少年是特区社会的主体，是我市精神文明建设的工作重点。

第五，深圳农村城市化进程极为迅速。要实现从传统农业社会向现代化社会的根本转变，关键是要提高农民的素质。急剧的工业化、城市化进程使这个问题变得更加紧迫。要像万丰村那样，通过农村股份制改革，在破除小农经济、自然经济传统格局的基础上，逐步改造农民的思想观念、生活习惯和行为方式。南岭村、溪头村在富了以后，积极引导农民特别是青年农民热爱劳动，励志成才，也有不少好的做法。就全市来看，把精神文明建设落实到农村基层的任务还相当繁重，必须切实加强对农民的思想教育。

第六，深圳经济结构比较复杂。在多种经济成分并存、“三资”企业和非公有制经济比重较大的格局下，必须努力探索企业思想政治工作的新路子。要像康佳集团和其他优秀企业那样，大力加强以人为中心的企业文化建设，把传统的思想政治工作与现代企业管理相结合，确保党的方针政策在各类经济实体中得到贯彻。

第七，深圳经济一直保持高速发展，国内生产总值年均递增36%，综合经济实力已居于全国大中城市前列。这为精神文明建设奠定了坚实的物质基础，我们应充分而又合理地利用这一有利条件，加大精神文明建设的力度。同时，要注意和研究市场经济的复杂特点，克服它的负面影响，防范和抵制拜金主义、个人主义和腐朽生活方式的侵蚀。要学习建设集团领导班子，在抓经济效益时始终不忘讲政治，不忘发扬思想政治工作的优良传统，保持艰苦奋斗和敬业创业精神。

第八，深圳已确立建设社会主义现代化国际性城市的宏伟目标。精神文明建设必须适应这一全方位、高标准的要求。

我们只有对这些与我市精神文明建设密切相关的因素进行全面的分析研究，做到心中有数，才能真正从实际出发，提出相应的对策，采取切实可行的步骤，把精神文明建设提到更加突出的地位。

扎实工作，全面落实“九五”期间深圳精神文明建设各项任务

“九五”期间，是深圳改革开放和现代化建设的关键时期。

深圳“九五”计划的指导思想、奋斗目标和发展战略是：以邓小平理论和党的基本路线为指导；以“抓住机遇，深化改革，扩大开放，促进发展，保持稳定”的方针总揽全局；以增创新优势，提高整体素质为根本措施；以率先建立社会主义市场经济体制和运行机制，优化经济结构，完善城市功能为重点；以建立高新技术产业基地和区域性金融中心、信息中心、商贸中心、运输中心及旅游胜地为突破口；以加强党的建设和精神文明建设为保证，把深圳初步建设成为社会主义现代化国际性城市。切实推进经济体制和经济增长方式转变，推进特区发展由主要依靠优惠政策向提高整体素质、增创新优势转变，贯彻“三个协调发展”的方针，实施“三个一批”和“三点一线”的发展战略。更好地发挥对外开放的窗口作用，经济体制改革的试验场作用，对内地的示范、辐射和带动作用，对保持香港繁荣稳定的促进作用。

根据深圳市“九五”计划总的指导思想、奋斗目标和发展战略，“九五”期间精神文明建设总的要求是：坚持以经济建设为中心，继续贯彻精神文明重在建设的方针，进一步确立人民群众是创建精神文明的主体的思想，通过加强思想道德建设和教育科学文化建设，“以科学的理论武装人，以正确的舆论引导人，以高尚的精神塑造人，以优秀的作品鼓舞人”，提高深圳人的综合素质，培育“四有”公民，弘扬“开拓、创新、团结、奉献”的深圳精神，为特区“第二次创业”提供精神动力、智力支持和思想保证。今后 5 年深圳市精神文明建设的基本任务包括以下几方面。

狠抓理论建设，坚定有中国特色社会主义的方向

邓小平理论是新时期各项工作的根本指南，是引导我们夺取改革开放和现代化建设事业新胜利的强大思想武器。坚持不懈地用这一理论武装党员、干部和群众，是精神文明建设的首要任务。

要进一步健全局级以上单位中心组学习制度，加强基层党员教育阵地的建设，继续有计划地轮训各级干部，探索理论宣传和教育工作的新路子。各级领导干部要进一步增强学习理论的自觉性，联系深圳的实际，带头学好《邓小平文选》一至三卷和《邓小平同志建设有中国特色社会主义理论学习纲要》。学习理论一要挤时间，二要钻进去，要在研读原著上狠下功夫，在全面掌握其科学体系和精神实质的基础上，深刻领会关于什么是社会主义、怎样建设社会主义和发展经济特区的思想。通过学习，努力提高运用马克思主义基本原理解决改革开放和现代化建设中各种实际问题的能力，增强贯彻执行党的基本路线的自觉性。

要深入学习和领会《领导干部一定要讲政治》的重要讲话精神。江泽民同志讲这个问题，就是为了使全党同志更好地全面贯彻执行党的“一个中心、两个基本点”的基本路线。坚持以经济建设为中心，这是绝对不能动摇的，但我们一定要学会辩证地认识和处理经济同政治、经济同其他各项工作的关系。要把经济建设搞好，就离不开强有力的政治保证。讲政治，包括政治方向、政治立场、政治观点、政治纪律、政治鉴别力、政治敏锐性这六个方面，其中核心是要坚持正确的政治方向、政治立场。

我们要坚定不移地贯彻执行党的基本路线，自觉地在思想

上、政治上和行动上与党中央保持高度一致，自觉地维护全党、全国工作的大局，在任何复杂多变的形势面前都要保持清醒的头脑。讲政治，要求各级领导干部必须带头加强党性锻炼，在改造客观世界的同时，努力改造主观世界。改造主观世界就是想清楚怎样做人，做什么样的人，核心问题是世界观、人生观问题。领导干部首先要堂堂正正地做人，自重、自省、自警、自励，坚持全心全意为人民服务的宗旨，坚持把党的事业和人民的利益放在第一位，为国家、民族奋不顾身地工作。在深圳这种特殊的环境中，强调堂堂正正地做人，更具有强烈的现实针对性。我们不仅要防止在重大问题上迷失方向，而且要在日常生活中严以律己，防微杜渐。“千里之堤，溃于蚁穴”，无数事例证明，一些党员干部犯严重错误乃至犯罪，往往是从日常生活小节上打开缺口的。深圳的营业性歌厅、舞厅等高消费娱乐场所很多，我们领导干部还是不要去。要尽量少应酬，多深入基层，把主要精力投入工作，做到淡泊明志，夙夜在公，在为“第二次创业”贡献全部聪明才智中获得生活的充实和人生的意义。要遵照江总书记的指示，重读《纪念白求恩》，学习白求恩同志毫无自私自利之心的精神，“做一个高尚的人，一个纯粹的人，一个有道德的人，一个脱离了低级趣味的人，一个有益于人民的人”。只要各级领导干部加强理论学习，提高政治素质，注重世界观的改造，自觉接受党组织的严格要求、严格管理、严格监督，在各方面以身作则，树立好的榜样，就能够把全市广大干部群众凝聚在一起，引导他们坚定有中国特色社会主义的方向，在全社会形成共同理想和精神支柱。

狠抓思想道德建设，为推进“第二次创业”提供精神动力

思想道德建设是精神文明建设的主要内容，是全面提高人的现代文明素质的基础性工作，必须抓紧抓好。

要按照党中央和省委的要求，以青少年为重点、以基地为依托、以活动为载体，坚持不懈地进行全民性的道德建设和爱国主义、集体主义、社会主义思想教育。继续认真执行中共深圳市委《关于贯彻落实〈爱国主义教育实施纲要〉的意见》，加快建立有深圳特色的爱国主义教育体系，加强市、区、镇爱国主义教育基地建设，搞好“百歌颂中华、百书育英才、百片扬国魂”的“三个一百”活动。广泛宣传和切实推行《深圳市民行为道德规范》，加强社会公德、职业道德建设，重视个人品德和家庭美德教育，形成社会道德的舆论监督和约束机制，使广大群众自觉遵守共同的道德准则，树立良好的社会风尚。在改革开放、发展社会主义市场经济的条件下，引导人们正确处理国家、集体、个人三者的利益关系，发展平等、团结、友爱、互助的新型人际关系。继承和发扬中华民族的传统美德，提倡建立稳定和睦的家庭关系、夫妻关系、邻里关系。特别要提倡尊重妇女、爱护儿童，贯彻落实《中国妇女发展纲要》和《90 年代中国儿童发展纲要》，营造有利于妇女全面发展和儿童健康成长的社会环境。

要坚持不懈地加强艰苦奋斗的优良传统教育，倡导敬业创业精神。艰苦创业，开拓进取，无私奉献，甘当拓荒牛，是深圳特区最可宝贵的精神财富，必须在新的时期加以发扬光大。要通过开展“特区与老区、山区心连心”活动，通过全面启动“同富裕工程”，学习和继承“井冈山精神”“延安精神”。提倡勤俭节约，

反对奢侈浪费；提倡积极进取，反对贪图安逸；提倡健康娱乐，反对畸形消费。努力营造一种以艰苦创业为荣、铺张浪费为耻的社会风气。

思想道德建设的重点，是大力加强青少年品德教育。广大青少年是特区的希望和未来，他们的状况直接关系到特区未来的兴衰，必须把青少年的思想品德教育工作提到重要日程。深圳是一座年轻的城市，培养、教育青少年的任务尤其艰巨。关心青少年的健康成长，提高青少年的素质，是整个社会共同的责任和义务。当前，要继续倡导社会各界签署《关心青少年约章》，动员和依靠社会力量开展青少年工作。要把学校教育、家庭教育、社会教育紧密结合起来，巩固和发展校内的工作成果，密切校内外的联系，齐抓共管，建立起德育管理社会一体化格局，优化学校育人环境，优化家庭育人环境，优化社会育人环境。要尽快颁布实施《深圳经济特区未成年人保护条例》《深圳经济特区青少年社会教育条例》《深圳经济特区青少年工作条例》，为青少年健康成长提供立法保障。要充分发挥各级共青团组织的作用，根据青少年的特点，大力开展“投身二次创业，立志建功成才”的主题系列活动，围绕实施“鹏城青年功勋计划”，全面推进成才行动、创优行动、创造行动、文明行动、爱心行动，提高青少年的素质，引导和激励广大青少年树立正确的世界观、人生观、价值观，形成积极健康、乐观向上的人生理想和社会理想。

狠抓教育科学文化建设，全面提高深圳人的科学文化素质

把教育放在优先发展的战略位置，努力建设教育强市。进一

步拓宽教育投资渠道，用好管好教育基金，调动全社会力量，多形式、多层次兴办各级各类学校。积极进行综合教育改革，逐步建立起结构合理、具有深圳特色的教育体系。要重点保证基础教育的发展，努力实施教育示范工程，办出一批名牌学校，到2000年，力争我市有5~8所普通高中和职业高中进入全国1 000所示范性普通高中、重点职中行列。要提高高等教育办学效益。在深圳大学实行学院制，力争把深圳大学办成特区名牌大学；办好高等职业技术学院，为特区培养大批实用型人才。大力发展职业教育和成人教育，全面实行岗前教育和培训制度，大幅度提高成人再教育率。加强师资队伍建设，提高教师政治和业务素质，树立敬师爱生的良好风尚。中小学校长实行资格证书制度，持证上岗。坚持把德育放在首位，加强校内外德育基地建设，促进青少年德智体美劳全面发展。

全面落实市委、市政府关于推动科学技术进步的决定，实施科教兴市战略。加大科技投入，加速科研成果的商品化、产业化。坚持开发与引进并重，加快科技事业和高新技术产业的发展。建立全市性科普基地，在人民群众和青少年中广泛开展科普活动，普及科技知识，反对各种伪科学和封建迷信，在全社会形成爱科学、学科学、用科学、尊重科学的局面。搞好社会科学队伍建设，社科研究要着重加强应用研究和对策研究，贴近改革开放、贴近经济建设、贴近领导决策。

认真制定和实施《深圳市文化发展规划》，努力建设现代文化名城。抓紧规划和建设市宣传大厦、青少年宫、中心图书馆、少儿图书馆、国际文化交流中心、深圳特区报新闻业务综合大楼、深圳商报采编大厦等文化设施。加强基层文化设施建设，建立健全基层文化网络。进一步加强社区文化、企业文化、校园文化、村镇文化和家庭文化建设，活跃人民群众的文化生活。积极实施“五个一工程”，每年推出一批高品位、高水平的作品。以长篇小说、影视和少儿文艺作品为重点，繁荣文艺创作，坚持文艺为人民服务、为社会主义服务的方向，坚持百花齐放、百家争鸣的方针，弘扬主旋律，提倡多样化。活跃对内对外文化交流，加强文化市场管理。发展新闻出版、广播电视事业，坚持正确的舆论导向。加快全市有线电视联网。以2000年人人享有卫生保健为目标，深化医疗、卫生、保健体制改革，健全医疗、卫生、保健三级网络，满足全体居民对基本医疗卫生服务的要求。提高运动技术水平，进一步发展有自己特色的体育运动项目，推行全民健身计划，提高全市人民的身体素质。

狠抓环境建设，不断提高人民群众的生活质量

搞好自然环境和社会环境的综合治理，不但是经济持续发展的要求，也是社会全面发展和提高人民群众生活质量的需要。要强化各级领导和市民的环保意识，普及环保知识，加快环境立法，加大执法力度，切实保护好大气、水、海洋、土地、野生动植物等资源和环境，保障资源和能源的合理开发利用。严格控制全市各类污染源，有效治理“三废”，力争综合环境质量达到国家先进水平。搞好绿化和植树造林，全面控制和整治水土流失。城区开发要预留足够的绿化和公共活动用地，2000年城市建成区绿化覆盖率由现在的27%提高到45%。要大胆借鉴国内外发达城市的先进管理经验，建立和形成现代化城市管理体系，改善交通，美化市容，提高城市综合管理水平。

社会治安是人民群众反映强烈的热点问题，而社会治安综合治理又是一项关系全局的重要工作，必须高度重视，切实抓出成效。要大力宣传《深圳经济特区社会治安综合治理条例》，全面落实综合治理的各项措施。要大力加强公、检、法队伍建设，不断提高其政治素质和业务素质，提高其战斗力，增强防腐拒变能力。要认真清理“三无”人员，切实加强对外来流动人口的管理。要坚持“严打”方针，针对不同时期的突出治安问题，集中力量，主动出击，严厉打击凶杀、抢劫、绑架等暴力犯罪，坚决把刑事犯罪分子的嚣张气焰打下去，遏制住重大案件上升的势头。要积极预防和妥善处理各种突发事件，加大防范力度，严格治安管理，有效地控制治安局势。坚持不懈地开展除“七害”和“扫黄打非”专项斗争，坚决取缔黄色和非法出版物，查禁营业性激光视盘故事片播映，严厉打击娱乐场所的色情活动。要以查赌禁赌为重点，有效地打击和遏制各种社会丑恶现象，提倡科学、健康、文明的生活方式。

加快安全文明小区建设，是市政府1996年为市民办的“10件实事”之一，我们一定要全力以赴，把它办好。要总结、推广莲花北村小区等10个“安全文明标兵小区”的创建经验，进一步加大创建力度，严格标准，明确责任，重点培养，力争把更多不同类型的小区创建成安全文明小区。同时，结合我市正在开展的两个综合治理工作，认真抓好“创三优”（创优美环境、创优良秩序、创优质服务）等创建文明城市竞赛活动，力争我市在全省21个城市的检查评比中取得好名次，为广大市民创造一个安全、文明、优美、方便的生活环境。

狠抓群众性创建精神文明活动，形成崭新的现代文明城市风貌

广泛开展群众性的创建精神文明活动，把精神文明建设的各项任务落实到基层、落实到千家万户。要认真学习、贯彻全国精神文明建设经验交流会和全省创建文明单位经验交流会精神，学习张家港市精神文明建设的经验，继续开展“做文明市民，创文明单位，建文明深圳”的活动。评选文明市民、文明单位的活动要制度化、规范化，做到每两年评选一次，长期坚持下去。抓好窗口行业的文明建设。搞好社区文化建设试点。

在企业中，要按照中宣部、国家经济贸易委员会（2003 年已撤销）《关于加强和改进企业思想政治工作的若干意见》，加强企业职工思想政治工作和企业文化建设，开展创建文明企业活动。

在农村中，要按照中宣部、农业部（2018 年撤销重组）《关于深入开展农村精神文明建设活动的若干意见》，创建文明家庭、文明乡镇企业和高标准的文明村镇。以创建“国家双拥模范城”为目标，进一步做好“双拥”工作，开展军警民共建精神文明活动。在广大群众的积极参与下，精心营造健康向上的社会氛围，形成崭新的现代文明城市风貌。

1996 年，要采取有力措施，把群众性创建精神文明活动引向深入。一是要抓典型引路。好的典型来自群众，又能引导群众，具有不可低估的示范作用。1996 年 3 月，省委、省政府在全省范围内开展向陈观玉同志学习的活动，我们要以此为契机，掀起学习先进典型和英模人物事迹的热潮。要把学习陈观玉与学习孔繁森、张鸣岐、李润五、李国安、韩素云等模范人物的先进事迹和精神结合起来，与学习被命名表彰的 20 名文明市民、112 个文明

单位和58名创建文明积极分子的先进事迹和精神结合起来。通过学习，鼓励和带动广大群众讲文明、讲礼貌、讲爱心、讲奉献，形成一种好人好事不断涌现的势头。二是要抓大力宣传。要调动一切宣传媒体，大张旗鼓地宣传好人好事和文明新风。三是要抓经验总结。近年来，我市抓精神文明建设创造了不少好的经验。1996年，省里将专门召开一次创建高标准文明村镇经验交流会，我们要早做准备，扎实工作，争取推出比较成熟的经验和过硬的典型。省里还要总结推广创建文明企业经验，我们也要抓好试点，把有关工作落实好。

狠抓党风廉政建设，深入开展反腐败斗争

1995年年底，我市党风廉政建设经过大检查，成绩可喜，受到了省检查组的充分肯定。但我们必须清醒地认识到，我们的工作还有许多薄弱环节，今后的反腐败任务还很艰巨。必须进一步抓好领导干部的廉洁自律，全面落实中央的各项有关规定。要把领导干部廉洁自律工作作为取得反腐败斗争新的更大成效的关键来抓，围绕建立反腐保廉有效机制，着力治本，切实抓好党风廉政教育。通过教育，使广大党员干部树立正确的世界观、人生观、价值观，增强在发展市场经济的新形势下抵制拜金主义、享乐主义、极端个人主义和纠正各种不正之风的自觉性。江泽民同志强调，以身作则，廉洁自律，是各级领导干部必须具备的品格，也是党和人民对领导干部的起码要求。领导干部无论在工作中还是在日常生活中，都要严格要求自己，时刻注意检点自己的言行，以高尚的道德情操，为广大党员和干部树立好的榜样。各级党组织要认真落实反腐保廉责任制，要严格要求领导干部，严

格管理，严格监督，防止权力发生腐败。要继续狠抓对大案要案的查处，争取抓出新的成效。要以治理“三乱”为重点，进一步加大纠风工作的力度。

要认真抓好“清车”工作成果的巩固，坚决制止用公款吃喝玩乐，严格执行收受礼品、礼金登记制度，继续纠正以权谋房的不正之风。对市委、市政府已经制定颁发的《关于严禁党政机关干部利用工作之便索贿受贿以权谋私的规定》等廉政条规，要坚决贯彻执行。抓紧修改并尽快出台《深圳市国家公务员廉政准则（试行）》《深圳经济特区领导干部财产申报暂行规定》等廉政条规，颁布后要认真组织好试点推行工作。

党风正则民风好。要认真执行市政府关于加强机关建设的规定，切实改进机关作风。从教育、机制、监督、管理、服务入手，完善公务员制度，优化公务员队伍，保证机关勤政为民，廉洁高效。以优良的党风、政风带动整个社会风气的根本好转。

加强领导，进一步完善精神文明建设的运行机制

深圳市委二届四次全会审议通过了关于《深圳市社会主义精神文明建设“九五”规划》（本节以下简称《规划》）的决议，对“九五”期间我市精神文明建设做了全面部署。大家认为，《规划》是切合深圳实际的，既有一定的思想理论性，又具有较强的实际操作性。现在最关键的是，要采取过硬措施保障《规划》的顺利实施，通过真抓实干把《规划》中描绘的蓝图变为现实。

一是要着力加强和改善党对精神文明建设的领导，建立健全

各级党政一把手对精神文明建设总负责的领导体制，形成“党政一把手都要抓两手”的领导格局和工作机制，把两个文明建设作为统一的奋斗目标，一起部署，一起落实，一起检查。要从根本上解决“一手比较硬、一手比较软”的问题，使精神文明建设这一手真正硬起来。关键是要做到“三过硬”：各级领导班子要过硬，思想认识要过硬，落实措施手段要过硬。要建立健全调查研究制度，各级党政一把手都要自觉深入基层，调查研究，解决问题，总结经验，具体指导精神文明建设工作。对精神文明建设而言，要纠正那种“说起来重要、写起文件来不能不要、实际做起来就不重要”的现象，以及党管政治、政管经济，合在一起就是“两手抓”的“两张皮”“两条心”的做法。要达到这样的共识：精神文明建设是党政的共同任务，不坚持两手抓的领导，不管是党务领导，还是政务领导，都不是合格的领导；看一个干部的政绩，既要看他抓物质文明建设的能力和成果，也要看他抓精神文明建设的能力和成果。在对各级干部的考核使用方面也要坚持“两手抓”政绩同等看待的原则。

二是要进一步完善组织协调机制，协调好精神文明建设的各种关系，形成各方面密切配合、齐抓共管的局面。建立健全精神文明建设的目标管理制度。各级党委、政府、人大、政协、工会、共青团、妇联要形成合力，根据各自的职能，确立各自在精神文明建设中的责任、具体任务和目标要求，并把“软”任务变成“硬”指标，层层分解落实，努力形成对精神文明建设齐抓共管的局面。市精神文明建设委员会作为全市精神文明建设的领导统筹机构，要加强对全市精神文明建设的权威性领导，真正负起责任，在对全市精神文明建设统筹、协调、组织、指导方面发挥作用。市文明办作为市文明委的常设办事机构，工作要有针对性，要认真做好全市精神文明建设的规划、管理、监督、检查、实施工作。基层精神文明建设的组织协调机构和队伍建设也要进一步加强。5 个区的文明办要加强和充实力量，区文明办要接受市文明办和区委双重领导，各街道办事处和镇都要配齐宣传委员，具体抓精神文明建设工作，各居民小区内的管理处和居委会也要理顺关系，共同抓好居民小区的精神文明建设。

三是要坚持重在建设的方针，进一步加大对精神文明建设的投入。要把《规划》各项任务落到实处，必须坚定不移地贯彻重在建设的指导方针。重在建设不能光停留在口头上，关键是各级领导干部要真正拿出实干精神和实际行动来，为《规划》的实施提供必要的物质保障，切实解决精神文明建设中的许多实际问题。

四是要认真总结深圳经济特区精神文明建设的新鲜经验，深入持久地开展群众性精神文明创建活动，建立健全对精神文明建设工作定期检查、评比、表彰和奖惩的制度，激发人们搞好精神文明建设的主动性和创造性。继续走好三条路子，花气力、下大功夫抓好“十大工程”的落实。

五是要抓住香港回归的历史机遇，以创建高标准的现代文明城市为突破口，狠抓精神文明建设各项工作的落实。要大力加强党政机关建设，树立廉洁高效的政府形象；进一步加强社会治安和环境的综合治理；继续整治“三乱”，建设文明“窗口”；坚决扫除“黄、赌、毒、黑”等社会丑恶现象，以崭新的面貌迎接香港回归，向高标准现代化文明城市全面推进。

六是要加强精神文明建设的制度化建设，使之步入法制化轨道，为《规划》的实施提供可靠的法律保障。必须加快立法步伐，凡精神文明建设涉及的行业，都应像经济立法一样，形成自己的法律和法规，使精神文明建设有法可依，有章可循。各级领导干部要坚持用法制的思想观念，来研究和解决精神文明建设中出现的问题。广泛深入地开展普法教育，增强全市人民特别是党员干部的法律意识和法制观念，使全市人民知法守法，既能充分运用法律维护自身利益，又能自觉履行法律义务。还要形成有权威性和制约力的监督、制裁机制，保证依法办事，执法必严，违法必究。

第四篇

建设廉洁高效政府

深圳的“第二次创业”，起点更高，难度更大，政府执政水平面临着严峻考验，建设廉洁高效政府是实现“第二次创业”目标的关键。无论是大力整顿机关作风，完善公务员考评制度，狠刹乱收费、乱摊派、乱罚款的“三乱”之风，还是在全国率先改革审批制度、政府采购制度，以及从源头上遏制“土地腐败”和“工程腐败”，深圳这场以转变政府职能为抓手的改革，显著改善了深圳市的营商环境。“刀口向内”，政府以革自己命的勇气展示了深圳经济特区勇立潮头的雄姿。

“刀口向内”的政府改革

转变政府职能，建设廉洁高效政府，是中国特色社会主义的本质要求，是人民的企盼，也是经济社会协调发展的必要条件和建立社会主义市场经济体制的重要保障。

自特区建立伊始，深圳就积极探索建立“小政府、大社会”的行政管理体制。在我到深圳任职之前，深圳市的政府职能已有较大转变，机关作风也有了一定的改进，但距离社会主义市场经济体制的要求还有较大差距。

深圳的“第二次创业”，目标是建设现代化国际性城市，起点更高，难度更大，政府执政水平和组织管理经济社会能力面临着严峻考验。从改革和制度建设入手，以整顿机关作风，整治“三乱”，改革政府审批制度，全面实施土地使用权公开招标、拍卖，建立有形建筑市场，改革政府采购制度为突破口，标本兼治，铲除产生消极腐败的土壤。深圳打造廉洁高效政府的探索和实践，其中不少重大举措开创了我国改革的先河。

整顿机关作风

在深圳经济特区初创时期，深圳市党政机关以办事效率高、服务质量好而闻名，机关人员精干、纪律严明、作风清廉是深圳的一大特色和优势。但随着深圳的经济增长和城市发展，党政机关日益膨胀，机关作风开始蜕化，为人民服务、为基层服务的观念淡薄了，“门难进、脸难看、事难办”的衙门作风和消极腐败现象滋生。不少外商和老百姓反映我们的机关工作效率不高，办事环节多、周期比较长，某些部门和公务员“吃、拿、卡、要”，乱收费、乱摊派、乱罚款的“三乱”现象在某种程度上甚至比内地还严重。

加强机关建设是深圳“第二次创业”的基础性工作，整顿机关作风刻不容缓。在 1995 年 5 月召开的市二届人大一次会议上，我当选为市长。6 月 8 日，在本届市政府第一次常务会议上，我提出要大力整顿机关作风，改进服务态度，提高办事效率。

完善公务员制度，建立优胜劣汰的竞争机制，打造高素质的公务员队伍是改进机关作风、提高办事效率、加强机关建设的突破口。1995 年 10 月 9 日，市政府整顿机关作风的“22 条”措施——《深圳市人民政府关于加强机关建设的若干规定》正式出台。“22 条”打破了公务员的“铁饭碗”：突破《国家公务员暂行条例》的规定，在公务员三档考评标准“优秀”“称职”“不称职”的基础上，增加了一档“基本称职”。1996 年年初，市政府辞退了上一年度考评中被评为“不称职”的 34 名公务员，105 名被评为“基本称职”的公务员到深圳行政学院离岗培训 3 个月。

“22 条”全面推行岗位轮换制度。1996 年上半年，市政府 36 个正局级单位中，正处级干部岗位交流比例达到 53.6%，副处级干部岗位交流比例为 41.4%。实行严格的岗位轮换制度，对保障公务员特别是一些在敏感岗位上的公务员的廉洁有着重要的现实意义。

“22 条”力度之大，国内少见，在公务员队伍中引起很大震动。政府部门工作作风的转变很明显。

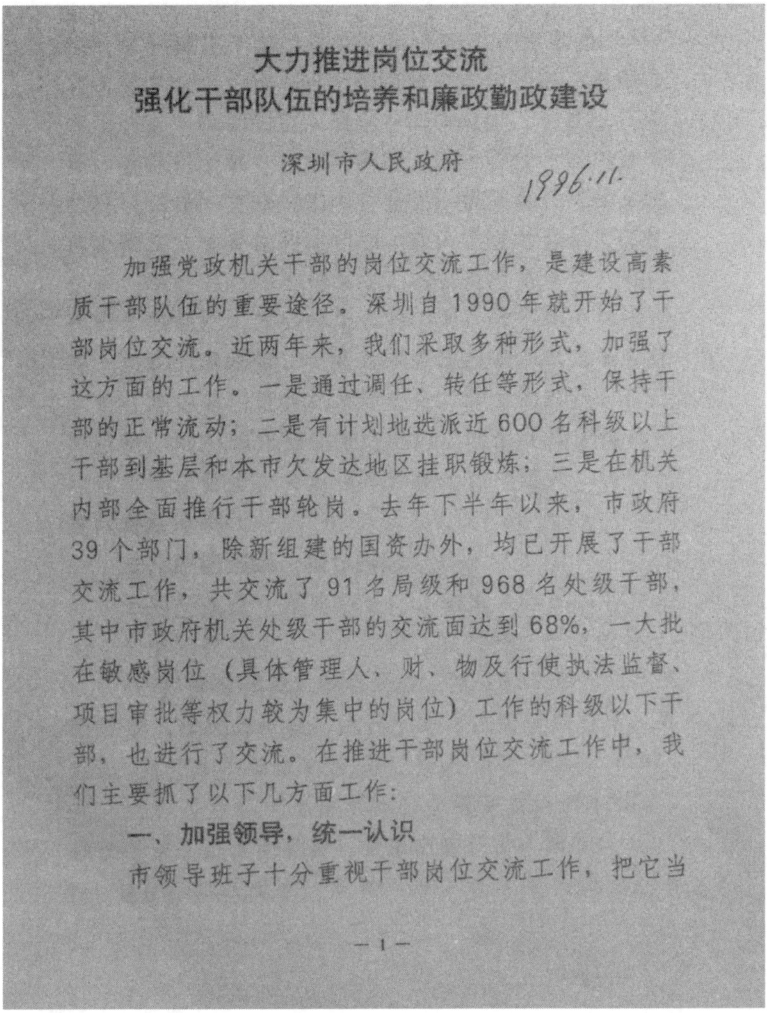

大力推进岗位交流
强化干部队伍的培养和廉政勤政建设

深圳市人民政府

1996.11.

加强党政机关干部的岗位交流工作，是建设高素质干部队伍的重要途径。深圳自1990年就开始了干部岗位交流。近两年来，我们采取多种形式，加强了这方面的工作。一是通过调任、转任等形式，保持干部的正常流动；二是有计划地选派近600名科级以上干部到基层和本市欠发达地区挂职锻炼；三是在机关内部全面推行干部轮岗。去年下半年以来，市政府39个部门，除新组建的国资办外，均已开展了干部交流工作，共交流了91名局级和968名处级干部，其中市政府机关处级干部的交流面达到68%，一大批在敏感岗位（具体管理人、财、物及行使执法监督、项目审批等权力较为集中的岗位）工作的科级以下干部，也进行了交流。在推进干部岗位交流工作中，我们主要抓了以下几方面工作：

一、加强领导，统一认识

市领导班子十分重视干部岗位交流工作，把它当

—1—

图4.1　1996年11月，深圳市政府《大力推进岗位交流，强化干部队伍的培养和廉政勤政建设》的情况

从 1998 年 12 月开始，市委、市政府进一步整顿机关作风，通过“走出去、请进来”的方式查摆问题。在半年的时间里，全市 81 个党政机关共自查出问题和需要改进的地方 1 145 个，听取企业和群众意见、建议 1 488 项，各机关针对突出问题提出整改措施 990 条。

整治“三乱”

乱收费、乱摊派、乱罚款是深圳实现“第二次创业”目标的“绊脚石”，企业和群众对此不正之风反映强烈。

1995 年 8 月 3 日，我在本届市政府第一次全会上向政府成员通报了一组关于“三乱”的数字：到 1994 年年底，全市共有行政事业收费部门和收费单位 1 055 个，收费项目 1 842 项，收费人民币 17.7 亿元、港币 18.7 亿元，收费总额相当于当年税收总额的一半。制止乱收费不是政府什么费都不收，有些收费是合理的。问题是某些部门擅自增加收费项目，有的擅自提高收费标准。“三乱”问题严重，企业不堪重负，坚决整治“三乱”是改善特区投资软环境的一项根本性任务。

整治“三乱”的重要措施是实行“两证一簿”制度和“收支两条线”管理制度：给每个企业发一本收费登记簿，上面列明收费项目、收费标准，没有的项目不准收费；收费单位要出示收费员证、收费单位许可证；实行“票款分离”，收费委托银行代收，统一进入市财政局账户，取消按比例返还，与收费单位完全脱钩；收取的费用全部上缴财政，部门办公经费由财政统一划拨。此外，对一些没有编制但又确实需要的人员，市、区、镇三级财政做预算时，实事求是地把经费安排进去。打开了“正门”，自然就堵住了乱收费的“邪门”。

1995年下半年到1996年年底，市政府大力整治“三乱”，着力开展了清理行政事业性收费。重点整治公路、供水、供电、邮电部门的“三乱”问题，清理中小学乱收费，纠治向企业、农民乱摊派、乱收费、乱拉赞助的不正之风。市政府颁布了《制止和纠正行政事业部门、单位非法收费的若干规定》，进一步明确对各种不正之风的处理规定和量纪标准，完善各种办事程序，充分体现了防范功能。由于刹住了“三乱”之风，广大企业拍手称快，深圳市投资环境得到了显著改善。

一站式服务

截至1994年年底，深圳外商投资企业已经逾万家。随着深圳经济特区的发展，对外商投资的管理渐趋规范与严格，部门间职责的划分越来越明确，机构也相应增多，但随之出现的问题是，外商办理投资手续很难。1995年5月，市政府对10个外商投资企业办理手续进行跟踪调查，结果令人吃惊。一天不耽误，一次错路不跑，办理一项投资手续要去10个部门办理13类事项，提供资料47种106份，需要跑各部门39次，需要时间为82个工作日。

为了改变外商投资“门槛多、手续繁、办事难、效率低”的状况，简化办事程序，最有效的方法是联合办公。1995年10月18日，深圳市外商投资服务中心正式启用，27个相关单位的工作人员进驻中心，对外商投资实行“一站式服务”，办事效率大大提高。投资者只要进入中心，一般项目可在一个月内办妥全部手续，比以前缩短了将近 4 个月。工商局原来核发营业执照需要 15 天，现在为 7 天；地税局、国税局办理税务登记原来需要 3~5 天，现在当天就可以完成；外资办立项审批也由原来的 18 天缩短到 12 天。该中心运作一年间，就接待境外投资考察组 145 批、投资客商 7 300 多人次，为投资者提供各类咨询超过 50 万人次，成为我市改善机关作风、改善投资环境的典范。

1996 年，作为促进机关面向基层、服务企业的有力举措，深圳市首届“企业最满意的政府部门”评选活动受到了海内外舆论的广泛关注。由企业对政府部门评头论足在我国尚属首次，历时三个多月的“民评官”活动激起了企业的强烈反响。市外商协会负责人称赞“这是一件大好事”。石化集团、中康玻璃等大企业更是要求

图 4.2　1996 年，深圳市财政局获得“企业最满意的政府部门”称号

图 4.3　2000 年，深圳市政府召开深圳市人民满意的公务员表彰大会

下属企业积极参与，投好庄严的一票。市公安交通管理局等 9 个政府部门因上了最满意榜单而受到了市政府的表彰。此外，规划国土局、公安局、劳动局、工商局等一些政府部门实行“窗口式办公”和“承诺制”，公开办事程序和办事时限。这些措施的出台，提高了机关的服务水平和办事效率，加强了廉政建设，社会各界广泛给予好评，来深圳学习考察的一些省、市代表团赞许有加。

率先改革审批制度

深圳经济特区多年的改革尚未解决好一个带有普遍性的问题，即审批事项过多、过滥，程序复杂，办事效率低下，存在一些人利用职权谋取私利等问题。深圳市委、市政府下决心简政放权，在全国率先改革政府审批制度，推动政府职能转变，进一步解放生产力，改善政府形象和营商投资环境。

1997年年初，市政府成立改革审批制度转变政府职能调研小组，对政府审批、核准事项进行调查摸底后，起草了《深圳市政府审批制度改革实施方案》。1997年12月17日，市委常委会议原则通过了《深圳市政府审批制度改革实施方案》，并于1998年1月25日开始实施。为加强对这项重大改革的领导，市委、市政府成立了深圳市政府审批制度改革领导小组及其办公室，由我担任组长，直接负责此项改革。

1998年8月25日，市政府常务会议原则通过了各部门改革方案和《拟保留的审批、核准、备案事项目录》。审批事项由原来的737项减少到310项，减幅57.8%，核准事项由原来的371项减少到321项，减幅13.7%。1999年2月13日，我签发第83号政府令——《深圳市政府审批制度改革若干规定》,3月2日,《若干规定》发布实施，标志着审批制度改革工作基本完成。

这场历时两年的审批制度改革，将政府部门从繁忙的审批业务中解放出来，极大地解放了生产力，扩大了企业自主权。政府部门随意审批、违规审批、违法审批、以权谋私等行为大大减少，加强了为企业和群众服务的职能，深受社会各界的欢迎，也为全国探索了政府转变职能的一条新路，在国内引起了广泛关注。几位中央领导同志就深圳的做法专门给国家有关部门做出批示，要求给予足够的重视和借鉴。

遏制“土地腐败”

土地是重要的经济资源。20世纪80年代，深圳人进行理论创新，把关于土地权的笼统理论，具体地分为“土地所有权”和“土地使用权”，解决了困扰我们多年的棘手问题。基于新理论，土地的价值显露出来了：国家拥有土地所有权，对土地使用权实行有偿转让或者拍卖，这神奇地解决了中国工业化、现代化建设所需要的巨量资金问题。1987年12月1日，深圳大胆突破土地使用权的“禁区”，以公开拍卖的方式对经营性土地使用权进行有偿转让，并推动了我国宪法的修改。

深圳第一次拍卖土地之后，由于种种主客观原因，公开拍卖土地使用权的办法使用得越来越少。

1995年年初，市政府健全批地例会制度，废止领导个人或主管部门审批，由市政府领导、有关部门共同组成批地委员会，集体审批经营性土地，堵住了一大部分“土地腐败”的漏洞。1997年初，市政府启动土地使用制度改革，经过近一年时间的调研和思想政治工作，调整各方面的权力与利益关系，制定了《深圳经济特区土地使用权招标、拍卖规定》，并于1998年2月6日以政府令的形式发布。《深圳经济特区土地使用权招标、拍卖规定》明确规定：所有经营性土地一律采用公开招标或拍卖方式出让，在签订《土地使用权出让合同》后的5日内必须一次性交清地价款，中标人不得擅自更改土地用途、容积率、覆盖率等规划要点。当年，深圳就进行了 3 次土地使用权的招标拍卖，成交土地 12.5 万平方米，成交总额 4.4 亿元。

深圳土地使用权出让制度的改革，从源头上遏制了土地出让中的腐败现象，推动了廉洁高效政府建设，同时营造了公开、公平、公正的市场竞争环境。而土地的公开招标、拍卖增加了收入，也为城市建设提供了重要的资金来源。

政府工程 100% 实行公开招投标

在建设廉洁高效政府的重头戏中，还包括改革政府工程招标管理。早在 1993 年，市人大常委会制定的《深圳经济特区建设工程施工招投标条例》就明确规定，凡政府投资，国有、集体企业投资额在 300 万元以上或建筑面积 3 000 平方米以上的工程项目，都必须组织施工招投标。但由于相应监督措施不配套，这一规定在一段时间内没有被很好地贯彻执行。工程建设不公开招投标，搞假招标，暗箱操作、私下成交、层层转包等现象依然存在，这不可避免地会滋生腐败。改革政府工程招投标管理，被提上本届政府重要议事议程。

市政府重新做出决定，从 1995 年 1 月起，凡是市政府投资的工程项目，必须 100% 实行公开招标投标。1997 年 5 月，市政府颁布《深圳经济特区建设工程施工招投标条例》实施细则，使招投标制度真正成为深圳各级政府工程建设的一项基本制度。同年 8 月，市政府筹建深圳市建设工程交易服务中心，并于 1998 年 5 月正式挂牌运作，交易中心与深圳市建设工程项目执法监督领导小组办公室合署办公。1998 年 6 月，市政府成立了政府投资项目审计中心，加强了对政府投资项目的监管。市政府还借鉴新加坡的经验和做法，在市政基础设施建设中，推行施工单位的“政府工程牌”制，市政工程在持有“政府工程牌”的企业中进行公开招标。

1996 年下半年，市建设局主管工程的招标率达 100%。1997 年市管工程公开招标、邀请招标率达 100%，区管工程公开招标率达 99.39%。

工程招投标制度的实施和深圳市建设工程交易服务中心、政府投资项目审计中心的建立，基本解决了建筑市场的混乱现象，使建筑市场从无形变为有形，从无序变为有序，从隐蔽变为公开，避免了层层转包和“豆腐渣”工程，对建筑领域的反腐倡廉起到了极为重要的作用。

改革政府采购制度

政府采购是财政支出管理的重要部分，在政府经济行为中占有重要地位。多年来，深圳市的政府采购没有统一的制度规定，一般是由财政将资金划拨给政府各部门，再由各部门从市场上自行采购。传统的政府采购办法弊端丛生，容易造成机构臃肿和滋生腐败现象。

作为深圳财政支出管理体制改革的突破口，市政府从 1997 年起开始试行政府采购制度改革，逐步推行集中公开采购制度，在健全和完善我国的政府采购制度方面发挥了改革“试验田”作用。

1997 年 1 月，深圳市实行政府公务车统一投保，市财政局统一为市本级行政事业单位的小汽车进行统一保险，既节约了资金，更杜绝了吃保险回扣的腐败风。同年 11 月 23 日，市财政局委托市机电设备招标中心，进行了首次政府公务用车招标采购，27 辆车的中标金额比市场价少了 70 多万元。此后，政府集中采购制度改革不断深入。1998 年，政府采购项目扩大到实物性采购（车辆、计算机、空调等）、服务性采购（公务用车定点加油、定点维修等）、工程性采购（修缮工程、网络工程等），共 11 大类，120 个品种，总金额 6.6 亿元，节省资金 7 000 多万元，平均节约资金 11%。

政府采购制度在我国是一件新生事物，深圳借鉴香港等地的经验和做法，致力于促进此项改革朝着规范化、法制化的方向发展。1998 年 10 月 27 日，市人大常委会审议通过的《深圳经济特

图 4.4　1999 年 6 月，深圳市政府举办定点印刷招投标仪式现场

区政府采购条例》，成为我国第一个关于政府采购的地方性法规。深圳率先就政府采购进行立法，不仅对深圳市财政支出管理体制改革、完善市场经济体制具有积极作用，而且对建立与国际惯例相衔接、反映市场经济要求的政府采购制度产生了深远的影响。

实践证明，政府采购制度改革带来了明显的效果，其中最直接、最明显的效果就是节省了大量的财政资金。政府采购是一笔很大的数目，按 10% 的节约率计算，每年可以节省几亿元开支。更重要的是，政府集中采购制度的实施避免了采购中的暗箱操作，推动了政府职能转变的制度化、法制化。

深圳市在转变政府职能，建设廉洁高效政府过程中，出台的许多措施都早于全国大多数城市十几年时间。1999 年 8 月 30 日，我撰写的《从改革和制度建设入手，建设廉洁高效的政府》一文在《深圳特区报》《深圳商报》全文刊载。第二天，我向国务院一位领导汇报工作时，他专门提到这篇文章，让我送他一份“学习”一下。我坦言，深圳市这几年在建设廉洁高效政府方面扎扎实实地做了大量工作。以前我们没有宣传过，也没有向上级汇报过，主要是考虑到在许多人眼里，深圳曾经很腐败。如果我们刚刚采取一两项治理措施就大肆宣传，容易引起反感。现在三四年过去了，总结并适当宣传一下，对我们自己今后进一步加强廉政建设，努力建设高效廉洁政府有推动意义，对全国更好地了解深圳经济特区也有好处。我们的某些做法，对其他一些地方可能有一些借鉴作用。

深圳为建设廉洁高效政府所自觉进行的改革都领先于全国，这不仅使深圳受益匪浅，改善了投资环境和政府形象，扩大了深圳在国内外的影响，继续保持了改革和发展的领先地位，而且为全国提供了借鉴。

和“基本称职”公务员谈话

1996 年上半年，有两件事情在深圳市公务员队伍中产生了很大震动：在上一年市政府部门考评中被评为“不称职”的 34 名公务员，1996 年年初被辞退；从 4 月 8 日起，105 名被评为“基本称职”的公务员到深圳行政学院进行 3 个月的带薪离岗培训，培训合格后再被安排上岗。这是自 1995 年 10 月 9 日《深圳市人民政府关地加强机关建设的若干规定》（简称“22 条”）出台以来，市政府在完善公务员考评制度方面，对公务员队伍敲响的一次警钟。

5 月 21 日，我前往深圳行政学院看望这批离岗培训的公务员，鼓励大家要安心学习，不断提高政治素质和业务素质，重返岗位后要更好地投身深圳“第二次创业”。

在课堂上，我跟大家讲了四方面内容：一是培训目的，加强机关建设，培养廉洁高效的作风是深圳“第二次创业”的需要；二是回应诉求，根据大家发言中所说的担忧和顾虑谈几点意见；三是总结经验，就进一步完善公务员考核制度谈谈我的思考；四是提振精神，讲一讲深圳 15 年的成就、“九五”目标以及基本工作思路。

大多数人不冤枉

我在讲话中开门见山：被单位评为“基本称职”，说明同志们在工作中确实有这样那样的缺点。虽然从辩证法和哲学角度

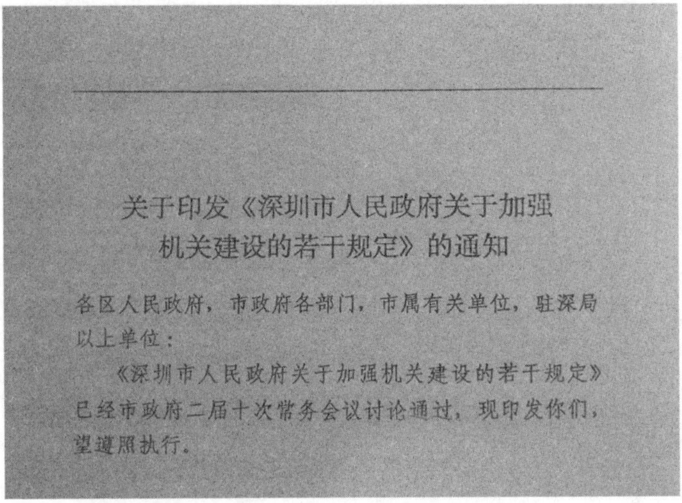

关于印发《深圳市人民政府关于加强机关建设的若干规定》的通知

各区人民政府，市政府各部门，市属有关单位，驻深局以上单位：

《深圳市人民政府关于加强机关建设的若干规定》已经市政府二届十次常务会议讨论通过，现印发你们，望遵照执行。

图 4.5　1995 年 10 月 9 日，深圳市政府印发《深圳市人民政府关于加强机关作风建设的若干规定》的通知

看，不排除有个别同志受些冤屈，因为公务员考核制度有些标准不够明确，程序不够规范，也不排除有的单位领导打击报复，俗话说，哪个庙里都有屈死的鬼。但是，大多数同志不是被冤枉的。大家或是工作责任心不够强，业务水平不够高，办事效率低；或是组织纪律性差，经常迟到早退；或是修养不够，和领导、同事的关系都处理得不够好。这次考评是无记名投票，不是由一两个人说了算的，而是单位里大多数人将你评为“基本称职”的。不管怎样，应该把离岗培训看作一次学习提高的机会，而不是一种惩处，不是什么不光彩的事情。来这里培训，读书对大家都有好处，大家有时间反思这一段、这一年或者前几年的工作情况，我相信对多数同志都有好处，对你们一生都有好处，因此，我个人一直对此寄予厚望。开学典礼那天我本来要来，但当

时有急事来不了，就委托黄丽满副书记来讲话，给大家鼓鼓劲儿。

希望大家能从大局上认识到，加强机关建设、培养廉洁高效的作风是深圳“第二次创业”的需要。

深圳经过 15 年的发展，取得了举世瞩目的成就，综合经济实力、综合经济素质已经进入我国大中城市的前列。由于我们向市场经济体制过渡比较早，又毗邻香港，在对外开放中引进外国的先进管理经验、先进技术的同时，一些不好的东西也不可避免地乘虚而入，一些不太健康的社会问题客观存在，个别问题还比较严重。再加上我们的法律不太完善，制度不太健全，漏洞比较多，所以市场经济本身不足的一面便逐步显露出来。这些问题自然也表现在机关建设上。我认为，15 年来，特别是近几年来，我们艰苦奋斗的精神不是越来越强，而是有所减弱了。特区建设之初，尽管条件很艰苦，但是大家工作起来夜以继日，据说那时的机关办公楼晚上都是灯火通明的。现在我们的办公楼晚上有多少是亮灯的？特区建设之初的那种干劲、那种廉洁高效的形象，留下的不太多了。前一段时间，罗湖区委、区政府倡议每周学习一个晚上，我号召各区学习他们的做法，各部门都要学。

外边的人——包括外商来深圳办事，普遍反映我们的办事环节多，周期长，服务态度不好：门难进、脸难看、事难办。有不少部门，特别是审批权力比较大的部门有“吃、拿、卡、要”现象，不请去舞厅跳舞、不吃一顿饭，是不能办事的。机关建设问题已经成为深圳市民关心的热点、难点问题之一。这个问题不解决，我们怎么能把深圳建设成现代化国际性城市？我们提出的“第二次创业”的目标怎么能顺利实现？所以，加强机关建设是深圳“第二次创业”过程中最根本、最基础的工作之一。1995 年市里下大决心，花大气力，要加强机关建设，市政府制定并公布了加强机关建设的“22条”，这是从深圳“第二次创业”的需要、从建设中国特色社会主义这样一个战略高度来抓机关建设。热爱党的事业、热爱深圳、有志于为深圳“第二次创业”做贡献的同志，对此都应该欢迎。在你们中间，党团员占45.9%，大专学历以上的占50.5%，45岁以下的占85%，说明大家素质还是不错的。希望同志们都能从这个全局、这个高度来认识和对待我们加强机关建设和完善公务员制度的做法。

公务员能进能出，优胜劣汰

加强机关建设的内容挺多。首先要从学习入手，不断提高政治素质和业务素质。

我市各个局的公务员，政治素质、业务素质状况不一样，各部门的条件也不一样。公安、教育、卫生、税务部门的队伍规模很大，有的有一万多人。这些队伍的素质参差不齐，有的部门大专以上学历的公务员不到35%。文化素质不够高，怎么能提高效率？提高素质不是一日之功，读完大学本科一般需要4年，20世纪50年代的清华大学本科、北京大学理科本科要6年才能毕业，而且毕业后也不是马上就能把工作干得很好。有人说，在大学学习的知识是人生所用知识的15%，85%都是大学毕业以后学的，那么提高这些人的政治素质、业务素质，就需要一定的时间。离岗学习，在职学习，这是一个办法。

其次要引进竞争激励机制，公务员要能进能出，优胜劣汰。引入竞争激励机制，强化内部约束机制，就要完善各种管理制度，提高管理水平。我们好多部门的管理水平不高，有的部门制度不健全，有的部门有制度也不执行，有的部门甚至连必要的制度都没有，比如岗位责任制、领导干部任期目标责任制、会议制度、考评制度、岗位轮换制度等。加强机关建设的内容很多，完善公务员考核制度就是加强机关建设的一个重要措施。我们举办这期培训班，不管对谁，都是一次震动，对没到这里来学习的人也是一次震动，我们对所有人都敲了一次警钟。大家要努力提高政治素质、业务素质，不断加强勤政廉政建设，不能认为进了公务员队伍，就像是进了“保险箱”。

《国家公务员暂行条例》规定，公务员考核有“优秀”“称职”“不称职”三个档次，作为国家公务员制度改革试点城市，深圳根据实际情况增加了“基本称职”这一档，并规定“基本称职”的公务员要离岗接受培训，“不称职”的要辞退。这对全国的公务员队伍建设，起了探索作用。离岗培训不是处分，也不是惩罚，而是组织对大家的爱护。我相信同志们能够正确对待。我说过，大多数同志可能有这样那样的毛病，这里的 105 个人不可能是各方面表现都非常突出、非常优秀而被选到这里来的。但我认为，大多数同志没有大毛病。大家可能平时不太谨慎，对自己要求不是那么严格；或者工作上不够勤奋；或者没有严格遵守纪律；或者在勤政廉政方面有点小毛病；或者平时和同事、领导相处时自我修养不够。在孔子的 72 个弟子中，曾子虽然已经很出名了，但还是要“吾日三省吾身”。我们不是圣贤，反思、回顾一下几年来自己的思想历程、工作表现，总结经验，吸取教训，对大家有好处。即便是受了委屈的同志，也应该珍惜这次学习机会。3 个月没有什么事情干扰，可以静下心来读读书，肯定有好处。大家要有自我批评精神，正确对待自己的优点和成绩、缺点和不足，要以这次培训为契机，把压力变成动力，把坏事变成好事。

俗话说，“吃一堑，长一智”。受点挫折，犯点小毛病，然后加强学习，努力改进，这对大家一生都有好处。大家心态要平衡，不要发那么多牢骚，“牢骚太甚防肠断”。有小毛病不要紧，只要自己认识到了，重视起来，改正过来就好了。对自己严格要求点，上班来早点、下班晚走点，打扫卫生勤快点，认认真真工作，办事态度好一点，文件在你手里别压太长时间，和同事相处要谦虚谨慎，把好事让给别人，自己向后躲一躲。假如这些都做到了，你们差不多就能评上先进。

我建议同志们学学《纪念白求恩》和刘少奇同志的《论共产党员的修养》，邓小平同志、江泽民同志对党员的修养都有很多论述。个别同志受了点委屈不要老动气，你们还有机会申诉嘛！当然不是今天申诉，明天就给你理明白了，也得有个过程，这也不是像“文革”期间那样，把你们关牛棚了，你们还没被冤枉到那种程度。邓小平同志曾经“三上三下”，如果他修养不够，早就完了，也就没有现在改革开放的中国了。正是因为邓小平同志坚持改革开放，坚持“一个中心、两个基本点”的基本路线，中国才有了现在这样的综合实力：经济得到了快速发展，人民生活得到了改善，中国的国际地位也提高了。希望大家要有正确认识，相信组织、相信群众，从大局出发，站在深圳“第二次创业”的战略高度，来看待公务员的考核制度，珍惜这次学习机会。

不要留“尾巴”

针对大家的担忧和顾虑，我谈了几点意见。

学员代表发言说有五个“怕”。一怕记录在档案里。这一点，组织、人事部门要研究。离岗培训是学习，不是因为犯了错误。总之，不要给这些同志留“尾巴”。如果留“尾巴”，那么明年谁都不敢来了，若对大家造成这种压力就不好了。“基本称职”，“基本”两字是定语，“称职”是主语。经过努力学习，可能这里的有些同志以后还会被评为“优秀”的。二怕原单位不要。三怕分配的工作专业不对口：若不服从分配，就会被辞退；若服从分配，专业确实不合适。四怕因为自己提起申诉，单位领导打击报复。五怕影响今年工资升级。我认为这几个“怕”都没必要。组织部和人事局的领导今天都在这里，你们要针对学员担心的问题，提出切实可行的解决办法，消除他们的后顾之忧。

同志们通过培训、考评合格后，原则上都回原单位工作。原单位领导要心胸宽阔，顾全大局，不要另出一辙、另搞一套，弄得怨气挺大，搞得单位不稳定，社会也不稳定，给进一步完善公务员制度制造障碍。原单位本来就有他的工作岗位，怎么会无法安排呢？如果下属真有缺点、有不足，领导可以大大方方地跟他谈一谈，既然有理由把他评为“基本称职”，怎么还不敢和他谈话呢？是领导水平低谈不好，还是另有原因？我跟组织部、人事局的领导同志说过，同志们通过学习、考评合格后，原则上都回原单位工作，各单位要按照专业对口原则安排工作。为什么讲是“原则上”呢？不排除个别岗位动一动，因为本来干部就要实行岗位轮换。假如发现单位领导有打击报复的，组织、人事、纪检部门要严肃查处，因为这有损领导干部的形象。把个人利益放在第一位，国家利益放在第二位，提点儿意见就整人，打击报复，这还得了！任何人不管职务高低，都要接受党的监督，接受群众监督。所以，同志们不必有顾虑，组织一定帮助大家妥善处理。这也是对单位领导的考验，有哪个单位领导不顾全大局，个人意气用事，要威风，弄权术，一经查实，就要执行纪律处分。我相信大多数领导能够顾全大局，有这种胸怀和觉悟。

完善考评制度，不走过场

要认真总结政府部门 1995 年考评工作的做法和经验，进一步完善公务员考评制度。

“22 条”出台之后，1995 年是对政府机关的工作人员进行考核和民主测评的第一年。这种制度可能有不完善的地方，但整体效果很好，对所有人都是一次震动，从全国范围来讲，影响不错。关于考核问题，一是要有量化指标，标准要公开。二是组织、人事部门对考评委员会要进行资格确认，考评小组成员既要有领导，又要有群众，还要有纪检人员，不能由一两个人说了算。三是要完善考核程序，考核结果要公开，单位领导、考评委员会要和被考评人员谈话。四是要完善申诉制度，单位领导要有胸怀，认真听取申诉意见；组织、人事、纪检部门要认真查实，对有明显打击报复行为的，一经查实，要严肃处理，不受监督的权力必然产生腐败。有的单位去年没有认真进行考核，一两千人的队伍，就只评出一个“基本称职”的。100 个人里有 99 个人是“称职”或“优秀”，就已经够好了，但一两千人里只评出一个“基本称职”的，而没有一个“不称职”的，我看这个单位就是在走过场。要认真地总结去年的考评，总结经验和教训，使之更加完善。

投身“第二次创业”

我简要给大家回顾一下深圳 15 年的成就，讲讲“九五”目标及基本工作思路。

15 年来，深圳取得了举世瞩目的成就。1995 年，我市国内生产总值 796 亿元，在 35 个大城市中排名第六；固定资产投资 275.8 亿元，排名第六；工业总产值 900 亿元，排名第七；商品零售总额 300 亿元，排名第六；进出口贸易总额 387.7 亿美元，排名第一，其中出口 205 亿美元，也是排名第一；地方预算内财政收入 88 亿元，排名第四；银行存款余额 1 203 亿元，排名第四；贷款余额 786 亿元，排名第五；工业综合效益指标为 142，排名第一；高新技术产品产值占 20.5%，今年可能达到 25% 以上，这可能是全国最高的了。城市的基础设施建设，比如铁路、港口、机场、供水、供电、通信等，15 年来都有很大的发展。在建的和竣工的 18 层以上高楼有 610 栋。文化、教育、卫生、体育、科技等各项社会事业，这几年也都有很大的进步。深圳对国家的贡献也在加大：一是预算内财政累计上交将近 55 亿元，另外，海关、银行、邮电、铁路四大部门累计上交 500 亿元，形成国有资产 600 亿元，加在一起 1 150 亿元左右；二是深圳对内地的投资越来越多，累计内地到深圳投资 120 亿元，深圳到内地投资 150 亿元；三是每年拿出一定资金，帮助省内经济欠发达地区和一些革命老区发展经济，累计有 4 亿多元，加上银行融资有8亿多元在经济欠发达地区滚动，贡献越来越大。

我们提出了“第二次创业”，就是用15年的时间把深圳建设成现代化国际性城市，“九五”期间深圳整体经济实力要翻一番。“九五”期间我们的基本工作思路有以下几方面。

一是努力实现“三个转变”：经济增长方式要由粗放型向集约型转变，经济体制由计划经济向社会主义市场经济转变，特区的发展由过去主要依靠优惠政策向苦练内功、提高整体素质、增创新优势转变。

二是实现“三个协调”发展：一、二、三产业协调发展，特区内外协调发展，两个文明建设协调发展。

三是实行“三个一批”的发展战略：就是形成一批支柱产业，培育一批大型企业集团，增创一批名牌产品。

四是抓住“三个重点”：改革开放，科教兴市，依法治市。

有党中央国务院、省委省政府的正确领导，有全市人民的艰苦努力，各位同志的艰苦努力，我们一定能够完成“第二次创业”的目标。

在课堂上，学员代表汇报了学习情况。自4月8日开课以来，在44天的时间里，深圳行政学院所安排的18门课程中，学员们已学完了14门课程，进行了9次考试，及格率达100%。更重要的是大家的政治业务水平大有提高，组织纪律和思想作风得到了锻炼。对这次离岗培训的效果，我感到很欣慰。

“人非圣贤，孰能无过。”市委、市政府对离岗培训学员从来没有另眼相看。我相信经过反思和学习，绝大多数同志都能变得更好，返回岗位后，可能比没来学习的同志工作得还要好。我坚信这一点。

在全国率先改革审批制度

转变政府职能，是建立社会主义市场经济体制的一个重要方面。深圳经济特区自成立以来，探索建立“小政府，大社会”的行政管理体制，围绕转变政府职能，先后进行了5次较大的改革，初步形成了机构比较精干、运作比较有序、行为比较规范的行政管理体系。1995年，深圳进入“第二次创业”阶段。按照建立完善的社会主义市场经济体制的要求，市政府职能的转变还没有真正到位，突出表现在，政府部门的审批仍然过多、过滥，审批行为不规范。企业普遍反映，近一两年来，虽然机关工作作风有所改善，但政府部门的审批事项却没怎么减少，反而有不断增多、不断强化的趋势。不少职能部门只重审批、抓权力，不抓大事，忽视对全市经济的宏观管理和行业管理。不少部门表面上看起来忙忙碌碌，但该管的事情实际上没管好。这种状况直接影响了深圳投资环境的改善和公平竞争机制的建立，也影响了政府部门的高效运作和公正廉洁。

深圳行政体制改革进入攻坚阶段。1997年年初，市委、市政府在国内率先启动政府审批制度改革，为进一步转变政府职能找到了切入点和突破口。

政府职能转变处于胶着状态，审批制度改革势在必行

审批是计划经济体制下政府管理社会经济的一种基本手段，是一种非市场化行为。市场经济则要求最大限度地利用市场来调节生产和分配，保证社会资源分配公平、公正和高效，政府的审批项目只能是涉及调控宏观经济、维护国计民生和国家重大利益的少数事项。实践证明，审批越多，经济运行效率就越低，市场机制就越难形成。改革审批制度，难点与核心是解决一个“权”字。审批权的收放，审批事项的增减，历来是改革的焦点，也是全面深化改革的关键。

早在 1996 年，市委、市政府就已经开始关注审批问题。市经济体制改革委员会在制定计划局、经发局、贸发局转变职能方案时，本想在审批方面有所突破，但由于种种原因，没有取得预期的效果。三个局一共才取消了四项审批，深圳行政体制改革处于胶着状态。

1996 年 8 月召开的市委常委扩大会议研究了政府审批议题，提出要进一步转变政府职能，减少审批事项，对政府部门的审批事项进行一次全面的清理。

1997 年 1 月 31 日，市经济体制改革办主任张思平以个人名义给厉有为书记和我写了一封信。他在信中表达了对深圳市政府职能转变的改革进展迟缓，改革难度越来越大的担忧，并提出了“以清理和重定审批项目为重点，实现转变政府职能改革重大突破的建议”。我在这封信上回复：“思平同志的意见有道理，和有

为同志也几次议过这个问题，似可下决心进行。先理清各部门现在到底有多少审批项目，至于哪些能取消、合并，慎重研究，与国家、省有关部门联系好。请有为同志阅示。”

全面清理审批事项，必然触及政府各部门的权力和利益，也可能与国家有关部门的政策规定相矛盾，其难度和风险可想而知，需要非凡的胆识和魄力。

深入调研摸底，政府审批存在五大弊端

改革政府审批制度，从调查摸底开始。1997 年 3 月 6 日，市政府成立改革审批制度转变政府职能调研小组，由常务副市长李德成担任组长，市体改办会同市有关部门，对市政府各部门的审批事项进行了全面的调查。在半年多的时间里，调研组做了大量、细致的工作，基本摸清了情况。

调查摸底结果表明，政府部门陷入了繁忙的审批业务中，当时的审批制度主要存在五大弊端。

弊端一：审批事项多，审批范围广。深圳市 42 个政府部门和单位共有审批事项 737 项，核准事项 371 项，几乎涉及所有的行业和主要的社会经济活动。有些业务本应属于企业自主权范围，但一些部门还在审批，有的还是多部门同时审批。

弊端二：许多审批事项超越了规定的审批权限，国家和省政府没有规定审批的，有些部门也在批。由于利益驱动，有的部门自行增加审批事项，降低审批限额，扩大审批对象，或将一项审批分为几项。

弊端三：一些审批事项缺乏严格、明确的审批内容和审批条

件。审批部门和审批人员的自由裁量权太大。

弊端四：审批环节多，审批时间长，办事效率低下。有的审批事项，审批程序设置不合理，人为地增加了层次。大约 1/4 的审批事项需要两个以上部门审批。最多的房地产建设项目要经过 13 个部门审批，盖 50 多个公章，审批时间加起来超过 6 个月。

弊端五：审批部门普遍存在重审批、轻监管的现象。轻监管主要表现在两个方面：一是对审批行为缺乏严格的监督和有效的约束，监督机制不健全；二是对审批之后的执行情况缺乏必要的后续监管，往往是一批了事。

繁多的行政审批阻碍了经济社会的发展，不改革审批制度，政府职能的转变就不可能真正到位。

确定改革原则：能由市场调节的坚决放开

1997 年 12 月，市委、市政府成立了深圳市政府审批制度改革领导小组及其办公室，我担任组长，副组长由市委副书记李容根、常务副市长李德成担任，成员包括：市委秘书长、办公厅主任谭国箱，市政府秘书长、办公厅主任宋枝旺，市体改办主任张思平，市计划局局长张溯，市财政局局长陈锡桃，市编办副主任全汉基，市法制局局长郝珠江，市依法治市工作领导小组办公室主任傅伦博。领导小组办公室设在市体改办，由张思平兼任办公室主任。

在半年多时间调研的基础上，市政府起草了《深圳市政府审批制度改革实施方案》（本节以下简称《实施方案》）。在制定《实施方案》时，我定下这次改革的基本原则：能够由市场调节的，坚决放开。通过审批制度改革，把政府部门从繁忙的审批业务中解放出来，使其转到依法加强宏观调控，制定市场规则，实施监督管理，加强为企业和市民服务上来，真正做到依法行政，规范运作。《实施方案》在提请市委常委会议审议之前，广泛征求了市委、市人大、市政府及各区政府、市属重点企业的意见建议。

《实施方案》确立了精简审批事项的四个原则。

原则一：对一些关系到经济发展和社会安定团结的重大事项，继续保留审批。不能因为审批制度改革而弱化政府的宏观调控能力，避免改革可能给经济社会发展带来不利影响。

原则二：坚决取消部分审批事项。对国家和省法律、法规、行政规章没有明确规定审批的事项，取消审批；对国家和省规定审批，但又没有指标和额度限制的事项，原则上也要取消审批；对深圳市自行确定的审批事项，根据地方政府的管理要求，大部分都要取消；对不属于政府职能或不应当由政府直接管理的事项，坚决取消审批。取消审批后，或进行核准、备案管理，或实行招标、拍卖制，或彻底放开，由市场调节。

原则三：对保留审批的事项，依法进行规范。严格规定审批内容，明确审批条件，减少审批环节，简化审批手续，明确审批时限，改进审批方式，增加审批的透明度，制定严密的审批操作规程。

原则四：加强对审批行为的监督和对审批后实施、执行情况的监管。对每项审批，都要制定严格的、可操作的监管措施。强化政府各部门之间的监督和约束机制，在审批部门内部，减少审批人员，加强监督力量，实行审监分离。

过好权力关、利益关，加快清查协调工作

审批制度改革是政府自己革自己的命，是对传统行政管理制度的一场变革，工作的复杂性和艰巨性远远超过其他方面的改革。

政府审批制度改革伊始，遇到了重重阻力，核心问题是触动了一些部门的权力和利益。一些部门有种种顾虑，概括起来不外乎三点：一是担心社会主义市场经济体制还未完全在深圳建立，法律还不完善，如果减少审批，会削弱政府的宏观管理职能；二是担心取消、减少审批权，会减弱或取消本部门的行政决策权；三是担心取消审批权会导致本部门管理职能减少，在即将进行的政府机构改革中，机构和人员有可能被精简、撤并。

市政府各部门通过清理自查，上报市政府审批制度改革领导小组办公室要求保留的审批和核准事项达 1 100 项，涉及作为审批依据的各类法规、规章、规范性文件有 2 360 多项，最多的一项审批涉及 9 个文件。改革办公室的同志要加班加点，一篇篇地查，一字字地看，逐项审核审批的依据，并研究各项依据之间是否存在矛盾，规定是否已经过时，有关部门在实施过程中是否超越了权限，哪些事项应该取消审批，哪些可以保留等，工作量相当大。加上有个别部门本身对其审批项目的依据都不太明确，这更加大了审核工作的难度。

由于牵涉部门权力和利益的调整，改革办公室确定或取消任何一项审批项目都要逐个部门进行协调。为此，改革办公室与各个部门和单位在几个月时间里开过 87 次协调会，其中最多的一个部门协调了 6 次。常务副市长李德成亲自主持的重大事项协商

会就开过多次。

1997 年 12 月 17 日，《深圳市政府审批制度改革实施方案》提请市委常委会议审议，获原则通过；1998 年 1 月 25 日，市委、市政府正式颁布实施该方案。

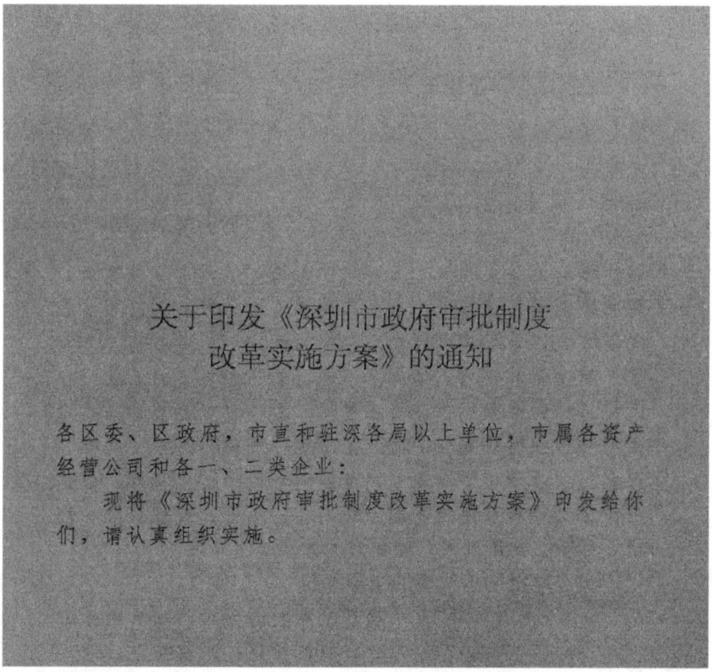
关于印发《深圳市政府审批制度改革实施方案》的通知

各区委、区政府，市直和驻深各局以上单位，市属各资产经营公司和各一、二类企业：

现将《深圳市政府审批制度改革实施方案》印发给你们，请认真组织实施。

图 4.6　1998 年 1 月 25 日，深圳市委、市政府印发《深圳市政府审批制度改革实施方案》的通知

颁布政府令，用法律巩固改革成果

1998 年 8 月 25 日召开的市政府常务会议，原则通过了各部门的改革方案和《拟保留的审批、核准、备案事项目录》，并决定将该目录报请市人大常委会审议批准后正式发布实施。经过清

理、自查和审核，深圳原有审批和核准事项合计 1 108 项，改革后保留 631 项，减少 477 项，减幅 43%。其中审批事项由原来的 737 项减少到 310 项，减幅 57.8%；核准事项由原来的 371 项减少到 321 项，减幅 13.7%。

审批制度改革极大地解放了生产力。经过改革，绝大部分事项被放开，由市场调节。在取消的审批和核准事项中，230 项属于对企业生产经营活动的前置审批，放开后由企业自主决定，或由市场调节，或实行公开招标、拍卖，这扩大了市场配置资源的范围，扩大了企业自主权。

1999 年 2 月 13 日，我签发第 83 号政府令——《深圳市政府审批制度改革若干规定》，3 月 2 日，《深圳市政府审批制度改革若干规定》正式发布实施。将成功的改革实践上升为法律层面的规定，把审批制度改革成果固定下来，推动政府职能实现质的转变，增强政府工作的规范性、民主性和公开性，有利于更好地依法行政。

审批制度改革界定了政府在社会主义市场经济中的职能、任务、地位和作用，明确了政府应该管什么、怎么管，把政府从繁忙的审批事务中解放出来，使其可以依法抓大事，抓宏观管理，强化了为企业和群众的服务，提高了办事效率。这对深圳真正形成公平竞争的市场机制，改善投资环境，推动建设廉洁高效政府，有着重要的意义。

深圳的这项改革在全国产生了积极影响，《深圳市审批制度改革若干规定》正式公布实施前后，全国有 23 个省、自治区、市来深圳了解情况，有些兄弟省市已着手进行政府审批制度改革。在行政体制改革方面，深圳继续发挥了经济特区的示范作用。

选准建设廉洁高效政府的突破口

从源头抓起，标本兼治，加强廉政建设，是建设廉洁高效政府的根本措施。从1997年开始，深圳在土地使用制度、政府工程招投标管理方面进行了大刀阔斧的改革，加强了遏制腐败现象产生的制度建设，力求从源头上铲除滋生腐败的土壤。

为建立新的制度，思想工作做了近一年

以公开拍卖的方式对经营性土地的使用权进行有偿转让，是深圳在20世纪80年代的一项创举，推动了我国宪法的修改。在此后的一段时期，深圳虽然坚持了土地使用权的有偿转让，但由于种种主客观原因，这个办法使用得越来越少。

土地是宝贵的公共资源，特别是在城市建设和经济发展快速的深圳，土地供需矛盾非常突出，可谓寸土寸金。从深圳以往查处的大案、要案来看，通过出让土地使用权谋取私利的腐败现象比较突出。市政府决定从改革和制度建设入手，努力从源头上遏制“土地腐败”。

1995年1月，市政府健全了批地例会制度，废止了领导个人或主管部门审批。市政府成立了批地委员会，我任主任，李德成、王炬、武捷思任副主任，规划国土局、计划局、财政局等20个部门是成员单位，实行集体审批经营性土地制度。1997年，市

政府决定将遏制“土地腐败”的改革行动升级——推行经营性土地公开拍卖制度。

因为土地使用权的出让涉及方方面面的经济利益，这项制度改革当时被地方政府视为难度最大的改革。深圳一方面敢于碰硬，一方面又坚持耐心细致地做好思想政治工作和调查摸底工作，使这项改革能够积极稳妥进行。

1997 年年初，当深圳市政府提出公开拍卖经营性土地时，连主管部门的领导都不表态。为了建立土地公开拍卖市场，市政府用了近一年的时间做了大量工作，我和分管副市长亲自找人谈话，召开干部会议，统一思想，调整方方面面的权力与利益关系。1998 年 2 月 6 日，我签署第 68 号政府令，《深圳经济特区土地使用权招标、拍卖规定》正式发布施行。一周后的 2 月 13 日召开的市人大常委会议根据市政府的这项改革措施，修改了《深圳经济特区土地使用权出让条例》，使深圳所有经营性土地的出让不再像过去那样需要层层报批，而是一律采用公开招标、拍卖方式出让，不同所有制企业可以公平竞争，用市场手段避免暗箱操作。

《深圳经济特区土地使用权招标、拍卖规定》明确了公开招标和邀请招标两种方式，拍卖要公开竞价，出价最高者或综合评分最高者中标。《深圳经济特区土地使用权招标、拍卖规定》和修改后的《深圳经济特区土地使用权出让条例》突出了三点：一是所有经营性土地一律实行公开招标或拍卖方式出让，并明确了招标、拍卖的程序，竞买方的资格，买卖双方的权利和义务等；二是在签订《土地使用权出让合同》后的 5 日内，中标人必须一次性交清地价款；三是中标人不得擅自更改出让合同中关于土地

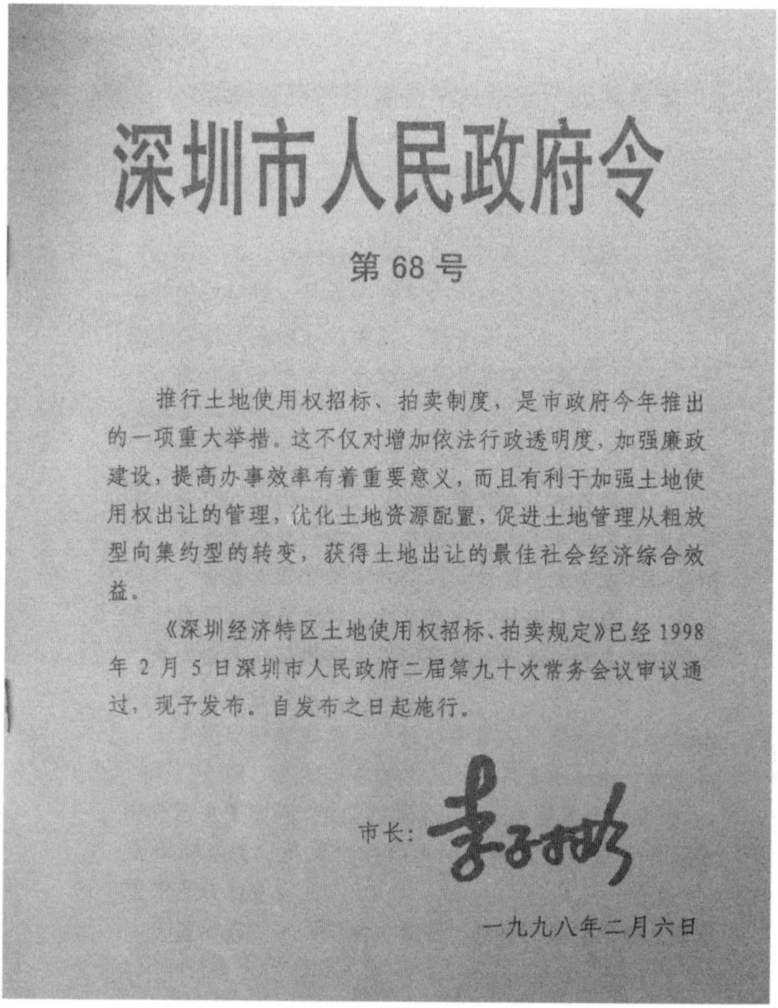

深圳市人民政府令

第 68 号

推行土地使用权招标、拍卖制度，是市政府今年推出的一项重大举措。这不仅对增加依法行政透明度，加强廉政建设，提高办事效率有着重要意义，而且有利于加强土地使用权出让的管理，优化土地资源配置，促进土地管理从粗放型向集约型的转变，获得土地出让的最佳社会经济综合效益。

《深圳经济特区土地使用权招标、拍卖规定》已经 1998 年 2 月 5 日深圳市人民政府二届第九十次常务会议审议通过，现予发布。自发布之日起施行。

市长：

一九九八年二月六日

图 4.7 1998 年 2 月 6 日，我签发第 68 号政府令《深圳经济特区土地使用权招标、拍卖规定》

用途、容积率、覆盖率等规划要点。这些规定为经营性土地使用权的转让提供了规范的、法定的依据，不仅体现出公平竞争的原则，而且与国际惯例接轨。这种“认钱不认人”的政策，在从机制上解决拖欠地价款问题的同时，有效地抑制了土地投机、人情批地，增加了透明度，从制度建设上促进了反腐倡廉。

拍卖槌声再响：深圳经验为全国规范土地市场提供了借鉴

1998 年 5 月 20 日，沉寂 5 年之久的拍卖槌声在深圳会堂再次响起。这次土地使用权拍卖是在国家确立住宅产业为新的经济增长点和深圳房地产市场开始复苏的情况下进行的，又是深圳市政府颁布《深圳经济特区土地使用权招标、拍卖规定》后的首次

图 4.8　1998 年 5 月 20 日，深圳市土地拍卖会现场

土地拍卖，因而尤其引人瞩目，吸引了大批业内人士以及北京、上海、重庆、厦门、珠海等地的专程考察团。在观摩人群中，有当时的国土资源部副部长李元，还有香港特别行政区行政会议成员梁振英。

本次拍卖共推出三幅土地，金地集团股份有限公司等14家单位报名并全部参加竞买。《深圳经济特区土地使用权招标、拍卖规定》颁布实施之后，市政府更注重土地前期开发，所有招标拍卖地块都做到了三通一平。市规划国土局还将地块全部封闭并树起醒目招牌，标明招标拍卖地块的位置、土地面积、建筑面积和其他规划指标、招标拍卖地点及日期，以方便竞投单位前往现场实地踏勘。推出的三幅土地有两幅成交：其中石厦北一幅8 190平方米的住宅地块从3 800万元起叫，最后金地集团股份有限公司以6 200万元夺得；泰华房地产开发（深圳）有限公司和深圳市益田房地产开发有限公司联合以2.01亿元夺得另一幅位于皇岗公园北的3.7万余平方米的住宅及配套设施地块，并当场交清了2.01亿元地价款。这次拍卖土地的面积，相当于过去深圳10年拍卖土地的总和。

社会各界对这次土地拍卖反应热烈，认为这是自1987年12月1日第一次土地拍卖以来的又一重大突破。李元副部长表示，深圳市土地管理体制进行的改革，形成了好的竞争形式，其经验和做法对全国规范土地市场有着重要的借鉴意义。1998年，深圳共进行了3次土地使用权的公开拍卖，每次都有多家企业参加竞买，共成交土地12.5万平方米，成交总额4.4亿元。

经营性土地使用权出让制度的改革，从源头上遏制了土地出让中的腐败现象，营造了公开、公平、公正的市场竞争环境，提高了土地资源的使用效益。同时，土地的公开招标、拍卖收入也为深圳的城市建设提供了重要的资金来源。

建筑领域防腐：政府工程100%实行公开招投标

政府工程投资数额巨大，工程建设不公开招投标或搞假招标，暗箱操作，必然导致工程质量得不到保证，腐败不可避免。

早在1993年11月，市人大常委会制定的《深圳经济特区建设工程施工招投标条例》就明确规定，政府投资、行政事业单位自筹资金投资、国有企业投资、集体经济组织投资以及国有企业或集体组织控股的股份制企业，投资300万元以上或建筑面积3 000平方米以上的工程项目，都应按该条例组织施工招投标。但由于相应监督措施不配套，工程不报建、不招标、私下成交、层层转包等现象依然存在。

1995年，市政府进一步改革政府工程招投标管理，各项制度在不断摸索中得到发展和完善。市政府决定，从1995年1月起，除抢险救灾、科研试验、保密等特殊工程项目可不实行施工招投标外，凡是政府投资的工程全部实行公开招投标制度。当年市政府工程100%实行了招投标，区政府工程也大部分实行了招投标。1996年，5个区的政府工程项目也100%进行了公开招投标。

1997年5月17日，市政府颁布《深圳经济特区建设工程施工招标投标条例》实施细则，招投标制度真正成为深圳工程建设的一项基本制度。

1997年8月2日，深圳市建设工程交易服务中心开始筹建。1998年5月8日，深圳市建设工程交易服务中心正式挂牌运作，该交易中心与深圳市建设工程项目执法监督领导小组办公室合署办公。交易中心在标的评审、抽签形式、参加投标队伍的确定、标底审定方法、标书封存等方面都进行了一系列改革，真正实现了建设工程信息公开化、项目交易场所固定化、市场主体行为规范化、政府管理法制化。

1998 年 6 月，为有效加强对政府投资项目的监管，政府投资项目审计中心成立。该中心的主要职责包括：政府投资项目的施工预算、工程决算的审计和监督；政府投资项目招投标的审计监督以及工程竣工后的国有资产移交的审计监督；组织对政府投资工程审计项目的审计招标及对委托审计报告的质量管理；完成市政府交办的其他专项审计事项。

为了确保工程质量，深圳还学习借鉴新加坡的做法和经验，大胆改革工程管理体制，在市政基础设施建设中，推行施工单位的“政府工程牌”制度，市政工程在持有“政府工程牌”的企业中进行公开招标，以消除旧体制中工程层层转包，建设资金被层层“剥皮”导致的承建企业偷工减料、拖延工期的弊端。同时，还引入工程担保和工程保险体制，业主通过监理单位监管承建商，政府通过立法规范业主、监理、承建商的行为，金融保险机构通过与业主、监理、承建商订立担保或保险契约，相互之间形成制约。

1996 年下半年，市建设局主管工程的工程招标率达 100%。1997 年市管工程公开招标、邀请招标率达 100%，区管工程公开招标率达 99.39%。1997 年以来，深圳无一项应公开招标的工程进行议标。从 1998 年开始，在市建设局报建的工程招标率达 100%。对有关工程承包发包过程中违法违纪行为的投诉减少了近六成。交易中心的建立不仅提高了工程质量，也降低了工程造价。

工程招投标制度的实施和深圳市建设工程交易服务中心、政府投资项目审计中心的建立，基本解决了建筑市场的混乱现象，使建筑市场从无序变为有序，从隐蔽变为公开，实现了公开、公平竞争，公正监督。理顺了建筑市场管理关系，实现了市场主体行为规范化、政府管理法制化，对深圳建筑领域的反腐倡廉发挥了重要作用。

查处新中国成立以来最大涉外抗税案

1997年8月18日，宝日高尔夫球娱乐观光有限公司（以下简称宝日公司）200万平方米土地使用权及其附属财产被深圳市地税局依法拍卖，拍卖所得抵缴该公司所偷税款和滞纳金共计1.2亿元人民币。至此，这起历时4年的涉外偷税抗税案终于画上了句号。深圳市政府维护税法尊严、保障公平竞争的投资环境的鲜明立场和决心在国内引起了巨大反响。

作为当时深圳市经济和法治建设中的一个大事件，宝日公司这起偷税抗税案案情纷繁，查处难度大，过程漫长而曲折。

税务机关例行检查时发现偷税7 000万元

1985年，处于改革开放热潮之中的深圳，外商纷至沓来。一家名为日本安乐开发株式会社的日本企业来到宝安区寻找合作伙伴，并与宝安县城建公司（后改为宝恒集团）达成合作意向。1987年10月，双方合作成立宝日公司。合作的内容是：日方出资，中方出地，在宝安区鹤洲村旧夏布水库附近兴建一个面积200万平方米的高尔夫球场，并配建酒店、餐厅、小商场等设施，由宝日公司负责经营。

宝日公司成立后第二年，合作的日方便开始在境外积极发展会员，收取会员费和保证金。高尔夫球场历经 5 年建成，在 1992 年 6 月 13 日正式开业时，发展的会员已经有了较大规模。

公司开业后，有了营业收入，但是宝日公司的报税、纳税却是“零记录”。这一异常情况引起了宝安区地税部门的注意。1993 年 2 月 22 日，宝安区地税部门向宝日公司发出《关于会员费应作公司收入的通知》，要求对方报送有关会员费收入的资料，但宝日公司收到该通知后却不理不睬。

藐视税法，岂能听之任之！宝安区地税部门决定对宝日公司报税、纳税“零记录”的情况进行抽丝剥茧，在当年 8 月开展的税务检查中发现了该公司的严重偷税行为。根据职责权限，宝安区地税部门将此案件移交市地税局稽查分局。

市地税局稽查分局接手后即迅速介入，在 1995 年 9 月 26 日、1996 年 3 月 17 日两次致函宝日公司，要求其提供在境外发展会员及收取会员费的资料。但日方置若罔闻，拒绝提供任何资料。市地税局稽查分局于是依法采取非常行动，在公司的中方股东协助下，查看了宝日公司的电脑资料，查到了境外的会员人数和会员费收入的数目。

市地税局稽查分局决定向宝日公司征收如下两种税费：一是根据宝日公司电脑记录的会员名册清单和国外收费标准，计算出宝日公司在境外发展会员所得的收入，核定其应纳的营业税；二是按同行业利润率水平核定其应纳的企业所得税。

计税结果得出了惊人数字：宝日公司 1988—1996 年在境外收取的会员费共计人民币 9.77 亿元，应缴营业税和所得税款人民币 7 062 万元。

根据宝日公司的偷税事实，市地税局稽查分局依法对宝日公司做出罚款 2 468 万余元的决定。税款和罚款两项合计人民币 9 530 余万元。

这是新中国成立以来国内发生的最大的涉外偷税案，市政府接报后高度重视，表示坚决支持税务部门依法彻底查处。

宝日公司日方代表坚持歪理、拒不缴税

宝日公司的巨额偷税行为被发现后，公司召开了董事会议，日方代表和中方代表讨论缴税问题。会上，日方董事主动表示，纳税责任由日方承担。

纳税主体分明是宝日公司，日方股东为何主动承担全部责任？此举有点不同寻常。

原来，宝日公司 1987 年成立之时，经营高尔夫球场在我国还是一门新兴行业。中方合作单位原宝安县城建公司对高尔夫球行业的运作所知甚少，也不明白这一行业的主要收入来源是会员证收费。日方代表正是利用了中方代表不懂业务，便在宝日公司的内部文件中，写入“同意日方全部拥有在境外发展会员所取得的收入”的条款。这个内部文件被日方股东日本安乐开发株式会社视为“护身符”，并成为其后来“占公为私”乃至不缴税的依据和借口。

税务人员调查发现，宝日公司的个人会员证每个最高卖到 37 万元，法人会员证每个 70 万元，会员费收入共计人民币 9.77 亿元。日本安乐开发株式会社利用公司内部文件上的上述漏洞，把本应属于合作双方的巨额会员费收入据为己有，且不纳税。

宝日公司偷税数额巨大，涉外案件影响重大，深圳市地税局

为此专门向国家税务总局请示：宝日公司的内部文件规定是否符合我国税法？境外收入是否应属于日方股东的收入且不用缴税？国家税务总局明确批复："按照我国税法，境外会员费收入要纳入宝日公司的营业收入，且要依法纳税。"

但日方仍不以为然，拒不执行我国税法。

偷税案演变为严重抗税案

1996 年 5 月 31 日，市地税局稽查分局将偷税处理决定文件送达宝日公司，该公司收下之后没有任何动静，仍然一意孤行。为此，市地税局稽查分局分别于 7 月和 9 月两次向宝日公司发出《催缴税款通知书》。

在税务部门的催促之下，宝日公司表示，公司短时间内拿不出这么多钱。税务部门体谅其难处，同意该公司先缴 800 万元，余款分期缴齐，但宝日公司只缴了 200 万元人民币税款后就再也没有下文了。

税务部门仁至义尽地帮助宝日公司改邪归正，却得不到应有的配合，于是决定对日方决策人员藐视中国税法的行为果断"亮剑"。

1997 年 4 月 10 日，市地税局组织执法队"突袭"宝日公司，强制扣缴其 1 300 万元的银行存款，还当场查封、扣押了价值约 300 万元的 10 辆汽车，并限定宝日公司于 4 月 25 日前缴清所有税款和罚款。

中央电视台、经济日报和省市媒体对深圳市税务部门的执法行动做了报道，引起了社会广泛关注和强烈反响。副市长武捷思在接受媒体记者联合采访时表明了深圳市政府的态度："市地税局的强制措施和查封行动完全正确，市政府坚决支持。"他同时指出了偷税漏税对国家利益和投资环境的危害，强调了依法治税的重要性。深圳市政府的鲜明立场和严正态度使许多企业受到触动乃至震慑，有一家外资公司，在得知宝日公司被查处后，主动上门缴税 160 万元。

宝日公司未能在 4 月 25 日这个缴税期限之前缴清税款和罚款。市地税局再次对宝日公司提出忠告，希望他们知错能改，妥善解决问题。遗憾的是，这家公司仍一意孤行，拒不缴税，甚至诬蔑、威胁、恐吓执法的税务人员。市地税局依法认定宝日公司的偷税行为演变为严重抗税，必须承担由此带来的严重后果。

宝日公司主要财产被依法拍卖

为维护税法尊严，保障国家税收，1997 年 5 月 13 日，市地税局委托拍卖公司拍卖了所查封的宝日公司的 10 辆汽车，成交额 224.8 万元，并以这笔款抵缴该公司部分偷税款和滞纳金。但时至 1997 年 7 月 9 日，宝日公司仍欠税款 5 100 万元，罚款 2 468 万元，加上所发生的滞纳金 4 844 万元，合计 1.2 亿元人民币。

宝日公司没有任何缴清上述税金的诚意，税务部门不得不采取进一步行动。7 月 9 日，税务部门查封、扣押了该公司高尔夫球场的 200 万平方米土地使用权及该土地上的附属设施等财产。

8 月 18 日，市地税局决定按计划拍卖所查封的财产。当日上午，武捷思副市长接受记者采访时表示，为鼓励外商投资，深圳市提供了多项优惠政策，大多数外资企业遵守中国法律，依法纳税。像宝日公司这样数额巨大、情节恶劣的偷税抗税案件是罕见的，也是极个别的。市地税局在查处案件的过程中，通过多种渠道做了大量的工作，已经仁至义尽，对宝日公司部分财产进行拍卖也是迫不得已。

8 月 18 日，在深圳洲际酒店内设置的拍卖会场座无虚席。400 多名嘉宾和 200 多名记者早早来到这里，等待宝日公司财产拍卖会的举行。9 点 57 分，随着拍卖师的一声槌响，宝日公司 200 万平方米土地使用权及其附属财产瞬间易主，新东家为香港中旅国际投资有限公司，成交价 2.6 亿元人民币。市地税局把拍卖所得用于抵缴宝日公司所偷税款和滞纳金，剩余部分退还该公司。

至此，这起历时 4 年的偷税抗税案终于画上了句号，应收税

图 4.9　1997 年 8 月 18 日，宝日公司部分财产专场拍卖会

款全部入库，抗税者受到了应有的惩处。宝日公司当时会员众多，生意红火，日方投资者却自作聪明，偷税于前，又藐视我国税法，抗税于后，最终落得个全军覆没，令人感慨良多。

宝日公司偷税抗税大案的查处过程非常复杂，税务部门约谈该公司决策者10多次，送达处罚决定书和催税通知书五六次，查封两次，拍卖两次。该案引起了中央、省、市50多家媒体的极大关注，中央电视台《焦点访谈》节目还做了专题报道，在社会上引起了巨大反响。整个查处过程是一次生动的税法教育课，广大纳税人深受教育。该案对优化深圳投资环境、保障公平竞争和维护国家权益、防止税收流失，起到了积极的作用。

第五篇

重新规划，建设现代化国际性城市

深圳经济特区成立后，经济高速发展，人口规模快速扩大。1979—1989 年，深圳 10 年间编制的 5 次城市规划，已经严重滞后于经济社会的发展。1995—1996 年，市政府面向未来、面向国际，重新编制城市总体规划，对城市功能和发展目标进行科学定位，将规划面积从第五次城市规划的 150 平方千米覆盖到全市 2 020 平方千米的每一个村落，描绘出现代化国际性城市的蓝图。5 年间投资 521 亿元加强城市基础设施建设，这在那个年代，在全国各大城市中都很少见。

重新规划，建设现代化国际性城市

城市的建设和发展集中反映了时代的脉搏。随着国家改革开放诞生和成长，深圳在邓小平理论指引下，在党中央国务院、广东省委省政府的亲切关怀和正确领导下，全市人民锐意改革，奋力开拓，大胆创新，在原宝安县的边陲小镇基础上描绘了现代化国际性城市的蓝图，走出了具有自己特色的社会主义现代化城市的发展之路，在中国城市发展史和城市建设史上写下了辉煌的一笔。

但是，由于城市经济规模和城市人口规模迅速扩大，原有的城市规划、建设和管理暴露出不少问题，城市基础设施不适应城市现代化的要求。市内道路少而且窄，加上交通管理水平不高，导致交通堵塞严重。城市排水不畅，罗湖小区“十年九淹”。城市供水、供电能力不足。1991 年深圳大旱，境内不少河溪断流，水库接近干涸，市内许多地方每天只能供水 3 小时，26 个居民住宅区连续停水一周。城市管理问题多，市容市貌乱象丛生，与现代化城市的形象很不相称。

1979—1989 年的 5 次城市规划

城市规划是城市建设和城市管理的总纲。城市能否历经若干年的发展而变得功能完备、经济发达、社会文明、环境优美、人民生活富裕，城市的规划起着十分重要的作用。而一个缺乏战略发展眼光的城市规划也必然制约城市的经济社会发展。

1979—1989 年，深圳在 10 年时间里进行了 5 次规划。

1979 年 7 月，中共中央、国务院批准在深圳试办出口特区。同年 12 月制定的《深圳市城镇发展规划》，将深圳作为发展来料加工为主的“三来一补”企业的生产基地。出口特区总用地面积为 10.65 平方千米，人口到 1985 年为 10 万人，2000 年为 20 万 ~ 30 万人。

1979 年 11 月，国务院批准深圳由县级市升格为地级市。1980 年 8 月 26 日，深圳经济特区正式成立。为此，省市共同组成的市规划办公室，编制出《深圳城市建设总体规划》。这次城市规划中的城市功能定位为“具有相当水平的工农业相结合的出口商品生产基地，成为吸引港澳旅客的游览区，成为新型的边防城市”。规划城区范围总用地 60 平方千米，城区人口规模至 1985 年为 30 万人，远期至 2000 年为 60 万人。

其后，市委、市政府在广东省和国家有关部门帮助下，历时一年，于 1982 年编制完成了《深圳经济特区经济社会发展规划大纲》，即第三次总体规划。这次规划将深圳的城市性质定位为“以工业为主，兼营商业、农牧和旅游等多功能综合性经济特区”。根据深圳特区地形狭长的特点，确定深圳为“多中心组团式带形城市”。规划到 2000 年总用地面积 98 平方千米，特区内人口到 2000 年为 80 万人。

1984 年 11 月至 1986 年 5 月，在中央领导指派的专家顾问组的帮助下，深圳进行了第四次城市规划修编。深圳市规划局和中国城市规划设计研究院深圳分院共同编制完成了《深圳经济特区总体规划（1986—2000）》。这次规划的最大亮点是将深圳的城市性质定位为“以工业为重点的外向型、多功能、产业结构合理、科学技术先进、高度文明的综合性经济特区”。空间布局仍采用多中心组团式结构，确定到 2000 年规划区域总用地面积 122.5 平方千米，总人口 110 万人。

1988 年 10 月，国务院批准深圳为计划单列市，并赋予其省一级的经济管理权限。城市地位提升后，深圳对城市规划进行了重新修编，深圳市规划局和中国城市规划设计研究院深圳分院于 1989 年年底编制完成了《深圳经济特区总体规划图》。这是深圳建市 10 年时间里进行的第五次规划。确定城区范围总用地面积 150 平方千米，到 2000 年城市人口规模 150 万人（其中户籍人口 80 万人，暂住人口 70 万人），规划了未来的城市中心区。将深圳的城市功能定位为“以科技工业为基础，金融贸易、第三产业为先导的国际性城市”。1992 年 11 月，深圳经济特区实现农村城市化，特区内 68 个行政村全部撤销，改为居民委员会建制。同年末，国务院批准撤销宝安县，将其划为宝安区、龙岗区。

如此频繁地制定和修订城市规划，在中国城市发展史上并不多见。纵观其过程，反复修订城市规划的原因，一是深圳经济特区的定位在不断提升，二是对深圳经济特区超乎寻常的发展速度始料未及。10 年间，深圳的经济总量以年均 40% 的速度增长，发展速度之快，世所罕见，从领导到具体做规划的人员，无论怎样大胆预测，穷尽想象，也预见不到。

总体上讲，前 5 次城市规划，改善了深圳投资的环境，有利于经济建设和环境建设的基本协调。但是前 5 次规划，在规划覆盖面积、城市开发规模、城市功能定位方面都有很大的局限性。

这5次规划的总用地规模分别为10.65平方千米、60平方千米、98平方千米、122.5平方千米、150平方千米，人口规模到2000年分别为30万人、60万人、80万人、110万人、150万人。这与深圳市后来的发展实际状况差异悬殊。事实上，5次规划中每个时间节点的人口数量都很快被突破了。到了1995年，深圳全市常住人口规模已经400万人。深圳市国内生产总值已经位居全国各大城市第七位。外贸进出口总额多年位居全国各大城市之首。以失准的城市经济总量、产业规模、人口规模的预测来确定城市建设规模，必然导致城市的道路交通、供水、供电、通信、空港、海港等基础设施，以及教育、科技、文化、医疗卫生、体育等各项社会事业陷于捉襟见肘的被动局面。前5次规划的不足和欠缺，对深圳的城市建设、经济社会发展，在客观上产生了一定影响。

面向国际、面向未来，高起点编制城市发展规划

我深感重新编制深圳市城市发展规划的工作十分必要而且紧迫。我从1995年主持市政府工作时，就开始部署对城市发展规划进行全面修编。1995年11月，市政府举行深圳市城市规划咨询会，就城市规划中的重大问题向有关专家咨询。市规划国土局组织深圳城市规划设计院、中国城市规划设计研究院深圳分院及深圳市政工程设计院，开展城市总体规划的全面修编工作。

我要求规划修编组："必须有战略眼光和国际视野，面向国

际、面向未来，创造出无愧于深圳、无愧于时代的杰作。规划不仅要考虑今后20年，还必须具有未来50年甚至100年的前瞻性，即使岁月流逝，也经典永恒。深圳的城市功能、城市面貌和城市的精品建筑要一直保有自己的文化底蕴和内涵。”

为了使规划达到“国内领先”“国际一流”的水准，我们特别邀请了5位中外顶尖的专家作为市政府的技术顾问，其中，国际上知名度最高的10位规划设计师，深圳请来了5位，为我们进行城市规划修编出谋献策。他们是原建设部副部长、两院院士周干峙先生，日本横滨大学客座教授、世界建筑师协会竞赛委员会委员长岛孝一先生，香港建筑师学会会长钟华楠先生，美国麻省理工学院教授、美国建协主席力利·海克先生，中科院院士、清华大学规划研究所所长吴良镛教授。这些专家的指导和参与带来了先进的设计理念，给深圳城市规划注入了时尚的国际元素。

我和规划修编组的同志研究确定了规划的五项基本要点。

第一，对城市功能和发展目标进行科学准确的定位。将深圳定位为华南地区经济中心城市，到2010年建成现代化国际性城市。继续发挥经济体制改革的试验场作用和对外开放的窗口作用。经济发展方针以科技创新为动力，高新技术产业为先导，先进制造业为基础，加快发展金融、商贸、信息、物流、旅游等第三产业。

第二，加强深圳与区域间各城市在发展规模、资源匹配、市政基础设施等方面的衔接。一方面，加强与珠三角经济区其他城市的协调与衔接，使深圳既能发展好区域经济中心城市的作用，又能利用好区域资源和市场的强有力依托，实现区域协调有序发展。另一方面，把发挥好香港在金融、贸易、国际航运、过境交通等方面的功能优势摆在极其重要的位置，对港口城市、过境口岸、城市基础设施、产业发展、环境保护等城市功能都要做妥善安排。把深圳建成连接内地与香港、陆海空通达国内外的区域性综合交通枢纽。

第三，相对集中地布置 9 个规模不等、功能各异、配套齐全的功能组团。在城市空间布局上形成西、中、东“三条轴线”，市级、区级、镇级“三级城市中心”，以逐步形成有特色的梯度推进的全市整体发展态势。

第四，扩大规划覆盖面。规划的范围从特区 327.5 平方千米扩大到全市 2 020 平方千米，覆盖到全市每一个镇、村，加快村镇的城市化、现代化进程，推进全市范围内的区域分工协作体系的形成。

第五，坚持科学兴市的战略思想，突出教育、科技、文化、卫生、体育和旅游设施在城市发展中的地位。重视城市总体形象的塑造，体现以人为中心、关注广大普通市民利益的人本主义原则。

规划修编组的同志们日夜奋战，搜集资料，现场勘查，研讨论证，共完成 28 个专题研究报告，编绘出《深圳市城市总体规划》说明书、文本和图册。各种文件共约 100 万字，堪称鸿篇巨制。1996 年 2 月完成《深圳市总体规划（1996—2010）》（本节以下简称《规划》）初稿，在市博物馆公开展示 30 天，征求广大市民的意见，共征集到 1 万多条公众意见。其中一位市民写的万言建议书，长达 29 页；最短的意见只有一个字：“行！”这是一个 7 岁的孩子写下的。

我们吸收采纳了群众意见中有益的建议，对《规划》进行修改补充。1997 年 1 月，市人大常委会审议通过了《规划》，即深圳市第六次城市总体规划。之后上报广东省人民政府审查，并于 1998 年再上报国务院批准。

1999 年 6 月 23 日，第二十届世界建筑师大会在北京召开，国际建协主席莎拉女士将“艾伯克隆比爵士奖”授予深圳市规划国土局。该奖项是国际规划建设学界的最高奖项，深圳市获此殊荣值得自豪。

为保《规划》通过审批，只得“小写大做”埋伏笔

人口规模的预测，是编制城市规划的基础数据，它关系到城市供水、供电、交通等基础设施建设规模，以及学校、医院、文化、旅游等社会设施建设规模的预判。吸取前 5 次规划对城市人口规模估计严重偏低的教训，规划编制组对未来城市人口进行了大胆的预测，但是广东省有关部门是否同意深圳的超前规划尚不得而知。为了使《规划》在将来报批时能顺利通过，市规划国土局局长刘佳胜亲自赴广州到省建委去“摸底”。省建委负责人问：“你们要规划多少人口？”刘佳胜回答：“有两个考虑，一是 800 万，二是 600 万。”话刚出口，省建委负责人一脸的惊讶和不解：“这怎么可能？省会广州的人口才400多万！”言下之意是深圳的人口和城市规模不能超过广州。省城之行，刘佳胜失望而归。

省建委这一关通不过怎么办？深圳市领导和规划编制组研究

后决定“小写大做”，即规划中表述为 430 万人口，但是城市基础设施的建设规模，以未来城市常住人口 800 万考虑，再乘以 1.5 的系数进行编制。后来 10 年、20 年的城市发展证明，当时的决定是深圳城市规划、建设史上的精彩“伏笔”。

致力完善城市功能，高标准建设现代化城市

城市建设是百年大计。现代化国际性城市，必须有完备的城市功能和基础设施，高质量、高水平的城市建筑，塑造独特的城市风貌和整体形象。

搞好城市建设，城市基础设施建设要先行

城市基础设施水平和城市功能的完善程度，是城市现代化的重要标志，决定着城市未来发展的前途。深圳市政府自从 1995 年以来就把大力加强城市基础设施建设摆在优先发展的地位，保持城市功能的适度超前，许多项目都是为了将来十年甚至数十年的城市发展需要而兴建的。这既需要经济实力的支持，更需要高瞻远瞩的眼光。1995 年 1 月至 2000 年 3 月，深圳用于城市基础设施建设的投资为 540 亿元，投资密度居全国大中城市首位。城市基础设施体系比较完备，可以满足未来经济社会发展的需要。

一是构建了四通八达的城市道路交通系统。地铁一期工程于 1998 年 12 月开工，在我调任北京后的 2003 年年底建成并开通运营；完成了市内交通的 3 年整治，总投资 117 亿元；拓宽了深南大道、北环大道等市内道路 29 条，总长度 103.33 千米，建成了

滨海大道、机荷高速公路；建成了大型立交桥 19 座，基本上解决了当时深圳市内出行的塞车问题。5 年建设高速公路 105 千米，其中 63.6 千米在我离任前已建成通车，初步形成了与珠三角地区主要城市相通的高速公路网络。

图 5.1　深圳市华强北立交桥

二是加强水利工程建设。水曾经是制约深圳经济社会发展的瓶颈。1995 年 4 月 23 日，罗湖小区治涝工程开工，1996 年 5 月 23 日竣工，从此结束了罗湖小区“十年九淹”的历史。

1996 年 11 月 30 日，深圳东江供水一期工程正式开工，年供水 3.5 亿立方米，于 2001 年 12 月 28 日竣工，总投资 37.99 亿元。而且因为在一期工程施工中，我们就提前把二期供水工程的 74.3 千米的穿山输水隧洞等大部分工程量一并完成了，所以，于 2006 年 2 月 8 日开工、2010 年 11 月 26 日竣工的东江供水二期工程，总投资仅为5亿元，年供水能力3.7亿立方米。1995—1998年还建设了东深三期供水工程。深圳市建成了完善的供水网络。

三是加强了空港、海港建设。深圳黄田机场二期工程于1998年年底竣工。机场旅客吞吐量达到525万人，位列全国第四，并成为全国四大航空货运中心之一；盐田港二期工程和西部港区扩建工程于1999年竣工。海港集装箱吞吐量达到300万标箱，位列全国沿海港口第二位，世界第十一位。

图5.2　深圳市盐田港集装箱码头

四是续建完善了12个一类口岸、5个二类口岸，形成了陆海空全方位开放的口岸体系。改革后的口岸管理水平逐步向国际惯例靠拢。与香港的一些重大基础设施建设的合作，取得了实质性进展。

五是新增供电能力302万千瓦小时，邮政电信网络逐步完善。

5 年内投入 84 亿元改造通信工程，人均拥有电话量达到发达国家的水平。

六是住宅建设成效显著。1999 年人均居住面积达到 15.3 平方米，比 1994 年增加了 3.2 平方米。

七是统一规划，统一设计。分片集中开发了罗湖商业区、南油工业区、华侨城及上步商业区等大型功能区。另外，于 1998 年 12 月以首批六大重点工程为先导的深圳市“中心城”的开发正式开始。

做好城市总体设计，塑造城市整体形象和精神气度

城市设计和环境设计是对传统的城市规划与建筑设计观念的深化和发展，是把美好的城市规划变成现实的桥梁。现代化国际性城市应该“形神兼备”，经济发达是“形”，精神文明是“神”。不仅经济发达、一派生机，而且城市功能和基础设施完备；不仅具有良好的整体建筑形象，而且要有奋发向上的精神气度；不仅市场繁荣，而且教育、科技、文化、医疗卫生、体育等各项社会事业发达，物质文明和精神文明建设协调发展；不仅对内具备示范、辐射、带动作用，而且具备较高水平的对外开放程度，与世界各地联系便捷，经贸投资活动活跃。

我们在进行城市设计和环境设计过程中，以建成现代化国际性城市为目标，力求博采众长，形成自己的特色。注重建筑单体与群体的协调、建筑与环境的和谐，营造繁华、文明、独特的现代都市的风貌。

以花园式和文明城市为目标，高效能管理好城市

城市环境和综合效率是城市文明程度的重要标志。学习借鉴中国香港、新加坡的经验，加强环境综合整治和社会治安综合治理，努力提高城市管理水平和效率，营造文明、祥和的生活环境和社会环境。

首先是整顿市容市貌，加强城市环境综合治理，搞好城市净化、绿化、美化。我于1994年11月5日到深圳任职，那时的深圳除了深南大道是上下六车道，其余的市内道路基本上是上下四车道，宝安区、龙岗区还有一些沙石路面。供电线、电话线都是明线，悬挂在马路两侧的电线杆上；树上、电线杆上贴满了“专治性病”等各种小广告；马路两侧卖煮玉米、炒粉的小商贩，把洗碗水顺手泼在马路上。整治“脏、乱、差”，整治乱张贴、乱摆卖，消灭卫生死角的工作量极大。尽管三年来环境综合治理取得了明显的成绩，但是仍然存在许多卫生死角。1998年8月1日，书记、市长率四套班子以及驻港部队首长、驻深武警部队首长，带领10万军民头顶烈日，到清水河仓库肉联厂对面空地，清理密密的杂草和垃圾，向全市210多个点的“脏、乱、差”发起“总攻”。

5年拆除违章建筑1 300万平方米，清理非法占地，改善市容市貌。开展三年城市交通整治工程，拓宽40条主次干道及路口渠化，改造交通信号和路灯设施，美化路容路貌。

加大城市绿化美化建设力度，使城市森林覆盖率达到53.8%，

建成区绿化覆盖率达到44%，初步形成了园林式风貌。

实施灯光夜景工程。1996年制定了《深圳市灯光环境工程总体构架及规划重点》，两年来建设了一批重点地段和建筑物的灯光夜景，深圳的"第二轮廓线"更加优美。1998年还实施了入关"城门""关口""通道"的树形象工程。

特殊的历史背景和建设条件，使深圳在城市发展中面临许多突出的难题，如数量巨大的外来流动人口及出租屋管理问题、社会治安综合治理问题、"黄、赌、毒"问题等，解决起来难度非常大。市委、市政府大力加强社会治安综合治理，严格实行领导责任制，党政一把手是第一责任人，分管领导负主要责任，管理部门负直接责任。加大"严打"力度，严厉打击凶杀、绑架、"两黑"、"两抢"、盗窃和经济领域犯罪活动，刑事案件逐年下降。坚决扫除"黄、赌、毒"，严厉打击"黄、赌、毒"的经营者、策划者和后台势力，处理了一批有影响的大案，各类社会丑恶现象得到有效遏制。抓住难点，逐步把外来流动人口管理和出租屋管理纳入法制化轨道。自1995年以来，深入开展创建安全文明小区活动，把治安工作落实到基层。同时，坚持依法治市方针，努力建设社会主义法治城市。5年来，市人大制定法规140余项，市政府颁布规章120余项。内容涉及经济体制改革、社会管理、城市管理等方面。经过艰苦努力，深圳社会治安一年比一年好，5年内实现了明显好转，在1999年全省社会治安综合治理评比中名列第一。深圳先后被评为"国家卫生城市""国家园林城市""国家环保模范城市""全国优秀旅游城市""全国创建文明城市先进城市"等称号。一块块熠熠生辉的奖牌，承载着深圳市人民辛勤的汗水，值得自豪。

图 5.3　1997 年 9 月 5 日，深圳市荣获“国家环境保护模范城市”称号

罗湖治涝终结“十年九淹”

我被调到深圳任职前，走访国务院有关部门时，有人诙谐地对我说，深圳这些年是“水深火热”，几乎每年都发生水灾和火灾。

南方多雨，洪涝常袭。20 世纪 80 年代乃至 90 年代初，由于城市基础设施建设尚未完善，深圳几乎是逢暴雨必被淹，罗湖区更是重灾区。下暴雨时，洪水肆虐街区，民宅店铺被浸，商家损失惨重，百姓叫苦不迭。

1994 年 9 月，时任副市长李广镇听取了水利规划设计院及水务部门关于解决方案的汇报。水灾过后，市领导到罗湖区调研，商讨解决方案。我上任后，加大工作力度，加快建设罗湖小区防洪排涝工程。历时 13 个月，优质高效的防洪排涝系统工程终于竣工，投入使用后，罗湖小区从此一改“十年九淹”的历史。

尼泊尔国王访深被水困

20 世纪 90 年代初，深圳曾发生了外国元首访问期间被洪水围困的“外交事故”。事故虽属偶然，但却反映出罗湖区“十年九淹”的窘况。

历史上的罗湖是宝安县的水田种植区，阡陌纵横，农桑处处。这里地势低洼，最低点海拔仅为 2.45 米，常年遭受涝灾，农户深受其苦。但由于邻近香港、交通便利的地理优势，改革开放之初，罗湖区是重点开发区。在进行城市规划时，设计者曾考虑把这低洼之地抬高几米，但因耗资巨大而财力有限，加上其他一些因素的制约，最后放弃了这个规划方案。

先天缺陷加上规划建设的硬伤，导致作为商业旺区的罗湖区频遭水淹。仅1993年和1994年就发生了4次特大洪灾。

1993年6月16日，大雨倾盆，天昏地暗，持续降雨5个小时，市区内降雨量达到256毫米，全市多区被淹，布吉镇一片汪洋。位于罗湖区的两家五星级酒店，地下车库被水灌满，上百辆豪华汽车泡在水里，酒店停业40多天。不仅商家被淹，交通也中断了，广深铁路布吉段山体滑坡，导致火车运行中断11小时40分。宝安机场被迫关闭4个小时，众多航班受阻，大量旅客滞留。市内交通更是早已瘫痪，寸步难行，厂商停产停业。全市直接经济损失达7亿多元。

时隔仅3个月，即9月26日，台风再次来袭，深圳水库记录降雨量高达429毫米，罗湖最繁华商业区水深2米。全市受灾人口13万，直接经济损失达7.64亿元。市委、市政府领导厉有为、林祖基、李友烈亲临现场指挥抗洪抢险，紧急转移市民一万多人。

这一天，尼泊尔国王偕夫人一行40人正访问深圳，入住位于罗湖区的富临大酒店，设在地库里的配电室被淹失效，酒店停电，贵宾们必须紧急转移。此时罗湖区已一片汪洋，无法行车。于是由市水务局找来两艘小船，把国王一行从一楼窗台接出来，乘船送到安全处，转移到位于南山区蛇口工业区的南海酒店。

时隔一年，深圳又遭遇了两场特大暴雨，即1994年7月22日和8月6日的特大暴雨，降雨量均在300毫米以上，罗湖区变成了“洪湖”，损失惨重，交通受阻，严重影响市民正常生活。

两年四场暴雨，罗湖区均遭重创。痛定思痛，罗湖区的市民强烈呼吁政府尽快采取措施，消除水患，让百姓得以安居，以使发展不受影响。

把“罗湖治涝”办成民生实事

洪水过后，时任副市长李广镇到罗湖区调研。1994 年 9 月，听取水利规划设计院和市水务部门的解决方案汇报。

1994 年 11 月 5 日，我到深圳任职。12 月初到罗湖区调研，听取了区长王顺生等区领导关于 1993 和 1994 年 4 次暴雨灾害情况的汇报，弄明白了罗湖区遭水淹的根本原因是大雨过后海水“顶托”，致使布吉河水面升高，河水倒灌。市水务局局长梁明和水利规划设计院汇报了关于罗湖区 6.29 平方千米的防洪治涝规划，我肯定其“围起来，抽出去”的治理思路。月底我再次前往调研，听取治涝工程方案。这两次调研加深了我对罗湖区水灾危害严重性和治理紧迫性的认识。

1995 年 1 月 11 日，我主持召开市政府常务会议，市政府把“罗湖小区防洪治涝工程建设”列为当年为市民办的“10 件实事”之首，要求在 1996 年汛期前竣工。

会后不久，我又来到布吉河、深圳河的一些河段，实地察看了罗湖小区防洪治涝工程规划中的施工地点，听取了有关部门对该工程准备工作的汇报。我强调一定要精心施工，把工程又快又好地建设起来，要求把工程建设的情况作为当年考察水务局政绩的一个重要内容。

1995年2月，罗湖小区防洪治涝工程设计报告完成。2月23—25日，设计审查会在小梅沙举行，我出席会议，听取专家对报告提出的意见建议。

根据提交会上审查的报告，工程实施的总体原则是“围起来，抽出去”。建设内容包括：一是将深圳河、布吉河7千米多的堤围加固加高2米；二是在罗雨干渠出口处建一座防洪水闸和一座大型排涝泵站，泵站装机6台，总抽排能力48立方米/秒；三是对原有堤围上的87个排水口进行封堵改造，截断河水上涨时倒灌的路径，等等。

我认为这个方案切实可行，建成后将能根治水患，治理好洪灾。我再次强调，这项工程是民生工程，是市政府今年为市民办的“10件实事”之首，务必保证工程质量，按“五十年一遇”的

图5.4　1997年，深圳市委书记厉有为（右四）和我（右五）现场研究防洪救灾方案

标准建设。工程的实施由水务局牵头，各有关部门配合。抓紧施工图设计，落实建设资金，通过招投标选择好施工队伍，确保在 1996 年汛期到来之前竣工。

艰苦奋战，工程如期完成

1995 年 4 月 23 日，承载着百姓殷切期待的水患治理工程终于正式开工。工期紧迫，时不我待，所有施工单位夜以继日，全力以赴。建设队伍施工作业一律实行“两班倒”，从早上 6 点半一直干到晚上 9 点半，一天当作两天用。

罗湖区是繁华的金融、商贸区，高楼大厦林立，道路纵横交错，地下水、电、通信等管线十分复杂，施工难度很大。而迁移管线要取得规划国土、城管、环保、交管、海关、边防、供水、供电、通信等多个部门的支持，哪个部门不配合都将影响工期。由于有关部门紧密协作，主动提供原有相关图纸，并到现场协商迁移方案，使管线迁移工作得以顺利进行。

为了确保罗湖小区防洪排涝工程顺利建设，保持建设力度和速度，1996 年 2 月 7 日，市政府决定，把一期、二期工程合并建设，一次性完成。

经过 13 个月的艰苦努力，罗湖小区防洪排涝工程按期竣工，1996 年 5 月 23 日成功进行了试运行，全体工程技术人员和罗湖百姓为之欢欣鼓舞。鉴于此工程意义之重大和建设之艰苦，我应邀为工程的主项目“罗雨泵站”题字，期望罗雨泵站长久造福罗湖人民。

罗湖小区防洪排涝工程在后来的大暴雨中经受住了考验。香

图 5.5　深圳市罗雨泵站

港回归后一个月，1997 年 8 月 2 日，“9710” 号台风正面袭击深圳，全市普降暴雨，罗湖区 24 小时内降雨量达 218 毫米，洪水暴涨，布吉河水位达到 3.68 米。尽管如此，加高了的堤防牢牢地挡住了深圳河、布吉河咆哮而来的洪水，区内全部泵站高速运转，高效排水，暴雨期间，小区内没有发生任何水淹情况，交通系统运行正常，市民生活、社会秩序井然。

罗湖小区防洪治涝是我来到深圳工作后抓的第一个工程，工程总造价 2 亿元，虽然工程不算很大，却是为深圳市民办的第一件实事，也是我任职期间比较满意的工程之一。

深圳“生命线工程”

“深圳”的“圳”意思是“田边的水沟”，“深圳”就是“田边深深的水沟”。当深圳只是一个小镇的时候，水沟里的水就够用了。但是，深圳 1979 年成为地级市，1980 年成为经济特区，1981 年升格为副省级市，1988 年成为计划单列市后，人口迅速膨胀，工业迅速发展，经济迅速增长，河流迅速被污染，“深深的水沟”干涸了。1991 年 8 月，国家水利部、建设部在天津市召开严重缺水城市水资源开发座谈会，深圳日均缺水 25 万立方米，与北京、天津等大城市一起，被列为全国七大最严重缺水的城市。

1991 年深圳大旱，境内不少河溪断流，水库接近干涸，供水严重不足。一些工厂只得停产外迁。市区很多地方每天只能供水 3 小时，还有 26 个居民住宅区连续停水一周。试想 10 多万人一周无饮用水供应、无水洗漱、无法做饭、厕所不能冲洗是何等局面！怨声载道、吼爹骂娘都是正常的。缺水成为深圳市委、市政府和广大市民最关注、最头疼的问题。

接力棒在历届领导手中传递

1992 年 3 月，水利部、建设部和广东省召开《深圳市供水水源规划》专家评审会。时任深圳市市长郑良玉同志为了能邀请到全国以及广东省的顶级专家出席评审会，他在每一张请柬上亲笔签名，以表达对专家们的敬意和诚意。评审会开幕那天，郑良玉市长带着副市长李广镇、李传芳出席开幕式。水利部张春园副部长做了书面发言，建设部侯捷部长给会议发来信函。从国家到地方政府，对解决深圳供水问题给予如此高度的重视，这给与会专家们留下了深刻印象。

原来，深圳境内有5条相对较大的河流——深圳河、茅洲河、观澜河、龙岗河、坪山河，但是都已被严重污染。先把这5条河治理好再用水显然不现实，而且水量也不够。解决深圳水荒的根本出路是从深圳境外引水。

深圳境外水源最近的只有东江。1993年6月，我的前任厉有为同志就曾带队前往东莞市商谈，想要从东江流经的东莞市企石镇引水。从人家的地面上引水能白引吗？而且要开沟挖渠占地施工就要征地。东莞方面提出每亩征地补偿费16万元，还不包括对地面农作物的赔偿。这样算下来，仅征地补偿费就要近10亿元，这在当年简直是天价，深圳无法接受。而且东莞方面还提出，深圳要沿着引水线路的走向，给东莞修一条等长的、120米宽的高速公路。后来省水利厅乃至时任广东省副省长都曾出面协调，但谈判还是搁浅了。

我来深圳之前，曾在国家超大型化工企业和化工部任职。化工企业都是用水大户，水资源不仅与百姓民生息息相关，还是制约社会经济发展的非常重要的因素。所以，对水资源问题的格外重视已经成了我的工作习惯。我来深圳不久，就把水务问题列作工作重点。1995年，在我当选为深圳市市长以后，市水务局长梁明率先来汇报工作。

既然和东莞谈不拢，就不要“总吊在这棵树上”了。1995年，我带领水务局、计划局、规划局、科技局一行十几人开车东行，沿江踏勘，寻找最佳取水位置。我看中了河源市。河源市境内的东江是上游中的上游，一级水质。新丰江水库面积非常大，几十平方千米水面，十几米水深，清澈见底。如果深圳和香港从这里每年取水 20 亿立方米，就可以一劳永逸地解决深圳和香港两地用水问题，近期和远期用水都够了。大家看到这么好、这么多的水，都很兴奋，于是立即与河源市政府取得了联系。

河源市是贫困地区，为了防止水库污染，不能发展工业。深圳需要引水，河源需要创收，一拍即合，何乐而不为？河源市民风淳朴，容易满足，双方很快达成了共识。我至今还记得，河源市市长送我们返回深圳，送了一程又一程，途中休息时还高兴地唱起当地客家山歌，为大家助兴。

眼看深圳市供水问题有望解决了，河源市也可以改善经济状况了，但是省水利厅不批。

反复踏勘，艰苦谈判，“东江引水”见曙光

省水利厅自有不批的道理，深圳怎能违抗？我们只得另找目标。

后来，市委书记厉有为和我再次带队考察踏勘，最终选定了从惠阳市（当时惠州市下辖的县级市，现为下辖区）水口镇廉福地的东江左岸和马安镇老二山的西枝江左岸两个取水口取水。

这两个取水口都在惠州市市区的上游，污染较轻，二级水质，算是不错了。深圳市政府与惠阳市政府随即展开谈判。当时惠阳这座县级市的政府刚搬迁到淡水镇，淡水河的上游是深圳的龙岗河，严重污染的龙岗河水流到淡水，害得当地人民没水喝，

惠阳市政府的干部都要带着瓶装水上班。惠阳市领导对我们说："你们向我们要清泉，你们给我们的却是砒霜！惠阳自己还需要引东江水哩。"在这种情况下，谈判的难度可想而知。经过 8 个多月的碰撞、沟通、拉锯、磨合……双方终于互相妥协了。

1996 年 8 月 1 日，两市政府代表签署了《深圳、惠阳两市关于引水工程建设互相支持的协议书》。深圳永久性征地 2 000 亩、临时性施工征地 1 600 亩（施工结束后退还），除给付征地款外，又借给惠阳市低息贷款 1.3 亿元，用于帮助惠阳进行引水工程建设和兴建自来水公司。惠阳方面承诺在征地、拆迁、作物赔偿、办证等方面提供协助。

这是来之不易的谈判成果。至此，"东江引水"这个梦想，从深圳的"一厢情愿"，终于成为深圳与惠阳的"两情相悦"。我们看见曙光了。

省委书记亲自过问，"生命线工程"终于开工

谈判团队的任务完成了，接下来要紧锣密鼓地准备"实战"了。9 月 11 日，我带领副市长王炬和水务局、计划局、规划国土局的负责人到东江水源工程沿线检查工作。我们从深圳出发，依次察看了东江水源工程中的松子坑水库、东江廉福地取水口、西枝江老二山取水口、永湖泵站等关键项目，并与惠州市、惠阳市负责人就有关问题进行了协商。

检查结束后，我说："从检查的情况看，东江水源工程在技术上是可行的，造价是合理的。东江、西枝江水源比较充足，取水口水质也很好。这项工程是本届市政府为全体市民、为深圳今后

图 5.6　1996 年 9 月 11 日，我（右一）带队考察东江水源工程取水地

15 年发展所做的重大实事之一。这项工程对龙岗大工业区建设、对深圳‘第二次创业’将起到举足轻重的作用。”

我把这项工程定位为深圳“第二次创业”的“重中之重”工程，要求我市各部门都要全力给予支持和协助，要求市水务局争取尽快动工，确保这项工程在 3 年内完工。

水务局进行了战备动员，全局上下摩拳擦掌，只待上阵。但是，深圳、惠阳两市签下了协议，还需要省里批准。一应材料文件报了上去，却两个多月没有消息。深圳等不起呀！这项工程施工的工期还需要几年。早一天动工，深圳未来的发展就早一天有了水资源保障。分管副市长和水务局长多次去省里沟通仍无下文。我心急火燎，直接去广州向省委书记汇报，陈述深圳开辟第二水源的紧迫性。

省委书记答应亲自过问此事。一周后，他的秘书给我打来电话，让深圳派人到省水利厅去办手续。

1996 年 11 月 30 日，深圳市东江水源工程在惠阳市永湖输水隧洞口隆重地举行了开工奠基仪式。

没有水就没有生命。因此我把这项工程叫作“生命线工程”。深圳的“生命线工程”终于开工了！

图 5.7　1996 年 11 月 30 日，我（右）参加深圳市东江水源工程开工奠基仪式

天塌下来有高个儿顶着，出了事我负责

这项“生命线工程”理所当然地被列为深圳市头号重点工程，还被列入了广东省“九五”重点建设项目。水务局长梁明干劲十足，表示要倾全局之力，把它作为重点中的重点，核心中的核心，一定要高速度、高质量地将它建成精品工程。

但同时，我和梁明心中都十分担忧，因为我们向国家发展计划委员会呈送的深圳市东江水源工程开工报告一直没有批复下来，直到开工，我们也没有得到国家发展计划委员会的批复。深圳市和惠阳市签订了引水工程建设互相支持的协议，相当于男女两情相悦，双方愿意结婚；广东省批准了我们的协议，相当于家长同意。现在我们要生孩子了，但是准生证迟迟办不下来！

开工前，梁明问我：“怎么办？”

我对梁明说：“按计划开工！再也不能让老百姓陷入严重缺水的困境了！天塌了有高个儿顶着。上头要追责，也是处分我，处分不到你这一级别。你就好好干吧。”

直到1997年8月，在我们开工9个月后，国家发展计划委员会才批复了我们的开工报告。

至此，深圳市东江水源工程一期工程合法了。但是，我不仅要为一期工程负责，因为二期工程的部分工作量也是“违法开工”的。

深圳市东江水源工程横穿惠、深两地，输水干线全长106千米。为了尽量少占农田，输水管道主要修建在山里。全长106千米的输水干线，穿山隧洞就达74.3千米。输水管道和箱涵（横断

面是矩形的输水设备）的口径应该设计为多大？这要看引水的流量是多少。上级批准的流量是每秒 15 立方米，年供水 3.5 亿立方米。这个供水量 15 年以内是够用的，但是 15 年以后呢？ 20 年以后呢？

深圳引水必须考虑长远。年供水 3.5 亿立方米的东江引水工程被设定为一期工程。二期工程引水量仍然是每秒 15 立方米，年供水 3.5 亿立方米，到二期工程竣工，深圳从东江引水每年可达到 7 亿立方米。如果我们在一期工程中只按每秒 15 立方米的流量确定输水管道和箱涵的口径，那么，几年后，我们就需要重新谈判、重新征地，再修一条 106 千米的输水干线！而且其中还有 74.3 千米长的施工难度非常大的穿山隧洞！到那时，征地费、拆迁费、材料费、补偿价格等都必然大大提高，工程总投资和工作量都会增加很多。

绝不能那样干！

水务局的负责人和工程技术人员都非常有经验。他们在进行一期工程的规划、设计乃至征地时，就超前谋划，提前征好了二期工程的永久性用地；隧洞、箱涵的口径都是按每秒 30 立方米的规格，预留了充足的过水流量。只有把一期工程、二期工程结合起来统筹施工，才能大大节省投资，缩短工期，更有利于工程进度和质量。

但是，我们没有拿到国家发展计划委员会的批复文件啊！一期工程尚未得到批复，现在又要把二期工程中的一部分工作量套在一起干，谁敢做主开工？

这个主，只能由我来做。

我对梁明说："我们是国家干部，办事要从国家利益出发，从深圳市老百姓的利益出发。如果把一期工程与二期工程截然分开，一期工程的造价可能30亿元就够了。但是，几年后再建设二期工程时，征地、拆迁、补偿、人工费、建筑材料费都会大幅度涨价，二期工程的造价可能需要50亿元。这显然是不合理的。我作为市长，应该有担当。我负责两件事：一是与国家计委沟通，出了问题我承担责任。二是工程资金我负责按时、足额拨付。你负责一件事：高质量、按计划施工，按时竣工、供水。”

工程开工后，我大约每半年听一次工作汇报，有问题随时解决。2001年12月28日，东江水源工程全线竣工供水了！一期工程总投资37.99亿元，年供水能力为3.5亿立方米。

二期工程于2006年2月8日开工，2010年11月26日竣工。工程内容主要有两项：一是建设两个泵站；二是修建一条6千米长、直径3.3米的输水管线。工程总投资仅5亿元，年供水能力增加了3.7亿立方米，总供水规模为每年7.2亿立方米。

大自然为我们做证

深圳东江水源工程于2001年年底成功通水了。大自然好像要检验这项工程的作用和意义，在2002年、2003年、2004年，连续“制造”了3年大旱。那时我已被调往国家发展计划委员会任副主任，但是深圳的消息总是不时传来。水务部门的人自豪地说：多亏了那些年不要命地干啊，就好像预见到2002年、2003年、2004年会有3年大旱似的。2001年年底要是没通水就糟了，宝安就完了。2002—2004年那3年要是没有东江水，就不知道深圳要遭受多少经济损失了！更别说老百姓的饮水问题了！

这让我很欣慰。作为领导干部，永远不能丢掉忧患意识和紧迫感，要敢于担当。

我在东江水源一期工程开工典礼讲话时说："东江水源工程是保证深圳市民用水、工业用水的'生命线工程'。必须高质量、按计划施工，按期竣工投产，确保深圳市今后15年不缺水。"

从2001年12月东江水源一期工程竣工至今，17年过去了。现在深圳人口已超过1 500万，国内生产总值已超过两万亿元，深圳市的供水仍然是安全可靠的。

作为特例立项的深圳地铁

深圳经济特区成立以来，随着经济的持续、快速、健康发展，人口也不断增长。到1995年年底，深圳常住人口加上流动人口已经接近400万人。如何保障市民交通安全便捷，政府面临着很大压力。再加上深圳毗邻香港，作为我国重要的边境口岸城市，深港口岸过境旅客流量逐年激增。要保障深圳、香港之间的人流、物流通畅，深圳同样面临着很大压力。面对上述两大压力的叠加，深圳必须未雨绸缪，积极谋划应对全世界大城市的通病之一——交通堵塞问题。

为解决交通困难，发达国家300万人口以上的大城市，基本上都把建设地铁作为治堵的最佳选择。虽然我国家庭拥有汽车的数量比西方发达国家少，但是600万人口以上的城市，只靠地面交通工具仍无法有效解决道路交通拥堵问题。尽快修建地铁缓解交通压力，是深圳发展的现实需要。然而，因为当时我国的经济还不发达，国务院发文件明确指出，只允许北京、上海、广州三个城市建地铁，其他城市都暂停修建。为了争取国务院同意深圳建地铁，从1995年12月到1997年6月，我先后向4位中央领导汇报深圳建设地铁的必要性和可行性，最终得到了中央的大力支持，深圳地铁工程作为特例获准立项。

向在深考察的中央领导汇报：请求国家开一个特例

我第一次向中央领导汇报修建地铁的想法是在1995年12月6日。

1995年12月，一位中央领导陪同访华的古巴国务委员会主席兼部长会议主席菲德尔·卡斯特罗到深圳参观考察，5日下午6点抵达深圳，入住市迎宾馆。6日上午，中央领导陪同卡斯特罗主席参观考察中华自行车厂、康佳电子集团。下午，中央领导参观考察长城计算机公司、先科集团；卡斯特罗主席参观蛇口工业区、锦绣中华和中国民俗文化村。当天晚上，中央领导会见并宴请了卡斯特罗主席。

时任国家计委主任陈锦华说，1995年12月卡斯特罗主席访问中国，他全程陪同。卡斯特罗主席对他说："多年来想访问中国，这次看了上海、西安、深圳，深圳给我留下的印象最深。一个边陲小镇，15年时间建成了现代化城市，充分证明了中国共产党的路线是正确的。"在会见中，卡斯特罗主席向中央领导表示，要在古巴建设有古巴特色的社会主义。看了深圳后，他增强了建设社会主义的信心。

12月6日，在中央领导陪同卡斯特罗主席参观考察企业的间隙里，我向他汇报了深圳修建地铁的想法。

我在汇报中说，全世界大城市的通病有三个：一是交通堵塞，二是社会治安问题大，三是空气和水的污染问题多。为解决交通困难，发达国家300万人口以上的大城市，基本上都建设地铁。但是因为我国的经济还不发达，国务院目前只允许北京、上海、广州三个城市建地铁。

“城市建设地铁应同时具备两个条件：一是确实需要。二是该城市的财政状况好，有足够的资金来源，不向国家伸手要钱。深圳市现在的户籍人口加上常住人口已经接近 400 万，到 2000 年预计达到 800 万 ~1 000 万人，确实需要建设地铁。另外，深圳市的财政状况好，金融业的市场化程度高，有能力完全解决建设地铁的资金问题。所以请求国家能够开一个特例，允许深圳市建设地铁，希望国务院准予立项。”

这位中央领导非常耐心地听完我的汇报后，认为我讲的有一定道理。但因为这件事由国务院负责，他让我向国务院主要领导汇报。

1996 年 4 月 1—3 日，全国经济特区工作会议在珠海举行，3 月 30 日下午，出席这个会议的两位国务院领导先飞抵深圳考察。3 月 31 日上午，我向国务院主要领导汇报深圳市经济社会发展概况时，特别汇报了深圳市建设地铁的现实需要，以及建设资金的安排方案：深圳地铁的起步工程为“深港罗湖、皇岗 / 落马洲口岸旅客过境轨道接驳工程”。目前，深圳通往香港的单向高峰每小时最大人流为 5.5 万人次，这条地铁建成后，深圳地铁与香港地铁网连接，有利于深圳、香港之间人流、物流的通畅。

这位国务院主要领导听完汇报后也认为我讲的有一定道理，并让我专门向分管这项工作的另一位国务院领导汇报一次。

31 日下午 4 点，两位国务院领导乘船从深圳去珠海，我陪同前往。

“深圳的治安怎么样？”在船上，国务院主要领导问陪同的公安部副部长。

“比海南的情况好。”

这位领导转而对我说：“深圳市委、市政府还要下大力气抓好社会治安综合治理。”

“深圳、珠海、香港的国内生产总值是多少？按购买力平价法，三地的人均收入是多少？”领导接着问我。

“1995 年香港的国内生产总值是 1.2 万亿元；深圳的国内生产总值是 843 亿元，是香港国内生产总值的 7%；珠海的国内生产总值是 183 亿元，是香港国内生产总值的 1.5%。”

“要努力啊！”领导沉思几秒后自言自语。

我揣摩这位国务院主要领导当时在思考，我们经济特区要努力赶上去，实行社会主义制度的深圳和珠海，在两个文明建设上都要超过香港。

1996 年 11 月，国务院分管工业交通工作的领导同志视察深圳，11 月 18 日听取深圳市委、市政府工作汇报。我汇报了三项内容：一是 1996 年以来深圳市经济社会发展情况；二是深圳市“九五”计划的奋斗目标和 1997 年的工作设想；三是“九五”期间深圳市的若干重点建设项目，共 12 项。

在重点建设项目方面，我着重汇报了深圳市建设地铁的必要性、紧迫性和可行性，并提出了“深港罗湖、皇岗 / 落马洲口岸旅客过境轨道接驳工程”的建设思路。面对深港口岸过境旅客流量激增的现状，解决交通衔接的最佳方案是以地铁方式接驳。罗湖、皇岗 / 落马洲正线全长 14.61 千米，初期投资估算 60 亿元左右，所需资金由深圳市政府多渠道筹措解决，也可以考虑深港合资或以 BOT（建设 – 经营 – 转让）方式建设。该项目已列入中英关于香港与内地跨境大型基建项目协调委员会的工作日程，深港双方已就该工程的必要性达成共识。工程预可行性研究报告近期将正式上报国家计委。“我们考虑，这项工程具有一定的特殊性，而且建设资金来源也有保证，不会冲击国家正常计划安排。所以，请求国务院将本项目作为个案处理，作为特例，给予批准立项建设。”

这位领导听完汇报后表示，深圳市建设地铁，作为特例，需要两位国务院领导听汇报，并在《纪要》上签字才生效。他让我们准备好到北京汇报一次。

进京汇报，深圳地铁获准立项

1997 年 6 月 18 日，我和李德成、刘力华、张溯、王文贵、郁万钧以及地铁办、港务局负责人到北京向国务院领导汇报，国家计委、交通部、建设部、港澳办、口岸办负责同志参加。这也是我的第四次汇报。

我汇报了 3 个项目：深港罗湖、皇岗 / 落马洲地铁接驳工程；深港西部通道（跨深圳湾 5 千米大桥）工程；铜鼓通道工程。

我汇报完后，分管港澳事务的国务院领导首先表示举双手赞成。他认为，香港回归以后应有些大动作，把深圳地铁和香港地铁连接起来，这样往返通行就更加便捷了。

与会的国务院部门负责人叶青、赵宝安、毛家安、李瑞绅、张良栋等同志对深圳汇报的 3 个项目都表示支持。

分管工业交通工作的那位国务院领导在会上做总结时表示，他和分管港澳事务的国务院主要领导都支持深圳建设地铁，会后他们两人会签发《纪要》。按建设部的要求，地铁工程要再补充材料。这位领导还说，国务院领导已经圈阅批准铜鼓通道工程了，不必报国务院常务会了。深圳市对“抛泥区”的位置要再做论证，和珠海市、澳门沟通协商好。西部通道在香港下白泥登路区确定登路点。交通部、国家计委、口岸办要与港方协调好。

这位领导的总结讲话意味着，深圳汇报的3个项目都基本过关了，深圳市地铁项目作为特例，获国务院批准立项！

在一年半的时间里，为了争取深圳地铁工程立项，我们先后4次向中央领导汇报，最终结果令人振奋。

凝心聚力，一以贯之，深圳终于有了自己的地铁

国务院同意深圳修建地铁之后，深圳地铁工程建设进入了“快车道”。

1997年10月，常务副市长李德成向国家发展计划委员会汇报深圳地铁设备国产化方案。

1997年12月，国家发展计划委员会确定深圳市为地铁设备国产化依托城市。

1998年5月，国家发展计划委员会批准“深港罗湖、皇岗/落马洲口岸旅客过境轨道接驳工程”项目建议书，工程正式获得立项，并更名为“深圳地铁一期工程”。

1998年上半年，做完初步设计,1998年10月至1999年4月，完成施工图设计。

1999年4月，国家批准《深圳地铁一期工程可行性研究报告》，同时批准深圳地铁工程开工建设，一期工程包括1号线的罗湖至香蜜湖段和4号线皇岗至少年宫段，全长14.825千米，总

投资 79.85 亿元。

1999 年 5 月，深圳地铁一期工程被列为 1999 年国家重点建设项目。

1999 年 6 月，深圳市成立项目法人单位——地铁公司。

1999 年 10 月 22 日，市政府第 148 次常务会对地铁工程的初步设计进行预审。地铁线路延长后，全长 19.468 千米，初步设计概算为 109.97 亿元，按照预审提出的 13 项调整意见，调整后的概算为 105.85 亿元，平均造价 5.44 亿元 / 千米。设备国产化率不低于 60%。建设标准相当于广州地铁 1 号线、上海地铁 2 号线的水平，接近或达到国际先进水平（广州地铁 1 号线造价 6.88 亿元 / 千米，上海 2 号线造价 7.65 亿元 / 千米）。

我在会上做了如下总结。

第一，深圳地铁工程是跨世纪的重大工程，是民心工程，是有效解决城市交通问题的重要工程。市委、市政府高度重视。市领导为争取工程立项，亲自向 4 位中央领导汇报，国务院给深圳开了一个特例。

第二，市计划局、规划国土局、地铁办等部门做了大量的前期工作，要继续做好后续工作。整个工程施工期 4 年，至 2003 年年底全线竣工。

第三，成立地铁工程指挥部。我任总指挥，副总指挥李德成、王炬，下设办公室，成员由市政府有关部门以及地铁办组成。

第四，地铁工程是全市第一号工程，各部门、各单位都要全力支持，各部门依政策规定减免地铁工程各项收费。

第五，市计划局、规划国土局、建设局要尽快召开初步设计审查会。地铁线路延伸工程，要向国家计委做专项汇报。

第六，按内地－香港大型跨界基建协调委员会第三次会议纪要的要求，成立联合工作小组。深圳市派出 6 名代表，汤耀治副秘书长任组长，计划局张溯局长任副组长。

第七，科学馆站、天虹站的施工方案，由“明挖”改为“暗挖”，避免影响深南大道的交通。

第八，学习香港建设地铁的经验，地铁的地下设施和地面土地要合理开发利用，以减轻市财政的投资负担。

图 5.8　2004 年深圳地铁一期工程通车典礼

我于 2000 年 5 月，被调到国家发展计划委员会任职。在几任市委、市政府领导的指挥下，全市上下凝心聚力，一以贯之，地铁工程顺利竣工、运行，深圳人终于有了自己的地铁。在缓解深圳市交通拥堵方面，地铁发挥了重要作用。

花 20 亿元修建滨海大道

滨海大道，深圳的一条通衢道路，滚滚车流东西飞驰，犹如大川，日夜不息。它横亘在美丽的深圳湾畔，一路美不胜收。

市政府决定建高标准的滨海大道，建成环状快速交通网

深圳是以组团方式建设城市的，早期建设的组团从东到西分别是罗湖、福田、华侨城和南山。为此，需要配套建设快速干道，把各个组团串联起来，规划中的骨干道路为东西走向的北环线和南环线。

北环大道早为深圳人所熟知。1993 年 1 月，市政府决定对路宽仅 18 米的北环路进行拓宽。1994 年年初，其主道开通，对缓解交通紧张状况，改善投资环境和市民出行环境十分重要。但是作为快速干道，它的功能不全，只有双向四车道，快车道、辅道还没有建成，承载能力有限。线路也较短，在华侨城北边接入狭窄、简陋的侨香路，车行到此便遇瓶颈，时常拥堵。

快速干道南环路虽已建设，但从罗湖区修到了福田区广深高速路处便断了头，再往西则是一片海，远眺南山区，可望而不可即。

当时深圳发展很快，汽车保有量迅速增加，全市东西向车流

量每日已达20多万辆。阻滞的道路使各个组团之间往来不便，进而影响了投资环境和市民出行，影响了深圳经济特区的整体发展。以地处西部的南山区为例，该区基础设施相对不足，特别是交通状况相对较差，故虽地处特区内，但房地产价格却低于“关外”的宝安区。宝安区的房价每平方米可以卖到三四千元，而南山区的价格却只有两三千元。

区域发展的不平衡，引起了市人大代表的关注。在1995年召开的市人代会上，不少代表呼吁加大对城市基础设施的投资，促进各区域协调发展。

加快建设南环路，打破东西交通瓶颈，是广大市民的强烈愿望，是深圳发展的迫切需要。作为南环路重要组成部分的滨海大道的建设势在必行，且宜早动工。滨海大道规划全长9.6千米，东起滨河路上的广深高速公路高架桥，西至南油大道（后来被改为南海大道）。

然而，由于建这条路需要投资20亿元，市政府当时意见不尽一致。有人认为，花费太多而财力有限，需要慎重上马。

1995年3月10日，市政府召开常务会议，研究滨海大道项目的建设问题。

“滨海大道不到10千米，需要20亿元，平均每千米约2亿元，太贵了！”有人向在座的市规划国土局局长刘佳胜说。可能许多人也在考虑这个问题。

刘佳胜认认真真地解释：因为其中的7.6千米需要在深圳湾北侧海面潮汐带填海筑堤，填海工程量大，建设难度高，所需投资相应也多，造价相当于普通道路的四五倍。

接着，我给大家算了一笔账：“建这条路是需要不少投资，但我们不能只看花了多少钱，还要看能赚回多少钱。填海至少可填造出 6 平方千米的土地，价值几百亿元。而且建成后，会形成深圳市环状快速交通网络，市区东西南北往来便捷，全市交通状况会大大改善，办事的时间成本会大大降低。而且沿途和南山区的土地及房产很快会升值，对全市发展的促进作用更是难以估量。”

这笔账大家听明白了，会上再没有反对意见。

线路规划遭遇生态难题

滨海大道东段需要行经福田红树林自然保护区，据称这是东半球鸟类南北迁徙的歇脚、栖息地，内有珍稀植物 90 多种，栖息的鸟类有 250 多种，冬季高峰时，红树林沿海滩涂和水面上各种鸟类有 10 万只以上。

“滨海大道建设将破坏红树林，赶跑珍稀鸟类！”这一传言惊动了国际环保组织、国家林业局和省有关部门。有人担心，在这里修建道路不仅会毁坏红树林，而且将来车辆行驶产生的噪声会惊吓鸟类，致使其不敢驻足歇脚、觅食栖息，影响鸟类南北迁徙。深圳市人大曾于 1994 年 12 月 26 日出台《关于依法保护福田红树林鸟类自然保护区的决议》，强调经济发展、城市建设和环境保护应当同步。市人大也向市政府建议调整滨海大道两侧红树林自然保护区的红线范围。

市政府对此高度重视。我主持召开政府常务会议，专门研究滨海大道线路规划方案。这次会议特别邀请了市人大常委会主任李海东同志列席。与会人员畅所欲言，讨论热烈，为这一备受关注的建设项目建言献策。

我说："在滨海大道建设与红树林保护的关系问题上，首先要服从大局，两者兼顾，而不能取此舍彼。深圳的大局是什么?是改革开放，加快发展，这是全市400多万市民的利益。要在'路''林'兼顾的基础上形成一个各方可以接受的方案，要在全局利益与科学依据的前提下修建好滨海大道。"这一意见得到大家的认同。

会上，有关部门提供了三个线路规划方案供讨论研究。其中，"北线方案"向北朝深南大道绕大弯，缺点是因拐弯而大大降低车速，且与深南大道最近相距仅406米，有重合之嫌；"南线方案"是在海滨建高架桥经过红树林带，缺点是导致红树林与海洋断然隔离，有违保护红树林的初衷。这两个方案未被采纳。

市政府常务会议最终选定"中线方案"，即在红树林附近稍微往北绕行，这样可使红树林受到的破坏程度降到最低，又保证了快速干道上应有的通行速度。同时，增拨滩涂面积，按"占一补二"的比例人工培植红树林。红树林段还将设置声屏障进行隔音，确保鸟类活动不受干扰。

会后，市政府指派市环保局、规划国土局专程向国家林业局进行汇报，得到国家有关部门的同意和支持。至此，线路规划方案基本确定，滨海大道项目加紧筹建，准备动工。

攻克难点，国际水准的通衢大道建成通车

1995年4月，滨海大道填海工程开始动工。1996年，呼吁多年、几经周折的滨海大道的软基处理工程终于开工建设。深圳

湾畔机声隆隆，工程车辆来往穿梭，连绵不绝，沿海岸线工地热火朝天。

如前所述，滨海大道建设不能直接开挖、铺路，而是先要填海筑堤。深圳湾边地质为淤泥，最深达 12 米，人要是不小心滑落，会齐腰陷入，因此必须进行深度处理，筑牢基底。这是一项复杂、耗时的工程，难度大，要求高，如果处理不好，在道路使用过程中就会发生不均衡沉降，沿路所埋设的管线就会发生断裂，水管会冲天喷射十几米高；燃气管道的破裂泄漏就更危险，必然会酿成安全事故。可以说，填海筑堤成为滨海大道建设的关键性工程，决定着这条道路的质量。为此工程队精心施工，先用炸药把淤泥炸开，然后铺上土工布，再用石头压住，最后在上面填土。工程队移山填海，从西丽挖山取土，好几个山头被夷为平地，土石需求量之大可想而知。

填上土后，还需要等待土石方慢慢沉降，直至稳定。等待沉降的时间长达一年左右。

到 1998 年，填海区软基终于固结，进入下一道工序，即埋设地下市政管网和铺装路面。

滨海大道的建设始终坚持“质量第一”的原则，对标国际先进水平。填海如此，路面施工和用材也是如此。作为路面主材料的沥青有两种选择：一种是国产的，便宜但质量欠佳；另一种是进口的，比国产的贵 30%，但质量明显优于国产货，耐热性强，即使夏天高温也不会熔化。经过比较，我们最后选择了进口沥青，铺出的柔性路面平整、吸光，路感观感均好，且便于随时修正。

环保工程备受关注，为了减少项目建设对鸟类栖息、觅食带来的影响，我们在红树林段采取了绿化土坡隔音和设置声屏障等

图 5.9　1999 年 7 月，滨海大道忙碌的施工现场

措施，基本达到了生态保护的要求。

滨海大道要建设成兼具生态、观光功能的美丽道路，两旁的绿化带要色彩鲜明，层次丰富，季节变化明显，一年四季郁郁葱葱，鲜花不断，这意味着绿化工程技术含量要很高。

1999 年 9 月 28 日，滨海大道主车道胜利开通。市民闻讯后纷纷前来一睹风采。有点遗憾的是，此时大道还没有完全竣工，还没来得及“梳妆打扮”，行道树、景观树还都没有种好。

考虑到国庆假期即将到来，前来观光度假的市民会更多，9 月 28 日下午，我打电话给工程指挥部副指挥长刘佳胜，要求马不停蹄，加班加点，尽快完成后续工作。刘佳胜接到指令后，组织了一万多人的队伍，日夜奋战。他们在道路两边种上冬青树、葵树，从外地买来椰子树，又运来草皮，让滨海大道披上绿装，

图 5.10　1999 年 9 月 28 日，滨海大道主车道通车

驾车通过滨海大道犹如穿行在绿荫花海之中。

2000 年 4 月，历经 4 年建设的滨海大道全面竣工。工程总投资 19.22 亿元，包括海堤、软基处理、道路管网、桥梁等全部工程造价。

环状快速交通路网形成，市内交通明显改善

滨海大道双向八车道，不设红绿灯，行车速度快，交通能力

强，开通后意义重大。它大大缓解了中线深南大道和北线北环大道的交通压力。道路开通时，交通管理局对滨海大道车流量进行了测算，平均每小时的单向车流量达 2 000 辆，交通疏解、分流作用十分明显。

更重要的是，它与早年建成使用的滨河路无缝衔接，两路合一，形成了南环快速干线。南环线通过西边的南油大道、麒麟路与北边的北环大道、东边的东环路相接，由此形成了深圳环状快速交通网。后来，随着罗湖区和平路与春风路高架桥的建成使用，深圳环城大道宣告闭合贯通，标志着深圳交通实现了根本性突破，市区东西南北往来便捷快速。驾车环城走一圈，没有任何红绿灯，以每小时 70 千米的时速行车，大约只需要 60 分钟。

一子走活，全盘皆活。道路的便利带来了城市面貌、居住环境和投资环境的改善，促进了经济的发展。滨海大道像一条“黄金大道”，把沿途的华侨城、科技园、深圳大学、南油开发区带旺了，导致地价、房价攀升。其中深圳大学获政府划拨的几十万平方米发展用地，都是建滨海大道时填海填出来的。众多房地产开发商巧妙利用“滨海大道”概念，激发了市场效应，形成了当年楼市的“滨海大道热”。深圳特区报等媒体还以“滨海大道带旺西部楼市”为主题对这一市场热点进行了报道。

展现亚热带海滨城市风貌，
滨海大道化身一条彩带

滨海大道双向八车道，中间设有 6 米宽的绿化隔离带，另有两条辅助车道，还有行人道和休闲道。宽达 100 米的路面，堪

称“深圳第一路”。为了向人们展示深圳亚热带海滨城市的优美环境，滨海大道还配套建设了 100 万平方米的绿化面积，种植特色植物 200 多种，修建了一座 13.9 万平方米的大型生态公园和一个观景台。为此，设计人员还专门赴日本的筑波市、东京市参观学习城市绿化经验，努力把滨海大道建成一个色彩鲜明、层次丰富、季节变化明显的滨海绿化带，让市民一走上这条大道，便穿行在绿荫花海之中，真可谓一条大路、一条彩带、一路风景。每当夜幕降临时，它像一条绚丽斑斓的彩带飘落在深圳湾畔，无论高空俯瞰还是身临其境都美不胜收。每到周末和节假日，游人如织，市民们来到大道南侧的深圳湾公园观光游览，身心愉悦。

时至今日，20 岁的滨海大道历经风雨，质量依然非常好，从未大修过。景观依然很美，仍是深圳最漂亮的一条大道。

五洲宾馆为迎接香港回归而建

典雅庄重的五洲宾馆坐落在美丽的深南大道旁，雄踞于苍翠林木中。

在摩天大楼林立的深圳中心区，只有10层楼的五洲宾馆在高度上并不占优势，但硬件设施、知名度却非其他建筑所能比。它是深圳唯一的外事接待宾馆，一年四季各种活动接连不断，八方宾客络绎不绝，是政务和商务活动的重要场所，曾接待过新加坡前总理吴作栋、古巴前领导人劳尔·卡斯特罗等外国元首和其他世界政要。

这座宾馆是在特殊的历史背景下紧急建设的，是在极短的工期里以超常的速度建成的，在深圳的城市建设史上值得书写一笔。

香港回归前接待任务重，加紧建设新接待基地

当历史的车轮驶进1997年时，经历了百年屈辱的香港即将回到祖国的怀抱，鲜艳的五星红旗将在维多利亚港湾升起。

这是世界瞩目的大事，是神州大地之盛事，从中央到地方，有关省份都在准备迎接她的回归，与香港一河之隔的深圳当然更要加紧筹划相关事宜。我们预测，届时前往香港参加政权交接仪

式的中央领导、国务院相关部门负责人会很多，他们可能要在深圳做短暂停留，或举行重要活动，而深圳既有的接待基地远远无法满足那时的需要。

当时，深圳市的接待基地主要有两个：一是位于罗湖区新园路的深圳迎宾馆，二是位于笔架山的银湖旅游中心。这两个基地都是20世纪80年代建成使用的，供电、供水、采暖通风设备陈旧，且存在安全隐患，无法承担重大接待任务。为此，从1995年开始，政府投资改造、修缮原有的两个接待基地，对深圳迎宾馆的柏园、桂园、竹园、松园、兰园、荔园这6套别墅进行改造翻新，并拆除梅园别墅，新建桃园4套别墅。同时对银湖旅游中心的7套别墅进行修缮。这样，全市共有17套档次较高的别墅。贵宾厅、宴会厅、会议厅等也修葺一新，接待能力有所增强。

尽管如此，深圳的接待基地仍然满足不了需要，尤其缺少举办大规模、高档次活动的场所。假如在香港回归期间，中央领导要举行1 000人的宴会，深圳将无法完成任务。当时的香格里拉大酒店、富临大酒店、南海酒店等虽然都是五星级酒店，但最大的厅只能容纳500人同时就餐，而且这些酒店的设施、保密、安全等方面也不符合接待要求。

再者，无论是政府的接待基地还是全市的社会商业酒店，都没有同声传译系统的会议厅，无法举行国际性会议。从长远来看，深圳要建设现代化国际性城市，必须具备相应的外事接待能力和举办国际会议的条件。

考虑到这些实际需要和未来发展，1996年1月9日，市政府常务会议研究全年重点建设项目共33项，其中包括建设两个高级别的接待基地——五洲宾馆和麒麟山庄。麒麟山庄专门用于接待中央领导和重要嘉宾，五洲宾馆则作为外事接待、举办大中型会议使用。

1996年年初开始筹建的五洲宾馆的建设富有传奇色彩。市政府要求这座宾馆在1997年7月1日香港回归前建成交付使用，而筹建时距回归日只有一年多的时间，时间急迫，任务艰巨。规划、设计、建设者非凡努力的背后，许多故事鲜为人知。

限定14个月建成，只能成功，不许失败

决定建设五洲宾馆后，选址等相关工作随即展开。由于安保、环境和交通等方面的要求很高，选址必须慎重而又严格。规划国土局经反复踏勘，提出了三个地址备选：一是华侨城东边的一块地，二是大梅沙和小梅沙之间的一个半岛，三是深南大道南侧、新洲路西侧的现址。我与建设、规划国土部门和市外事办的负责人亲自到现场察看，经综合研究比较，最后选定了第三个方案。

时不我待。在研究选址的同时，设计方案招标工作也已紧锣密鼓地展开。一项设计方案通常都要四五个月才能完成，而这次给设计单位的时间只有20多天。尽管期限极短，但众多设计机构踊跃应标，在规定的时间里拿出了方案。经认真评审，层层筛选，深圳大学建筑设计院的方案最终被采用。

深圳大学所设计的五洲宾馆方案楼层不高，只有10层。楼层少的优点：一是工程量小；二是主体地基摊得开，楼层面积大，便于大兵团作战；三是梁柱少，易分隔；四是可以大面积使用玻璃代替墙体，省下垒墙时间。采用这个方案施工速度快，可以赢

得时间，而这正是工程所需要的，是政府所要求的。

市政府把建设五洲宾馆这个硬任务交给全市建设行政主管部门——市建设局，由该局具体牵头，全程负责。

市建设局局长丁明往表示："五洲宾馆占地5万平方米，楼高10层，功能复杂，以这样的工程量，常规建设需要3年半左右的时间，现在留给我们的时间只有10多个月，能不能按时完工我心里真没底。"他希望市政府制定出预备方案，以备五洲宾馆不能如期交付使用时启用。

市政府没有给他任何退路，严令他破釜沉舟，必须高质量地按时竣工。只能成功，不许失败！

就这样，丁明往接受了一个他进入建筑行业以来难度最大的项目。

重任在身的丁明往经一番思考后做出三个决定：一是请铁道部建厂局作为主施工队伍，这支队伍半军半民，组织能力和战斗力非常强，在建筑领域曾屡立战功；二是请京圳监理公司作为监理单位，这个公司品牌好，知名度高，经验丰富；三是安排建设局一名局长助理每天现场指导、监工，并及时向他汇报情况。

经过紧张的筹备，1996年3月，五洲宾馆正式动工。35家施工单位的2 000多名工人陆续进场，加入宾馆建设的大会战。工地上不分昼夜，热火朝天，紧张施工。

建筑工程一般都是在设计方案确定、施工图已经做好的情况下才动工建设，但这个项目建设时，施工图尚未完全绘制好，许多具体工程都是边设计边施工的。这就难免有返工的时候，给施工单位带来麻烦，可贵的是相关会战单位互相谅解，没有任何怨言。

建设期间，我多次前往建设工地检查工作，了解工程进度和质量，为建设大军打气鼓劲，要求各有关部门和各个施工队伍团结协作，紧密配合，战胜一切困难，共同完成这项紧急、重大而光荣的任务。

由于决策正确，指挥有方，组织有力，队伍一流，加上没有雨水天气影响，工程进度很快，不到一年的时间便完成了总投资86%的工程。

中央对深圳迎接香港回归的相关准备工作十分关心，关注着深圳接待基地的建设进展。1996年下半年，当工程如火如荼地正在进行时，中央办公厅有关领导率队前来检查工程进度，了解到进展顺利后才放心返京。

距离我们要求的竣工时间越来越近，按照常规施工，肯定无法按时交付使用了。怎么办？大家研究后决定：各楼层走廊由原计划的铺装大理石改为铺地毯。这样就省去了一道工序，抢得了工程进度。大块大块的地毯往地板上一铺，便大功告成，大大节省了时间。不仅如此，鲜红的地毯增添了喜庆、热烈的氛围，而这正是迎接香港回归所需要的，巧妙地与主题相吻合。看着这歪打正着的效果，大家喜出望外，庆幸紧急中随机应变地想出了变通的好办法。

1997年5月28日，宾馆终于竣工并通过验收，留下了宝贵的一个月时间给管理单位进行试运行，为香港回归日正式使用做各种准备。

从动工到竣工，这项工程前后仅用了14个月。用时之少、效率之高在各工程中是罕见的。这是“深圳速度”的体现，这样的奇迹，只有在社会主义制度下才能创造出来，只有在党委、政府坚强领导下的深圳特区才能创造出来。

五洲宾馆虽是仓促赶建出来的工程，但水平一流，质量优异，后来获得中国建筑工程鲁班奖。竣工至今已经20余年，仍然是深圳最繁忙的接待基地。

国务院领导为五洲宾馆题名

五洲宾馆筹备初期，考虑到今后的外事接待用途，名称拟为“深圳国宾馆”。适逢一位国务院领导来深，深圳请他为“深圳国宾馆”题名。

这位领导考虑后说：“钓鱼台国宾馆只有一个，在北京。这座宾馆立足改革开放的深圳特区，对外广迎来自五洲的宾客，不如就叫‘五洲宾馆’吧。”就这样，他随即挥毫写下“五洲宾馆”4个大字。这幅题字后来被镌刻在一块大石头上，立在五洲宾馆入口处，成为永久性的纪念。

五洲宾馆造型独特，庄重宏伟，周边绿树成荫，环境幽雅。宾馆内接待功能齐全，拥有174间客房，其中行政豪华房41间，配备3套总统套房。二楼的五洲厅顶高10米，面积1 500平方米，宽敞气派，可以举行1 000人同时用餐的盛大宴会，是为迎接香港回归而特建的大宴会厅，是深圳市目前最具代表性的宴会厅之一。三楼的国际会议厅具有多种语言同声传译功能，可举办各种国际国内会议。另设多个规格、面积不同的会议厅、会见厅、洽谈厅，可用于各类会议、论坛、讲座、宴会、签字仪式等。

1997年6月28日，深圳市第十届荔枝节酒会在五洲宾馆隆重举行。这次试运营取得成功，五洲宾馆以优异的条件和良好的服务赢得了各方嘉宾的称赞。在香港回归期间，深圳市顺利地完成了各项接待任务，交上了一份优秀的答卷。

深圳很需要这样的宾馆

香港回归后不久，1997 年 9 月 28 日，五洲宾馆正式开业，随后四方宾朋纷至沓来，业务量节节攀升。由于接待任务重，2001 年五洲宾馆新建成一栋副楼，新增一套总统套房、160 间客房和一个大型会议厅，接待能力进一步增强，成为深圳重要的接待基地。20 多年来，国内外政要、商贾名流络绎不绝，各种会议、论坛经年不断。

自开业以来，宾馆先后接待过党和国家领导人，以及 90 多个国家元首和政府首脑、200 多位副总理以上级别的重要外宾。

宾馆还承担了亚太经合组织部长级会议、全球脑库论坛、世界环境日纪念大会等众多重大国际性会议的接待工作，先后接待各类代表团 1 000 多个。

五洲宾馆留下了各国领导人的珍贵墨迹，新加坡前总理吴作栋留言："感谢您优质的服务，我的旅途十分愉快！"

"虽然我们在这个美丽的城市以及这间崭新的五洲宾馆只停留了 48 小时，但是我看到了一个 21 世纪的中国。"这是古巴领导人劳尔·卡斯特罗留下的感言。

2006 年，朝鲜最高领导人金正日到访深圳，下榻五洲宾馆。他对宾馆的设施和安保以及接待工作表示满意。

所有这一切，都彰显了五洲宾馆的尊贵与不凡。一位曾经下榻五洲宾馆的中央领导说，来深圳的外国友人很多，深圳很需要这样的外事接待宾馆。

据了解，2017 年五洲宾馆经营收入 1.7 亿元，与 1998 年的 1 700 万元相比，增长了 10 倍。这项当年的“应急工程”恒久保值并不断升值，成为政府的宝贵资产。

展望未来，随着深圳开放的不断扩大和现代化国际性城市的向前发展，五洲宾馆必将更加热情地张开双臂，迎接五洲宾朋，书写更加辉煌的篇章。

图 5.11　建成的五洲宾馆

世界名师规划深圳“中心城”

世界著名城市的形象，往往以其独特、杰出的建筑为标志。建设现代化国际性城市，深圳追求“形神兼备”。深圳“中心城”的规划设计是我担任深圳市市长那届政府借国际顶尖外脑打造深圳形象的一大力作——建设跨世纪的标志性建筑群。

位于福田中心区中轴线的1.8平方千米范围，早在1989年第五次编制完成的《深圳经济特区总体规划图》中就被预留出来，作为未来深圳“中心城”的用地。当时就明确，如果没有世界一流的设计方案，没有足够的财力，这个区域就暂不开发。那么大一块地空在那里10年，这件事本身就十分不容易。上海市徐匡迪市长在1998年10月来深圳考察时就说：“深圳规划先行。规划的控制让所有国内城市和国外来的人都刮目相看。”

1995年，市政府成立“中心城”设计咨询委员会，由分管城市规划、建设的副市长任主任。规划国土局、建设局、计划局等部门为成员单位。该委员会以市政府的名义邀请了5位国内外著名专家作为这次咨询活动的技术顾问。他们是美国的力利·海克先生、日本的长岛孝一先生、中国香港的钟华楠先生，还有中国内地的周干峙教授和吴良镛教授。

我对“中心城”设计咨询委员会的同志们讲：“作为深圳21世纪象征的中心城的建设，不仅对深圳的城市形象、深圳的经济文化发展很重要，而且对于‘香港—深圳—广州’未来国际性城市带的形成都将产生深远影响。‘中心城’的规划设计要集中国内外规划设计精英的智慧，体现人们对现代化城市的建筑文化、环境的最新认识和思考。”

设计咨询委员会决定对“中心城”设计方案进行国际招标。1996 年 8 月 14—15 日，设计咨询委员会用两天的时间对“中心城”的设计进行了国际咨询评议。来自法国、美国、新加坡、中国香港以及中国内地 5 个国家和地区的著名设计机构在评议会上展示了他们为“中心城”设计的模型，介绍了各自的设计方案。

时任建设部副部长叶如棠等中央有关部委领导，我和李广镇、李德成、胡政光、王炬、周长瑚以及有关部门负责同志参加了评议会。

对 5 个设计方案进行反复比较后，设计咨询委员会一致推选出美国李明仪事务所的设计方案。吴良镛教授代表评委会宣读了评议结果：该设计方案构思新颖而合理，总体布局合理有序而又具有灵活性，能适应建设发展中可能出现的变化。该方案设计的“中心城”内的建筑物有市政厅综合大厦、广场中心区水晶岛、中央主轴线绿化带、10 米宽步行街以及两侧的零售商店。在中心广场建一座铁塔，登塔南可望香港、西可观广州，将成为鸟瞰深圳市容的观景台。“中心城”主轴线以宽阔绿地带形成，绿地带内建有宇宙太空园、历史文化公园和世界名人园，既为市民所需，又符合生态环境的要求。该方案提出建一座水晶般通体透明的艺术性建筑，与市政厅相呼应。“中心城”内的水晶岛与地下空间的利用以及地铁站综合组织，不但在地面上形成标志，也在地下形成了市民活动的场所，经济实用又方便。

叶如棠副部长参加了两天的咨询评议会。评议结果出来后，他提出："希望深圳市能把这项跨世纪的宏伟工程规划好、设计好、建设好、管理好，使'中心城'成为深圳现代化、国际化发展进程中新的里程碑。"

1998 年 12 月 28 日，深圳"中心城"首批 6 项重点工程举行开工奠基典礼。它们是市民中心、少年宫、音乐厅、中心图书馆、电视中心、地铁一期工程。总投资估算 120 亿元，建成时间为 2001 年 6 月至 2003 年。

我在奠基典礼上致辞说："世界著名城市的形象，往往以其独特、杰出的建筑为标志。因为有了大歌剧院，悉尼这座年轻的城市成为世界名城；埃菲尔铁塔使巴黎百年生辉；曼哈顿岛建筑群是纽约作为世界金融中心的象征。深圳'中心城'建筑群寄托着深圳人民艰苦创业、建设国际一流城市的希望，它将成为深圳跨世纪的标志性建筑。"

我于 2000 年 5 月调离深圳去北京工作。首批 6 项工程在后来的三四年间陆续建成。但是，通过国际招标选中的"中心城"设计方案被修改，设计方案中的其他建筑——水晶岛、观景台、地下商城、10 米宽步行街、中央主轴线绿地带上的宇宙太空园、历史文化园和世界名人园等建筑群，至今已经无法跟深圳市民见面。这是我心中永远的遗憾。

第六篇

深化国企改革

深圳经济特区的国有企业从诞生那天起就面向市场，经营体制比当时内地国有企业的“大锅饭”“铁饭碗”好得多。但深圳的国企改革仍然面临诸多迫切需要解决的问题。1996 年 9 月召开的市委常委扩大会议做出了方向性的重大决策：一是在市国资委下成立三家资产经营公司，其有六大职能，核心是行使国有资产出资人的职能；二是推进国企产权制度改革，在竞争性领域大力发展混合所有制经济；三是明确国有企业与国家机关完全不同的职责。厘清“边界”，即使以今天的眼光来看，深圳当年深化国企改革的探索与实践依然可圈可点。

探索国有企业产权制度改革

深圳市属国有企业几乎是在一张白纸的基础上起步的，从20世纪80年代诞生那天起就面向市场，干部能上能下，员工能进能出，员工报酬与企业效益挂钩，可高可低，企业运行机制比内地的国有企业好很多。但是，深圳的国有企业在体制机制上仍然存在许多问题。比如，国有资产所有者不到位，缺乏激励机制、监督约束机制、竞争机制和技术创新机制等。因此，深化国有企业改革，搞活深圳的国有企业，做强做优做大，成为我在市长任期内的一项十分重要的任务，在我主政的5年半时间里，市委、市政府为深圳国有企业改革做出了艰辛的努力，并取得了丰硕的成果。

改革国有资产监管体制，建立国有资产授权经营制度

政府与国有企业之间的关系应该是，政府不能直接干预企业经营活动，企业也不能不受所有者约束，损害所有者权益。深圳市按照管好所有权、放开经营权、政府行使宏观调控权的思路，以建立国有资产出资人制度为核心，按照现代企业制度的要求，对国有资产的管理、运营和监管体制进行了大胆探索和改革。

为了加强对国有资产的管理，1987年7月，市政府成立了深圳市投资管理公司。1992年，市政府成立了深圳市国有资产管理

委员会（以下简称市国资委），下设办公室，作为市国资委的常设办事机构。1996 年 9 月，按照真正赋予资产经营公司出资人的职能和权力，根据不同的产业和资产规模，通过重组，市政府成立了三家市级国有资产经营公司。至此，深圳市形成了“国有资产管理委员会 – 国有资产经营公司 – 国有企业”三个层次的国有资产监管和授权经营新体制。

第一个层次：市国资委是市政府领导下专门行使国有资产管理职能的决策和领导机构，对全市的市属国有经营性资产、非经营性资产和资源性资产进行全方位宏观管理和监督，直接对三家资产经营公司行使管理权。市国有资产管理办公室是其日常办事机构。

第二个层次：市级三家国有资产经营公司，是市国资委授权的国有资产监管机构，是特殊的公司法人，是国有企业出资人，行使出资人的权力，主要承担两项基本职能：一是代表政府对授权范围内的国有资产，行使选择经营者、重大决策权、资产收益权等出资人的权利。二是从事国有资产的资本经营和产权管理，它不行使行业管理或行政管理职能。其与所属企业的关系不是上级与下级的关系，不是领导与被领导的关系，而是国有资产出资人与其控股的公司法人之间的关系。市级国有资产经营公司担负国有资产保值增值的任务，对市国资委负责。

第三个层次：市属国有全资企业和国有控股公司，按产权关系分别隶属于三家资产经营公司。它们是独立的公司法人，拥有公司法人财产权，依法自主经营、自负盈亏、自我约束、自我发展，独立享有民事权利，承担民事责任。

深圳市建立国有资产监管和运营体制的三个层次，第一个层次实现了政府的社会经济管理职能与国有资产所有者职能的分离，第二个层次实现了国有资产监管职能与国有资产经营职能的分离，第三个层次实现了国家终极所有权与公司法人财产权的分离。这三个层次有效地实现了政企分开，解决了国有资产出资人主体缺位问题，理顺了产权关系，加强了对国有企业外部监督约束机制，建立了以效益为目标的行为导向机制，进一步明确了国家和企业的权利和责任，国家按投入企业的资本享有所有者的权益，对企业的债务承担有限责任。企业依法自主经营、自负盈亏。政府不直接干预企业的经营活动，企业也要受投资人的约束，保护投资者的权益。

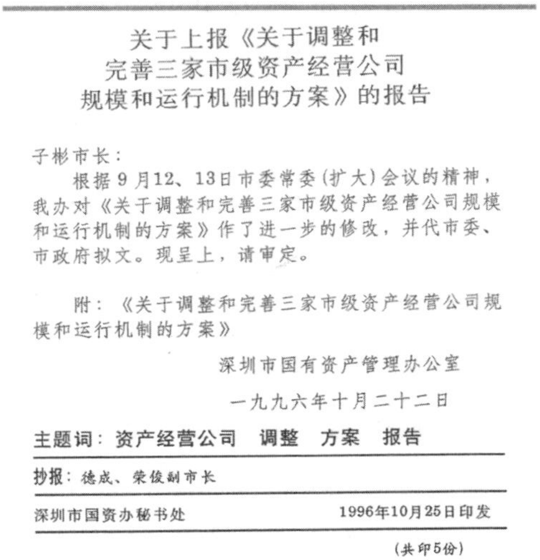
关于上报《关于调整和完善三家市级资产经营公司规模和运行机制的方案》的报告

子彬市长：

根据9月12、13日市委常委（扩大）会议的精神，我办对《关于调整和完善三家市级资产经营公司规模和运行机制的方案》作了进一步的修改，并代市委、市政府拟文。现呈上，请审定。

附：《关于调整和完善三家市级资产经营公司规模和运行机制的方案》

深圳市国有资产管理办公室

一九九六年十月二十二日

主题词：资产经营公司　调整　方案　报告

抄报：德成、荣俊副市长

深圳市国资办秘书处　1996年10月25日印发

（共印5份）

图6.1　1996年10月25日，深圳市国有资产管理办公室关于上报《关于调整和完善三家市级资产经营公司规模和运行机制的方案》的报告

大力推进产权制度改革，大力发展国有资本与集体、民营、外资资本互相参股的混合所有制经济

深圳市从20世纪80年代后期就出现了国有资本与外资资本合资的企业。10多年来，公有制实现形式出现了许多好的形式和做法。

在1997年10月20日市政府党组成员会议上，我给各位副市长布置了重点工作，同时提出自己要亲自抓好两件事情：一是调研我市公有制实现形式和转变企业经营机制的实践，坚决贯彻党的十五大提出的关于大胆探索公有制多种实现形式的精神；二是用两年时间基本解决市属国有大中型企业亏损问题。

我在这次会上讲道："我市国有企业与外资资本、民营资本实行混合所有制的做法，大约有10多年了，实践非常生动、非常丰富。但是我们的思想解放不够，学习不够，理论研究不够，宣传不够，推广力度不够。党的十五大报告提出大胆探索公有制多种实现形式，在国有企业体制改革的理论上有重大突破，是又一次思想解放，为深圳经济特区人民壮了胆。"

会议决定成立调研组，我亲自任组长，市委组织部、市政府办公厅、市体改办、市国资办、市经济发展局、市综合开发研究院、市社科院以及市级三家资产经营公司负责人为调研组成员。调研组于1997年10月至11月，对开发科技、中兴通讯、华为、万科、金地、赛格集团、南岭村股份合作公司、农产品公司等17

家多种所有制形式的企业进行了深入调研。

原电子工业部在深圳的下属企业——开发科技公司，成立于1985年，是由国家投资200万美元，占66%股权，外资企业以3项技术和国际市场作价入股，占34%股权，组成的国有资本与外资资本合资的公司。企业改制后迅速发展，1994年在A股市场上市，社会股占26%，国有股占50%，外资股占26%，企业总资产16亿元，净资产10亿元，国有资本从200万美元增值到5亿元人民币。

中兴通讯的前身是中兴新通讯设备有限公司，于1993年成立，注册资本300万元。国家股占51%，作价153万元，私营资本注资147万元占49%股权。国有资本控股，全权委托私营股东经营。中兴通讯于1997年10月6日上市，社会公众股占26%，国有股占43%，私营股占31%。企业发展迅速，1997年销售收入为12亿元，国有资本从公司成立时的153万元增加到2.1亿元，控制公司的净资产6.7亿元，控制公司的总资产9亿元。

在广泛深入调研的基础上，调研组总结出我市公有制实现形式可分为4大类、10种形式。从做优做强国有企业的角度出发，调研组提出，要大力加强国有企业产权制度改革，切实转变国有企业经营机制，建立现代企业制度，形成市委、市政府关于国有企业改革的基本思路。

在一些关系国民经济命脉的重要行业和关系人民群众切身利益的公益事业领域，采取国有独资的形式；农村的一些村镇采取社区所有制；在大量的竞争性行业，公有制经济普遍采取股份制、股份合作制的形式，并通过建立一大批国有与集体、国有与民营、国有与外资等互相参股的股份制企业，改变计划经济体制下单一形式的公有制。

实行企业产权制度改革以后，深圳市实现了国家所有权与公司法人财产权的分离，真正做到了政企分开，减少了企业对政府的依赖，也减少了政府对企业的行政干预。股份制的精华是建立完善的公司法人治理结构，实现企业资产所有权与企业经营权的分离，为培育出懂技术、会管理、善经营的职业企业家创造有利条件。通过改革，深圳市真正转变了企业经营机制，建立起了适应社会主义市场经济的激励机制、竞争机制、企业内部的监督约束机制、技术创新机制。

因此，应该在竞争性行业和领域加快国有企业股权多元化的步伐，采取多种形式，鼓励国有经济与非公经济的相互渗透和融合。

完善公司法人治理结构，
建立企业内部监督约束机制

董事会是企业经营决策中心，企业产权多元化之后，各方股东派人组成董事会。股东各方都要维护自身的利益和公司的共同利益，保证企业重大决策的科学化、民主化，推动企业管理的科学化和现代化。为发挥企业党组织的政治核心作用，党委书记要兼任公司董事长。1994 年，深圳市选择了 35 家企业进行现代企业制度试点。1997 年，深圳市颁布实施了 5 个操作性较强的工作暂行规定，包括《董事会工作暂行规定》《总经理工作暂行规定》《监事会工作暂行规定》《工会工作暂行规定》《党组织工作暂行

规定》，明确了各个机构的性质、地位、作用，划清责权，具体规定了其运作程序和工作方式，建立了目标一致、责权明晰、相互制衡、相互促进的现代企业领导体制。后来，市人大常委会将这5个文件上升为法规并颁布实施。

切实转变企业经营机制，激发企业的活力、创造力和竞争力

企业的生命力，在于有一个好的经营机制。如果企业没有激励机制，仅靠外力去推动、扶持，这个企业一定不能做强做大。如果企业内部没有建立起监督约束机制，仅靠外部的监督约束机制进行监管，就不可能完全避免国有企业资产的流失。

建立激励机制，就是要将企业所有者、经营者、劳动者的利益和前途与企业的兴衰成败连在一起，成败与共。这就要求我们进一步解放思想，转变观念，大胆探索建立企业内部激励机制的多种途径，改革分配制度，探索按劳分配与按生产要素分配相结合的新形式。

比如，深圳市实行了企业内部骨干员工持股试点。试点企业1993年为3家、1996年为35家、1997年为60家、1998年为146家。1996年，深圳市试行知识产权资本化，最高可占公司股权35%。知识和管理作为生产要素，参与企业的收益分配。深圳市对企业经营者实行年薪制或期权奖励等，根据企业经营业绩、企业资产增值、难度和风险，合理确定企业经营者的收入。同时，加强思想政治工作，进行理想、道德教育和爱国主义教育，研究精神鼓励的多种形式，建设积极健康向上的企业文化。

企业必须改革劳动人事制度，建立现代人才培训、管理体系。建立竞争机制，创造员工能进能出、干部能上能下的人才制度环境。

坚持党管干部原则和《公司法》相一致

对国有独资和国有控股企业干部的管理和选拔，既要保证党对国企干部人事工作的领导权和对重要干部的管理权，又要与股份制企业董事会聘任经营管理干部的办法结合起来。企业是生产经营单位，与党政机关相比，其性质和任务既有共性，也有个性。企业的主要任务是为市场和社会提供受欢迎的产品，向政府纳税，为社会提供就业机会。国有独资和国有控股企业的领导干部和党政机关干部一样，在思想上和政治上必须对党的事业绝对忠诚，坚定地信仰马克思主义和中国特色社会主义理论，同时要保证国有资产保值增值，不断提高企业经营管理水平，增强企业的竞争力和抗风险能力，把企业做强做优做大。

对国有企业领导干部的考核与任免，一定要把权力与责任统一起来。如果企业主要领导干部把企业搞垮了，搞破产了，或造成国有资产重大流失的，考核和任命这些干部的部门和有关人员，要承担相应的责任。要把管事和管人一致起来。

企业干部的管理链条不宜过长，一般说来，“下管一级”的办法更有利于看得准、用得好。

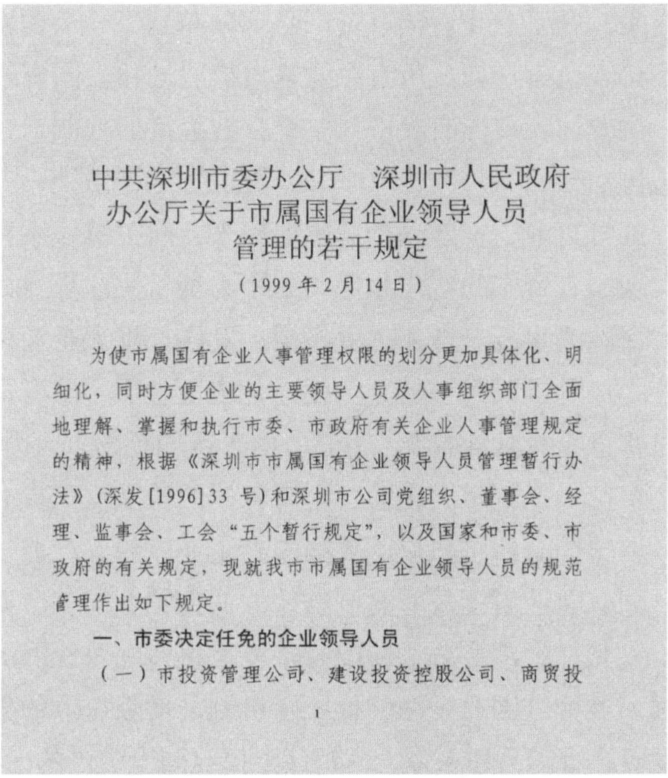
中共深圳市委办公厅　深圳市人民政府
办公厅关于市属国有企业领导人员
管理的若干规定
（1999年2月14日）

为使市属国有企业人事管理权限的划分更加具体化、明细化，同时方便企业的主要领导人员及人事组织部门全面地理解、掌握和执行市委、市政府有关企业人事管理规定的精神，根据《深圳市市属国有企业领导人员管理暂行办法》（深发[1996]33号）和深圳市公司党组织、董事会、经理、监事会、工会“五个暂行规定”，以及国家和市委、市政府的有关规定，现就我市市属国有企业领导人员的规范管理作出如下规定。

一、市委决定任免的企业领导人员

（一）市投资管理公司、建设投资控股公司、商贸投

1

图6.2　1999年2月14日，深圳市委办公厅、深圳市政府办公厅发布《关于市属国有企业领导人员管理的若干规定》

“抓大放小”，对国有经济布局进行战略性调整，对国有企业进行战略性重组

对于搞好搞活国有企业，延续多年的传统思路是把每一家企业都搞好搞活。实践证明，这样做既没有可能，也没有必要。在资源有限的情况下，国有经济必须有所为，有所不为。国有经济

起主导作用，并不意味着国有资产必须分布到每一个领域，国有资本也不必在所有产业、所有企业都占控股地位。国有经济起主导作用，主要体现在国有经济对整个社会经济的控制力、影响力上。调整国有经济的布局，一方面，通过“抓大放小”，国有资本要从一部分行业、一部分企业中退出来，向关键领域和大企业集聚，实现国有资本的优化布局。集中力量，关注重点，在关系国民经济命脉的重要产业和关键领域，发展一批大企业和大企业集团，使之成为国民经济的主力军。从表面上看，国有资本分布领域和国有企业的数量少了，但是，由于我们腾出了人力、物力、财力，集中精力抓好了大企业，国有资产的质量反而提高了。另一方面，调整国有经济布局，要同国有企业改组、产业结构的优化升级、国有企业解困及所有制结构的调整结合起来。要在国有企业中引入其他经济成分，使国有资本对整个国民经济的控制力得到加强。要推进国有企业转换经营机制，增强企业的生机和活力。要以资产重组为切入点，从整体上提高国有资产的内在质量。

大企业集团是经济发展的火车头。从发达国家的经验看，几家大企业集团往往可以带动和支撑一个产业，并为中小企业的生存发展创造大量的市场机会。大企业集团也是一个国家和地区竞争能力的集中表现。因此，必须按照市场经济机制，以产权为纽带，以名牌产品和名牌企业为龙头，合理配置资源，调整资产结构和企业组织结构，形成具有较强竞争能力和技术创新能力的跨地区、跨行业、跨所有制和跨国经营的大型企业集团，实现集约化经营和规模经济效益。从 1996 年开始，深圳市实施“三个一批”的发展战略，即形成一批支柱产业，培育一批大型企业集团，增加一批名牌产品。短短几年，取得了明显进展，形成了信息技术、医药医疗、保险银行、港口运输、能源交通等领域的一批支柱产业和重点大型企业集团，创造了一批名牌产品。发展大型企业集团，要在优化结构方面下功夫，从产品结构调整入手，重新构造企业组织结构，明确主导产业、名牌产品、若干骨干企业。

小企业在繁荣经济、扩大社会就业、增加财政税收、扩大外贸出口等方面，都发挥着十分重要的作用。要采取股份合作制、承包经营、租赁、联合、兼并、出售等形式，加快放开搞活国有小型企业的步伐。“放”仅仅是手段，“搞活”才是目的。中小企业问题是一个世界性的问题，是每一个国家的政府都必须面对的问题。支持、引导中小企业的发展是政府的一项重要职责，要切实建立起市场开拓、技术创新、人才培训、信息咨询等服务体系，积极帮助解决中小企业在生产经营过程中所遇到的融资难、新产品开发难、市场开拓难等问题。

技术创新是企业生命的不竭源泉

市场是企业的衣食父母，一个企业如果拿不出在市场上有竞争力的产品，即使其他方面再好，企业也没有生命力。产品卖不出去，就无法维持简单再生产，更无法扩大再生产。我国的国有企业，由于历史上的多种原因，现有的工艺水平和装备水平，达到发达国家 20 世纪 80 年代后期水平的，不到 50%。以现有技术水平和技术装备是难以与国际上的跨国公司竞争的。

一般说来，产品的更新、换代，都需要改变工艺，至少要改变设备。改变工艺是系统性的更新，要花大钱。改变设备，一般说来也要花钱。对国有企业进行技术改造，提高工艺和装备水平，实现产品结构和产业结构的调整、升级，赶超世界先进水平，是一项迫切而又艰巨的任务。建立企业的技术创新机制，增强企业技术创新能力，是另一个重要问题。一个国家、一个企业，如果没有良好的技术创新机制，没有建立自己的技术创新体系，只靠引进，就不可能在世界上领先，只能永远跟在别人后面爬行。

深圳市高新技术产业的快速发展，比较成功的经验之一是，建立了以市场为导向、以企业为主体、以全国高等院校和科研院所为依托的应用研究开发体系，比较好地解决了科学技术与经济紧密结合的问题，有力地促进了企业的技术创新和新产品的开发。截至1998年年底，全市521家研究开发机构中，有477家建在企业，占92%；全市科研人员90%在企业，研究经费的90%来源于企业。

以提高生产要素的使用效率为核心，大力提升企业管理水平，是企业永恒的主题

企业管理是企业生产经营活动的灵魂。管理水平上不去，即使体制条件和外部环境再好，也很难提高企业的效率和效益，很难在市场上有竞争力。在我国的国有企业中，有一些企业的管理水平比较好，但是大多数企业的管理水平不高。一些企业技术落后，管理更落后，基本上处在经验管理或传统管理的阶段。

管理是一门科学，产生于19世纪末，至今已经成为世界上

发展较快、应用较广的一个庞大的科学体系。从亚当·斯密提出“经济人”的思想，到1911年泰罗制的产生，标志着从经验管理转变到科学管理。从20世纪二三十年代产生的行为科学理论，到第二次世界大战以后产生的现代管理理论、管理方法、管理手段，基本适应于社会化大生产以及当代资本主义生产方式。

邓小平同志指出：“社会主义要赢得与资本主义相比较的优势，就必须大胆吸收和借鉴人类社会创造的一切文明成果，吸收和借鉴当今世界各国包括资本主义发达国家的一切反映现代化生产规律的先进经营方式、管理方法。”

我国的国有企业迫切需要进行一场管理革命，实现从传统管理向现代管理的转变，从生产管理向经营管理的转变，从计划经济体制观念向社会主义市场经济体制观念的转变。在引进技术、引进外资的过程中，要引进和学习国外先进的管理理论和管理方法。把深化国有企业改革与提高企业管理水平结合起来，特别要大力加强企业的质量管理、成本管理、营销管理、产品研发管理、供应链管理、人力资源管理。要向管理要质量、要效益、要速度，上水平。

采取多种形式增资减债，
实现国企安全健康发展

自经济特区成立以来，深圳市属国有企业从无到有，从小到大，实现了长足的发展。但是，深圳市属国有企业都没有资本金，完全靠借贷发展，基础不稳，抗风险能力太差。一旦国际、国内金融市场发生巨变，这些企业将面临破产的危险。市政府从

1996 年开始，采取多种措施来推动市属国有企业增资减债：一是市属国有土地作价划拨，增加企业资本金。二是市财政适当注资市属重点企业集团。三是促进具备条件的企业上市融资。四是出让一部分股权给其他所有制企业，推动企业的股权融资。五是企业利润留成转为企业资本金。经过多年的努力，市属国有企业的总资产负债率大部分降到了 60% 以下。

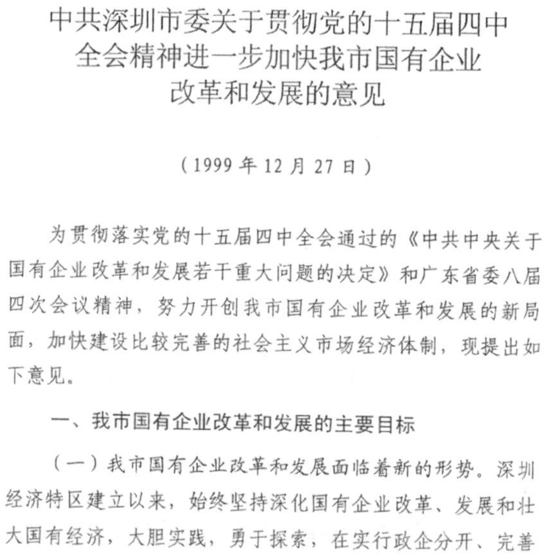
中共深圳市委关于贯彻党的十五届四中全会精神进一步加快我市国有企业改革和发展的意见

（1999 年 12 月 27 日）

为贯彻落实党的十五届四中全会通过的《中共中央关于国有企业改革和发展若干重大问题的决定》和广东省委八届四次会议精神，努力开创我市国有企业改革和发展的新局面，加快建设比较完善的社会主义市场经济体制，现提出如下意见。

一、我市国有企业改革和发展的主要目标

（一）我市国有企业改革和发展面临着新的形势。深圳经济特区建立以来，始终坚持深化国有企业改革、发展和壮大国有经济，大胆实践，勇于探索，在实行政企分开、完善

1

图 6.3　1999 年 12 月 27 日，深圳市委印发《关于贯彻党的十五届四中全会精神，进一步加快我市国有企业改革和发展的意见》

除了上述改革国有企业，促进国有企业搞活、做强、做优、做大的多种措施外，市政府还努力推动各项配套改革，为国有企

业的改革和发展创造了良好的社会环境。如建立和完善金融市场、劳动力市场、高级经理人才市场、土地招标拍卖市场、技术市场、信息市场等各类生产要素市场，建设统一开放、竞争有序的市场体系，营造各种所有制企业公平竞争的市场环境。

政府推动的这一系列国有企业改革举措，切实转变了计划经济体制下的国有企业经营机制，建立起了与社会主义市场经济体制相适应的激励机制、竞争机制、压力机制、监督约束机制，建立了现代企业制度，初步建立了有效的国有资产监管和授权制度，极大地释放了国有企业的活力，增强了国有企业的市场竞争力，并为全国的国有企业改革和发展发挥了探路和借鉴作用。到2000年我调离深圳时，深圳市属国有企业总资产达到1 720亿元，年均增长41.7%。国有企业的总资产报酬率、销售利润率、净资产利润率、资本收益率等主要经济效益指标在全国各省、市、地方国有企业中连续多年位居前列。

决定国企改革方向的一次市委常委扩大会议

建立社会主义市场经济体制，最难的是国有企业改革。得益于建特区之初深圳的国有企业就面向市场，政企分开比较早，脱离旧体制比较早，因此，深圳的国有企业体制机制比内地好很多。但是，国有企业改革是一个巨大的系统工程，不可能毕其功于一役，搞活国有企业，必须与时俱进，对症下药，标本兼治。

从 1996 年 4 月起，市政府对全市国有企业的运营现状和存在的问题进行了为期 5 个月的深入调查摸底，而针对完善公司法人治理结构的调研、重大改革措施的酝酿更是长达 9 个月。1996 年 9 月 12—13 日召开的市委常委扩大会议，对这场声势浩大的深化国企改革行动做出了方向性的重大决策，由此展开的深圳新一轮国企改革，再次为全国的国企改革与发展发挥了探路作用。

快速发展中暴露出深层次问题，深化国企改革迫在眉睫

深圳经济特区成立以来，国有企业从无到有，在改革开放中不断发展壮大，成为特区经济的重要基础。从 1980 年成立经济

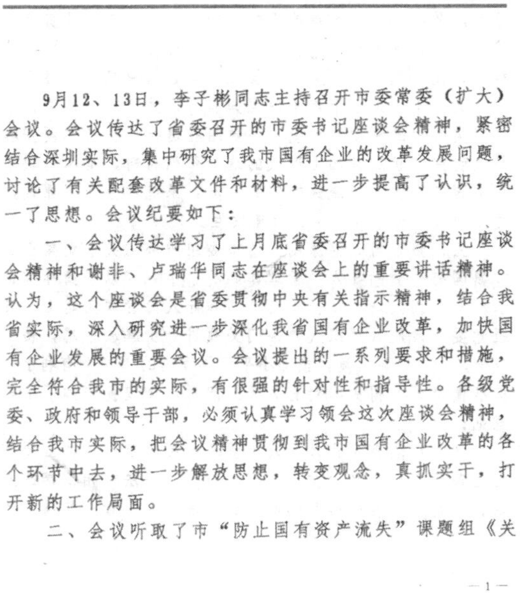

9月12、13日，李子彬同志主持召开市委常委（扩大）会议。会议传达了省委召开的市委书记座谈会精神，紧密结合深圳实际，集中研究了我市国有企业的改革发展问题，讨论了有关配套改革文件和材料，进一步提高了认识，统一了思想。会议纪要如下：

一、会议传达学习了上月底省委召开的市委书记座谈会精神和谢非、卢瑞华同志在座谈会上的重要讲话精神。认为，这个座谈会是省委贯彻中央有关指示精神，结合我省实际，深入研究进一步深化我省国有企业改革，加快国有企业发展的重要会议。会议提出的一系列要求和措施，完全符合我市的实际，有很强的针对性和指导性。各级党委、政府和领导干部，必须认真学习领会这次座谈会精神，结合我市实际，把会议精神贯彻到我市国有企业改革的各个环节中去，进一步解放思想，转变观念，真抓实干，打开新的工作局面。

二、会议听取了市“防止国有资产流失”课题组《关

—1—

图6.4　1996年9月12—13日，我主持市委常委（扩大）会议的会议纪要

特区之时起至1995年年底，深圳市属国有企业总资产从1.6亿元增加到1 195.7亿元，净资产从0.61亿元增加到256.5亿元。但是，深圳国有企业在快速发展的同时，也日益暴露出许多深层次问题，亟待解决。

1996年4—8月，市政府对市属国有企业资产流失情况进行了历时5个月的调研。调研组深入全市38家国有企业调查运营现状和存在的问题的同时，向87家企业发出了调研问卷，以期在更大范围内详细了解深圳国有企业的发展情况。

调研的结果不容乐观，国有企业的发展主要存在五大问题。

第一个问题是国有资产流失严重。1992—1995 年，69 家企业共流失国有资产 35.12 亿元，占 1995 年国企净资产的 13.69%。国有资产流失的主要渠道有 6 条：一是贪污腐化，化公为私；二是失职渎职，决策失误；三是在产权交易过程中，超低评估国有资产；四是在经营过程中或工程承包过程中损公肥私；五是财务管理混乱，漏洞很多，20 世纪 80 年代至 1995 年，携款逃跑到国外的深圳国企负责人就有 140 余人；六是盲目购置动产和不动产。

第二个问题是市属国有资产布局不好，主要分布在房地产业和工程施工行业，工业企业少，尤其是高新技术产业比重小。

第三个问题是企业规模小，真正有主导产业、名牌产品的企业不多，而且管理链条很长，销售收入只有几亿元的企业竟有四级、五级企业。

第四个问题是创新动力不足，企业发展后劲不足，缺乏长远规划，提不出具有很强竞争力的项目。

第五个问题是企业负债率高。账面负债率达 65% 左右，加上逾期的应收账款、过期的库存产品及高估的土地增值，负债率高于 80%。

产生上述问题的主要原因有三个：一是企业经营机制不好，企业的效益好坏与经营者的收入高低没关系，干好干坏一个样；二是国有资产所有者的主体不到位，政府是国有资产的所有者，但是政府把国有资产的收益权、投资决策权都交给了企业，政府对国有资产管理不严，监管不力；三是企业内部的监督约束机制严重缺失，许多企业公司法人治理结构不健全，董事长、党委书记、总经理三职一肩挑，一个人说了算。

深化市属国有独资、国有控股企业的改革迫在眉睫，任务十分繁重。在开展这次市属国有企业资产流失现状调查之前，市政府领导以及市国资办、市体改办等部门已经针对完善公司法人治理结构这一重大课题展开了长达三个季度的调研，酝酿中的深化国企改革的配套文件——《调整和完善三家国有资产经营公司的方案》和《董事会工作条例》《总经理工作条例》《监事会工作条例》《党组织工作条例》《工会工作条例》等5个“工作条例”，以及《深圳市属国有企业领导人员管理暂行办法》《关于搞活国有小型企业的实施方案》《关于“三个一批”发展战略的实施方案》已经几易其稿，市政府多次召开座谈会和现场办公会。我和厉有为书记在省委常委扩大会议期间，还专门研究过《调整和完善三家国有资产经营公司的方案》的基本框架。

作为经济体制改革的中心环节，国企改革事关深圳国民经济的基础。1996年9月12—13日召开的市委常委扩大会议，聚焦一个主题：深化国有企业改革，完善公司法人治理结构。市政府此前在经过深入调研后酝酿、起草的深化国有企业改革的相关方案、配套文件提请本次会议讨论。市委书记厉有为当时在中央党校学习，本次会议由我主持，市委、市人大、市政府、市政协四套领导班子，以及党、政、群部门负责人参加了会议。

会议议程有6项：听取《市属国有企业资产流失情况及防止资产流失的对策》；市国资办主任李黑虎汇报《调整和完善三家国有资产经营公司的方案》；市体改办主任张思平汇报《关于完善国有企业法人治理结构，起草“五个工作条例”的工作报告》；市委组织部部长刘涛汇报《调整市属国有企业领导人员管理体制的意见》；市体改办主任张思平汇报《关于搞活国有小型企业的实施方案》；市经济发展局局长陶炎明汇报《关于“三个一批”发展战略的实施方案》。

建立国有资产出资人制度，重组优化三家资产经营公司

深圳市于1987年7月成立了深圳市投资管理公司，1992年成立了市国资委，初步形成了国有资产三级管理的基本组织架构，这是一个创举。但是，由于没有赋予国有资产经营公司以国有企业出资人的职能和权力，资产经营公司没有选择企业经营者的权利，没有关于企业投资、产权变更、贷款担保等方面的重大决策权。所以，在1996年改革之前，当时的国有资产经营公司——深圳市投资管理公司，没有办法对下属国有企业的资产进行有效的监管，多年来，国有资产严重流失案件，部分国有企业负责人贪污受贿、携款逃跑到国外的案件不断出现，有些案件还在逐渐暴露。

在提请本次市委常委扩大会议讨论之前，《调整和完善三家市属国有资产经营公司方案》中关于调整优化的指导思想、基本原则、企业的划分、三家资产经营公司主要负责人人选、实施方案等问题，市政府已经酝酿了三个季度。该方案在加强对国有资产的有效监管方面迈出了关键的一步，即真正赋予资产经营公司以出资人的职能和权力。资产经营公司主要承担两项基本职能：一是代表政府对授权范围内的国有资产行使出资人的权利，具有选择企业经营者权、重大决策权、资产收益权。二是从事国有资产的资本经营和产权管理。会议一致同意市政府提出的改革方向：根据不同的产业和资产规模，通过重组成立三家资产经营公司。

投资管理公司以基础设施建设企业和高新技术企业为主，总资产766.1亿元，净资产155.5亿元，下属企业46家；建设投资控股公司以房地产企业、建筑施工企业为主，总资产317.5亿元，净资产68.7亿元，下属企业16家；商贸投资控股公司以商业、物流、旅游业为主，总资产165.8亿元，净资产29.5亿元，下属企业42家。

至此，深圳基本完善了以“国有资产管理委员会－国有资产经营公司－国有企业”三个层次为架构的国有资产监管和运营新体制。第一个层次是市国资委，行使国有资产管理职能。第二个层次是市级三家国有资产经营公司，行使国有资产出资人权利。第三个层次是市属国有全资企业和国有控股企业，作为独立公司法人，自主经营、自负盈亏。

我在会上特别强调：“这次调整有一定风险，涉及权力和利益的再分配。决定已经做出，就要抓紧执行，要做好企业领导人员的解释说明和思想工作。”

实践证明，加以完善后的三个层次的国有资产监管和运营体制，可以对国有资产进行有效监管，在监管国有资产方面闯出了一条新路子，并为一些兄弟城市所借鉴。

完善公司法人治理结构，颁布5个“工作条例”

基于深圳市国有企业法人治理结构不健全，领导体制不顺，企业内部监督制约机制严重缺失的现实，市政府在历时半年调研工作的基础上，起草了关于董事会、总经理、监事会、党组织、工会工作的5个“工作条例”，力求通过立法的方式全面推进现代企业制度建设，完善公司内部的法人治理结构，在企业内部建立起民主、科学决策机制和监督约束机制。5个“工作条例”划清了企业各领导机构的权力与责任，明确了奖惩机制，明确了它们的性质、地位、作用及工作程序。这样一来，就理顺了企业内部的领导体制，明确了董事会与经营班子、总经理之间的关系，监事会与董事会和总经理之间的关系，增强了企业内部的监督约束机制。董事会是企业的经营决策中心；经营管理班子是企业的生产经营、技术研发的指挥中心；为发挥企业党组织的政治核心作用，党委书记要兼任公司董事长；监事会依法监督董事会和企业经营班子的运作是否合法，对股东大会负责；工会保证工人的主人翁地位，坚持全心全意依靠工人阶级的方针。

本次市委常委扩大会议一致同意颁布施行5个“工作条例”，并要求在颁布施行前着重明确并完善以下四方面的内容。

第一，公司财务部长或财务总监，由上一级产权管理部门向下一级企业派驻，工资由派出单位发放，对上一级产权部门和本企业负责。

第二，公司董事长不得兼任总经理。

第三，“实行干部回避制度”的内容必须写进《董事会工作条例》和《总经理工作条例》。

第四，5个“工作条例”先以市政府文件的形式发布、试行。运行一段时间后，适时总结、修改、完善，再作为“工作条例”提请市人大常委会审议。

会后不久，《深圳市公司董事会工作暂行规定》《深圳市公司经理工作暂行规定》《深圳市公司监事会工作暂行规定》《深圳市公司党组织工作暂行规定》《深圳市公司工会工作暂行规定》发布实施。后来，这5个文件上升为法规，由市人大常委会颁布实施。

以法治思维立好国有企业运营的规矩，让立法为国企改革保驾护航，成为深圳经济特区打赢这场改革攻坚战的重要法宝。

改革国有企业领导人管理制度，培育职业企业家队伍

企业领导班子团结与否，企业一把手的素质高低，关系到企业的兴衰成败。针对国有企业领导班子普遍存在的内耗以及缺少对企业一把手的监督和约束这两大突出问题，市政府提请本次市委常委扩大会议讨论的《深圳市属国有企业领导人员管理暂行办法》，对原有的国有企业领导人管理体制主要从两个方面做了重大调整。一是要放权，适当下放干部管理权限。深圳市委组织部原来管着100多家国有企业的领导班子，千余名国有企业领导干部都需要经过市委常委会议讨论任命，由于管理链条太长，管理数量太大，所以很难管理到位。一些经营业绩差甚至闹不团结的领导班子，因为不能及时进行调整而贻误工作。二是管人和管事相一致。对国有企业领导人的考核与任免，权力与责任要一致起来。

会议原则上一致同意上面两点意见，但对权限下放到何种程度，大家有不同看法。

我在会上讲了三点意见。一是坚持党管干部原则，同时要和《公司法》一致起来。党委书记兼任公司董事长，要保证党对国有企业干部人事工作的领导权和对企业主要干部的管理权。二是管人与管事一致起来。如果企业主要领导干部把企业搞垮了，搞破产了，或造成国有资产重大流失的，考核和任命这些干部的部门

和相关人员要承担相应的责任。三是实行干部下管一级的原则。

会议研究决定，市委组织部主要管好市国资办、市级三家资产经营公司、市属两家银行及驻香港的深业集团等 9 家企业的领导班子。市属 19 家一类企业的领导班子的考核任免由三家资产经营公司负责，并报市委组织部“事后备案”，便于组织部了解这些干部在哪里，方便考察。对市属二类、三类企业，按下管一级的原则进行管理。坚持财务部长下派一级的原则，认真执行干部回避制度，加强对企业的内部约束和外部监督。

实践证明，这项改革有利于加强企业领导班子建设，有利于发挥企业党委的政治核心作用，有利于按照市场经济的要求，培育一批懂技术、会管理、善经营的职业企业家队伍。

会议决定：责成常务副市长李德成继续牵头组织市经发局、计划局、贸发局、国资办、三家资产经营公司等部门，完善《关于“三个一批”发展战略的实施方案》；责成副市长郭荣俊继续牵头组织体改办、政研室、国资办、三家资产经营公司等部门，完善《关于搞活国有小型企业实施方案》。

省委书记肯定：深圳先行，广东推广

为期两天的市委常委扩大会议，是一次非常重要、非常成功的会议，它结合深圳实际，贯彻了广东省委召开的市委书记座谈会会议精神，在落实以经济建设为中心，实现两个根本转变方面，进一步统一了思想，将思想认识提高到一个新的层次。与会同志对深化深圳市国有企业改革的认识及拟采取的搞活做优做强国有企业的措施形成了高度共识。

9月16日下午，我与厉有为书记通电话，向他汇报了本次市委常委扩大会议的情况。由于我俩平时对这些问题经常进行交流，所以他对会上达成的意见表示完全赞成。

9月17日上午，我前往广州，就这次深圳市委常委扩大会议的情况以及深圳经济的发展情况向省委书记做了专题汇报。

省委书记对深圳重组优化三家资产经营公司、制定关于公司制企业的5个“工作条例”、改革深圳国有企业领导干部管理体制的做法给予了充分肯定。他说：“这三个问题都是大问题，这些思路虽然尚未付诸实践，但是我感觉，它们能够进一步理顺企业领导体制，加强企业内部约束和企业外部监管，改革企业领导干部管理办法、体制，使党管干部原则和《公司法》一致起来。这些做法的效果肯定是好的。深圳可以率先实行，经过一段时间的实践、总结后，再在全省推广。深圳是经济特区，要进一步深化改革，积极探索。广东要学习全国先进经验，首先要学习深圳的经验，这是省内的经验，我们眼皮底下的经验，更适合省情的经验。”

深化国有企业改革的思路理清后，改革措施、新的制度陆续出台。但是，真正落实这些措施和制度，是一个艰难的过程。因为改革一定会触动某些部门、某些人的利益，而且这些改革措施和制度在实践过程中，尚需进行不断地总结，加以修改和完善。因此，从1996年开始直至2000年我离开深圳为止，深圳市委、市政府的几位领导同志一直亲力亲为，花费了很大的心血和精力，为搞活、做强、做优、做大深圳市国有企业做出了持续的艰苦努力。

1997年深圳企业产权多元化大调研

“公有制实现形式可以而且应当多样化。一切反映社会化生产规律的经营方式和组织形式都可以大胆利用。要努力寻找能够极大促进生产力发展的公有制实现形式。”江泽民同志在1997年9月召开的党的十五大报告中明确提出了这一点。这是在全面建设社会主义市场经济体制和运行机制方面取得的重大理论突破。

要想全面建设社会主义市场经济体制和运行机制，寻找能够极大促进生产力发展的公有制实现形式，只有深入调查研究，全面摸清情况，继续深化国企改革，才能找准方向。

十五大给深圳国企改革先闯先试壮胆

深圳经济特区在探索公有制的实现形式方面，起步较早。深圳国有企业是在1980年成立经济特区之后诞生的，所有企业都分布在竞争领域。深圳国有资本与外资资本、民营资本实行混合所有制已经有10多年，出现了许多好的公有制实现形式，实践非常生动、非常丰富。但是，我们思想解放不够，总结得不够，理论研究不够，宣传推广不够。党的十五大提出大胆探索公有制多种实现形式，这一在国有企业体制改革理论上的重大突破，为深圳继续先闯先试壮了胆。

1997年10月20日，我在市政府党组成员会议上提出自己亲自抓好两项工作，其中一项是开展公有制实现形式和企业转换经营机制调研。10 月 28 日至 11 月 19 日，由我任组长，市委组织部、市政府办公厅、市委政研室、市体改办、市国资办、市经济发展局、市综合开发研究院、市社科院以及市级三家资产经营公司负责人为成员的大型调研组，前往中兴通讯、华为、开发科技、万科、农产品公司、金地、华乐实业、天健和南岭村股份合作公司等 17 家多种所有制形式的企业开展为期 24 天的调研，重点了解企业财产组织形式、经营方式、经营机制以及经营效果，通过解剖企业样本，总结深圳在公有制多种实现形式方面的实践。

深圳特區報
Shenzhen Special Zone Daily
1997年 12月 3 星期三
进一步搞活国有企业
探索公有制实现形式
李子彬率队深入九家企业调查研究

深圳特區報
Shenzhen Special Zone Daily
1997年 12月 29 星期一
搞好国有企业的改革与发展
大胆探索公有制实现形式

图 6.5　1997 年 12 月，《深圳特区报》关于深圳市国企改革的报道

丰富多元的产权结构增强了企业活力

调研组调研的第一站是中兴通讯。该公司的前身是1993年成立的中兴新通讯设备有限公司，注册资本300万元，国家占股51%，作价153万元，民营资本注资147万元，占股49%。公司由国有资本控股，授权民营企业——维先通讯公司经营，维先公司保证国有资产按一定比例增值，若经营不善，经营者以所持股本和分配权益作抵押。1997年10月6日，中兴通讯公司上市，社会公众股占26%，国有股占43%，民营股占31%。从公司成立到上市，5年间，中兴通讯公司得到了快速发展，1997年销售收入预计达12亿元，国有资本从公司成立时的153万元增加到2.1亿元，控制公司的净资产6.7亿元，控制公司的总资产9亿元。作为国有资本控股、民营企业经营的混合所有制企业，中兴通讯公司的成功实践表明，在产权主体明晰的前提下，只要决策正确，组织方式合适，企业就能充满生机和活力，国有经济的竞争力和控制力也会随之进一步增强。

劳动者的劳动与资本双重联合的华为公司，当时是创业者与员工持有企业全部股份。1987年，华为公司以几万元起家，在创业初期因为市场拓展、规模扩大以及科研投入需要大量资金而启动了内部融资计划，推行了内部员工持股制度。这一举措在有效解决华为公司发展所需资金的同时，增强了员工对企业的归属感和责任感，稳住了创业团队。华为公司由此而转制为员工持股的民营集体企业。到1996年，华为公司净资产已达9亿元，5 000名员工中有4 000人持有公司股份。华为公司根据可持续贡献而设置的员工股权结构打破了平均主义，这种股权激励机制，将员工与企业的未来发展紧密联系起来，实现了公司发展与员工个人财富的增值。

计算机磁头产量位居世界第三的开发科技公司，1985 年组建时曾经因为产权问题一波三折。作为原电子工业部在深圳的下属企业，开发科技公司的组建方案报到电子工业部时，各个司局都不同意：国家投资 200 万美元，占股 66%，外资企业以 3 项先进技术专利和国际市场营销渠道作价，以软件入股，占股 34%，组成国有资本与外资资本合资的公司。面对这个组建方案，电子工业部部长专门找开发科技公司负责人了解情况，核心的问题是：这 200 万美元投下去，假若那些人真的是骗子，干不成，我们会损失多少钱？实践证明，这 200 万美元投下去，物超所值。1985 年公司成立时董事会由 9 人组成，其中中资方 6 人，外资方 3 人。公司总裁为英籍华人谭某某，中资方代表王光荣任董事、常务副总裁。这一架构 12 年没变。经营班子学习借鉴国外的质量管理和生产管理体系、管理科学，技术不断更新，产品不断换代，全部销往欧美市场。1994 年，开发科技公司上市，1997 年总资产达 16 亿元，净资产达 10 亿元，国有股占 50%。

创造了“企业建设批发市场”模式的农产品公司走的是另外一条发展路子。农产品公司虽然是单一的国有资本，但成立之初就有 7 个股东，实现了股权多元化。较之单一股权，股权多元化的最大好处是，由多家股东组成的董事会做出的投资、产权交易等决策比较科学，因为任何一项重大决策都牵涉多家股东的利益，董事会内部的制衡关系有利于决策的科学化、民主化。1996 年，农产品公司上市，尽管公司改制后国有股权所占比例下降，

图 6.6　1997 年 10 月，《深圳特区报》报道的深圳市国有企业改革典型事例

但国有资产总量却迅速增加和增值。农产品公司 1989 年 11 月以 500 万元注册资本起家，到 1997 年公司总资产已达 10 亿元，净资产 4 亿元，年利润 4 000 万元。

金地公司的前身是一家区属国有企业，在发展过程中面临着与大多数国企相同的困难和危机：企业产权结构、资本结构单一，企业行为有较强的行政干预色彩；企业缺乏激励机制等内部动力；员工积极性不高，难以吸纳更多更好的人才等。1994 年，金地公司作为深圳市第一批 28 家建立现代企业制度改革试点企业之一，推行了内部骨干员工持股制度，改变了产权结构单一、政企不分的局面，走上了一条企业管理体制创新、业务运作健康发展、经济效益显著提高的改革之路。

我们所调研的企业的财产组织形式不同，领导体制不同，其经营机制和分配方式也各具特色。但是，凡充满生机活力、效益良好的企业，都有一个共同点：产权明晰、管理科学、投资主体多元化。华为、中兴通讯、开发科技、农产品、万科、天健等企业都在实行改制，企业产权主体实现多元化后，虽然国有股权所占比例下降，但国有资产总量却迅速增加和增值，国有资产的控制力大幅提升。

企业的生命力在于有一个好的企业经营机制

如果企业没有建立良好的经营机制，仅靠外力去扶持、推动、监督，这样的企业一定没有生命力。

企业实行股份制改造的精髓是建立完善的公司法人治理结构，实现企业资产所有权与企业经营权的分离，切实转换企业经营机制。

第一，要建立激励机制，将企业资产所有者、经营者、广大员工的利益和前途与企业的兴衰成败紧密联结在一起。大胆探索和实行企业内部激励机制的多种途径。

一是必须承认企业经营者对企业的特殊贡献。经营者是各种生产要素的组织者。企业经营者的劳动是一种复杂的、特殊的劳动，需要具有科学知识、企业管理知识、社会科学知识等方面的综合知识。企业的经营业绩是经营者的政治素养、业务素养、创造性的工作能力的综合体现。因此，要承认他们在企业改革与发展过程中的特殊重要作用。深圳市从 1994 年开始试行企业经营者年薪制（1999 年开始试行期权奖励的方式），根据不同的企业规模、资产保值增值水平、企业总利润和净资产利润率，确定企业领导者的年度总收入。

二是在高新技术企业和外贸进出口企业中实行企业内部骨干员工持股制度。单纯依靠给员工发工资、发奖金，并不能建立起企业与员工之间的纽带关系，因为员工在哪个企业上班，都有工资发。实行骨干员工持股制度，以产权为纽带，可以在员工与企业之间建立“血肉联系”，将两者结成命运共同体。高新技术企业和外贸进出口企业尤其适合实行员工持股制度。因为高新技术企业的技术和外贸进出口企业的客户都只掌握在一部分人手里，如果只给这些人发工资和奖金，无法长久地留住他们。工作几年后，这些人就可能另立门户，把技术和客户带走。这些人一走，企业就会受到很大影响，甚至可能垮掉。

三是知识产权资本化，先进适用的专利和技术可以作价入股。1996 年，深圳市一家化工涂料公司技术作价可占公司总股本的 35%。

四是进行精神鼓励，建立积极向上的企业文化。华为公司提出，要让有个人成就者成为英雄，要让有社会责任感的人成为管理者。

企业内部员工持股制度在深圳市企业内得到逐步推行。1993 年仅有 3 家企业试行该制度，1996 年增加到 35 家，1997 年为 60 家，到 1998 年年底全市已经有 146 家企业实行内部员工持股试点。

第二，建立健全的企业内部监督约束机制。20 世纪 80 年代至 90 年代中期，深圳市属、区属国有企业的企业内部监督约束，在很大程度上是靠人治——完全依靠企业领导人的自我约束，完全靠个人的觉悟和自律。这种机制，对少数人、在短时间内可以，但从长远来看，绝对不行。

企业产权的多元主体各派董事组成企业的董事会，这种股权结构，基本上可以使企业决策民主化、科学化。1997 年，深圳市颁布实施公司《董事会工作暂行规定》《总经理工作暂行规定》《企业党组织工作暂行规定》《监事会工作暂行规定》《工会工作暂行规定》，公司各个机构各司其职，形成了企业内部的监督约束机制。

第三，必须在企业内部建立竞争机制。竞争出压力、出活力、出效率、出人才。华为公司推行自由雇佣制和内部竞聘制，达不到任期目标的部门负责人甚至部门全体人员，都要集体辞职。员工只要做到接受调整、不懒惰、不腐化，就可以长期留在企业。华为公司通过实行这一制度进行内部调整，从而激活了“沉淀层”，消除了“腐化层”，实现了人才的选优、培优、留优、用优。

金地公司每年对公司领导层进行信任投票，信任率达不到 70% 的会被淘汰。公司实行干部竞聘制，干部竞争上岗，能者上、庸者下，形成了人才脱颖而出的环境。

股权多元化是深化竞争性领域
国企改革的有效途径

在这次调研活动中，众多企业成功的实践进一步增强了深圳继续推进企业产权制度改革的信心和决心。成功的混合所有制增加了国有资产，增强了国有资本的控制力。实践证明，股权多元化是搞好竞争性领域国有企业改革的有效途径。

国有经济在国民经济中起主导作用，并不意味着国有资产必须分布到每一个领域，国有资本也不必在所有产业、所有企业都占控股地位。国有经济起主导作用，主要体现在国有经济对整个社会经济的控制力和影响力上。除了在关系国民经济命脉的重要行业、国计民生以及公益事业领域必须采取国有独资的形式外，在竞争性领域，应该加快国有企业产权主体多元化的进程，支持和鼓励国有企业采取灵活多样的方式，大胆利用一切反映社会化大生产规律的组织形式和经营方式，通过推行股份制、股份合作制改造，发展国有资本与民营资本、外资资本、集体资本相互融合的混合所有制经济。单一国有资本、多家股权的产权多元化，也是一种好的资产组织形式。

搞活国有企业，多元化产权主体是关键，但不是唯一形式。即便企业产权制度变更后，企业仍然必须不断增强自主创新能力，努力学习现代管理知识，提高企业现代管理水平，不断开拓国内外市场，参与全球竞争。在这方面，华为公司就是一个成功的范例。

搞混合所有制、股份制不能“一刀切”，也不要认为一“股”就灵。股份制的精髓是建立起完善的法人治理结构，真正转换企业经营机制。只是挂一个“股份制”的牌子，而不建立现代企业制度，企业照样搞不好。

建立完善国有资产出资人制度

按照现代企业制度的要求，建立国有资产出资人制度，是本届深圳市政府改革国有资产监管体制的核心。1996年9月，市政府按照真正赋予资产经营公司为国有资产出资人的职能和权力，根据不同的产业和规模，通过重组，建立了三家市级国有资产经营公司——投资管理公司、建设投资控股公司和商贸投资控股公司。至此，形成了“国有资产管理委员会－国有资产经营公司—国有企业”三个层次的国有资产监管授权经营新体制。1998年5月19—20日，市委组织部和市国资办组织召开完善和规范资产经营公司职能工作研究会，在这个会议上，我与三家资产经营公司和12家大型企业负责人一起，就进一步规范资产经营公司的职能，完善深圳市国有资产“三个层次”的管理体制进行了深入总结和探讨。

在研究会上，我向大家讲了五方面内容：一是总结三家资产经营公司调整一年半以来的运作成效；二是再次厘清资产经营公司的职能；三是明确所属国有企业的责任和职能；四是加强市国资委对资产经营公司的领导、支持和监督；五是加强资产经营公司的机关建设。

新体制建立一年半以来的工作成效

深圳市国有资产管理体制改革起步较早，1987 年成立投资管理公司，1992 年成立市国资委。随着工作的逐步深入和认识的深化，1996 年 9 月又对资产经营公司进行了重组和重新定位：一是按主导产业和资产规模重组三家资产经营公司，二是赋予资产经营公司出资人的职能。原来的投资管理公司对下属企业在投资、管理、监督、服务方面都做了大量的工作，但还没有完全到位，还没有真正行使出资人的职能。在 1996 年 9 月召开的市委常委扩大会议上，市里的几套领导班子成员都参加了，并形成了一致意见：赋予资产经营公司出资人的职能，使其职能发生重大变化。

三家资产经营公司成立一年半以来，总的来说，其运作是健康的，成效也是显著的。一是完成了三家资产经营公司的重组工作，使资产经营公司与下属企业之间形成了以产权为纽带的新型母子公司关系；二是资产经营公司都建立了规章制度，完善了保值增值体系；三是三家资产经营公司制定了发展战略，对今后 5 年的工作提出了非常好的设想；四是加大了存量资本的重组和优化力度，而且都在积极推进一些有条件的下属企业包装上市，利用资本市场来筹措资金，探索一条快速发展的路子；五是各个企业也在逐步按照 5 个“暂行规定”在运作，逐步完善企业法人治理结构。

这一年半的时间内，深圳市国有资产三个层次的管理体制得到了很大程度的完善和规范，改革取得了重大进展。按照“坚持党管干部原则与贯彻《公司法》相一致、管人与管事相结合、干部下管一级”这三个原则，改革了企业领导人员的管理办法，在全国引起了较大反响，也被一些兄弟省市所借鉴。中组部下发的干部管理办法，实际上也肯定了深圳的做法。这些改革成果，都是同志们一起努力的结果。这一年多的时间，是发生深刻变化的时间，取得重大进展的时间，在深圳国有资产管理改革发展史上具有里程碑的意义。

除了看到成绩外，我们还应该看到工作中存在这样那样的不足。随着改革的发展，认识的深化，我们对过去认识不太清楚的东西，要不断地予以改进和完善，这是正常现象。在执行过程中，企业和资产经营公司之间在管理职能的划分上有不同的看法，也是完全正常的。

我个人认为，新体制要运行得比较完善，从 1996 年 9 月那次市委常委扩大会议算起，大概需要 3~5 年时间。资产经营公司行使出资人的职能，这项改革措施的步子很大，是一个深刻的变化，要想做好，很不容易。新中国成立以来，国有资产都是全民所有制资产，实际上国有资产出资人并不到位，谁说了也不算，国有资产管理中存在的诸多问题，都是由此产生的。资产经营公司行使出资人职能的改革已经实行一年半了，现在要看看执行中存在哪些问题，哪些需要重新明确，哪些需要调整、完善。实践是检验真理的唯一标准，经过这一年半的实践，过去没明确的，这次要明确；过去已经明确的，但在具体执行过程中走样的，要重新明确，也就是逐步加以规范。

资产经营公司六大职能：核心是行使出资人的职能

资产经营公司的职能，用一句话概括就是，行使出资人的职能，不要干预企业具体的生产经营活动。那么，资产经营公司的具体职能是什么？总的来说，主要有六个方面的职能：一是干部的任免和管理；二是重大决策；三是资产运营；四是投资收益；五是监管；六是服务。

第一，干部的任免和管理，主要是管好四个“头头”。

资产经营公司对干部的任免和管理，主要包括以下四个方面。

一是任免国有独资一级企业的董事长，推荐国有控股一级公司的董事长，董事长兼党委书记。董事长是产权代表，由出资人委派或推荐，党委书记由上级党委任免。

二是一级企业的总经理由董事会提名，报资产经营公司事前备案，由董事会聘任。这包含两层意思：第一层意思是，总经理的人选由企业董事会提名，不是由资产经营公司提名。如果董事会不能聘用总经理，董事会就会成为摆设，总经理就可能和董事长“打架”，总经理可以不执行董事会的一些重大决策。第二层意思是，董事会提名的总经理人选要经资产经营公司事先同意。总经理是企业经营班子的班长，这个人选太重要，不能随便聘用什么人。但在实际操作中，大家可以事先沟通，报资产经营公司事前备案。

三是向一级企业委派财务总监。

四是向一级企业委派或推荐监事会主席，然后按法定程序产生。

资产经营公司管好上述几个人就足够了，不用多管。关键是要把这几个人选准、管好，其中最重要的还是要由董事长兼党委书记。

企业的副总经理由总经理提名，由企业董事会任免，报资产经营公司事后备案。副总经理由总经理提名的这个权要给总经理，否则总经理也不好办，副总经理可以不听他的，这样一来，经营班子就会乱套。

干部的任免很重要。企业干部最重要的是管好董事长兼党委书记、总经理、财务总监和监事会主席，资产经营公司如果把这四个“头头”管好了，这个企业也就管住了。

第二，行使出资人的重大决策权。

重大决策包括重大投资、重大股权变更、重大的资金调度、重大的资产处置。所谓重大，就是各家资产经营公司可以自行规定资产的基数、与净资产的比例等，各家资产经营公司都要考虑企业的具体情况。有的企业很大，资产的基数、与净资产的比例就划得大一点；有的企业规模小，这个基数和比例就划小一点。不是重大的，由企业自己决定，重大的还得由资产经营公司决定。

第三，资产运营方面，负责跨企业集团的资产重组优化、股份制改造和包装上市。

跨企业集团的存量资产的重组、优化，由资产经营公司负责运作。我们明确要求每一个企业集团都要有主导产业，符合该企业集团的主导产业的产业，可以从其他的集团划进来，不符合它的主导产业的产业，可以划给其他集团。跨企业集团的存量资产的重组、优化，必须由资产经营公司运作。企业集团为了优化自身的资产结构，涉及存量资产调整的，只要不超出企业集团的业务范围，产权没有变化，不涉及所有制的变更，也没有转到企业集团外面去，就不用资产经营公司管，由企业集团自己负责。此外，企业的股份制改造，公司的包装上市，也要由资产经营公司决策和运作。

第四，行使出资人的投资收益权。

一级企业上缴的利润，由资产经营公司收取。收取的利润怎么使用，由资产经营公司按照政府的产业政策导向和调整优化产业结构、产品结构的要求来决定，不可能在下属企业之间平均分配。

第五，加强监管，发现问题，有权纠正。

这包括对企业领导人员任免、企业资产、资金、投资、产权运作等方面的监管。对不规范、不符合法律法规规定的，都要进行监管。例如，在一级企业对二级企业领导人员进行任免时，如果资产经营公司发现有明显问题，就有权纠正。

第六，做好服务，解决企业实际困难，提高企业效益。

资产经营公司要为下属企业提供服务，如帮助企业进行技术改造，帮助企业筹措资金，等等，这类服务的内容可以讲出很多。总的来说，资产经营公司要帮助企业解决实际困难，促使企业提高效益。

以上六个方面的职能是从资产经营公司和企业的关系的角度、从国有资产管理的第二个层次与第三层次之间的关系来讲的，而不是说资产经营公司的全部工作就只有这六项。资产经营公司还有许多其他工作要做，比如，资产经营公司要做好5年、

10 年发展规划。再比如，我给建设投资控股公司增加了一个任务，就是要努力建设成国际性的工程公司。

深圳国企改革当前的首要任务是切实转变经营机制

国有企业是独立的公司法人，拥有公司法人财产权；自主经营，自负盈亏，自我约束，自我发展；独立享有民事权利，承担民事责任。

企业的责任和职能，主要是提供受市场和社会欢迎的产品；向政府纳税；扩大社会就业；保证资产保值、增值；对企业员工负责，对股东负责，对社会负责。要担当起这些责任，就要做好以下六项工作。

第一，明晰企业产权关系，贯彻 5 个“暂行规定”，建立现代企业制度，认真转变经营机制。

这是深圳国有企业当前的首要工作。就全国而言，搞好国有企业，建立现代企业制度的首要任务是下岗分流，减人增效，规范破产，鼓励兼并。就深圳而言，我们已经过了这个阶段，深圳国企改革已经进入解决深层次的经营机制问题。有些国有企业缺乏责任感，缺乏激励机制、约束机制、竞争机制和科技进步机制。国有企业和民营企业在这些机制上有明显差别。只有真正把机制转换过来，建立起适应社会主义市场经济的经营机制，才能从根本上搞活国有企业。

第二，依靠科技进步，开发新产品并推进产品的更新换代，实现规模化经营，提高市场占有率。一个企业如果没有销路好、效益高的产品，就不能生存，因此，企业必须依靠科技进步，不断改进工艺、设备，开发新产品。

第三，加强现代管理，提高企业经营效率和效益。企业管理包括很多方面的内容，深圳的企业管理中最薄弱的是技术研发管理、投资管理和财务管理。这几年，企业在投资管理方面有所改进，但在财务管理方面还是比较差，技术研发管理比较薄弱。企业管理的各方面都有待进一步改善。

第四，重组优化企业内部的存量资产，改革企业的组织结构，实现二级企业的专业化经营。

企业内部存量资产的重组优化不可避免，因为对企业组织结构的调整，必然伴随着企业内部存量资产的调整，存量资产不调整也很难优化。一级企业可以搞多样化经营，通过调整，二级企业必须是专业化经营。至于三级企业，可以是法人，也可以不是独立的法人，必须取消四级、五级企业。我市最大的市属国有企业，净资产也才 30 亿 ~40 亿元，国际上 10 亿美元的公司只是中型企业。我们的一级企业本来就不大，如果二级企业再搞多样化经营，肯定不行，二级企业主要实行专业化经营。

第五，资产运作。有条件的企业，经资产经营公司批准后，可以组织本企业的股份制改造和公司的包装上市，这方面的具体运作由企业来做。

第六，按照市委、市政府确定的“三个原则”管好下属企业的干部。管理下属企业的干部也是一级管一级。资产经营公司只管四个“头头”，企业集团往下管干部也是如此。一级只管到二级，二级只管到三级，不能“一竿子插到底”，“一竿子插到底”会影响下属企业的积极性。你派下去的干部还不信任，连组班子的权力都没有，这哪能管好？只能说明你对自己派出的人没有信心。认准他行，就要由他组班子，对于没有把握的人，就不派他，“用人不疑，疑人不用”。深圳市正在进行审批制度改革，预计可减掉一半审批项目，正在放权。你们也得一层一层放权，不要资产经营公司不要抱怨市里管得太多，一级企业不要抱怨资产经营公司管得太多，二级企业不要抱怨一级企业管得太多。大家都要开明一点。

加强市国资委对资产经营公司的领导、支持和监督

要加强市国资委对资产经营公司的领导、支持和监督。一是加强对资产经营公司的指导、支持、考核和奖惩。市里对资产经营公司既要支持，又要严格要求，加强监督。我是市国资委主任，常务副市长李德成、市委组织部长刘涛、副市长郭荣俊和武捷思是副主任，这个领导架构是很有权威的。二是加强对关系国计民生且有重大意义的一类企业、一级企业中的上市公司董事长任免的监管。对这些企业董事长的任免，资产经营公司要事先按程序报告市国资委，我们在一周之内给予答复，经我们同意后，再按法定程序进行任免。

加强资产经营公司机关建设，管大事，少管事

市委任免和管理的三家资产经营公司的干部，包括董事局主

席兼党委书记，董事局成员，经营班子的总裁、副总裁，监事会主席和监事会组成人员，党委副书记，纪委书记。目前市委文件就是这样规定的，现在还得按这项规定执行，资产经营公司原则上不设“三总师”，因为资产经营公司不像大型企业集团，所以没有必要设。如确需要设“三总师”，可以由副总裁兼任。

要严格执行市编办关于人员编制和领导职数的规定，不能突破该规定，已经突破的要改正，由市委组织部、市国资办监督执行。不要把资产经营公司搞得机构庞大，有的资产经营公司部门都设助理，不是部长就是助理，弄得人人都是官，机构越大，官越多，效率越低，行政色彩越浓，这显然不好。资产经营公司要少管事，管大事。多管事就管不过来、管不好，就会越管越乱。

加强资产经营公司机关本部的建设，要突出“精干”“效能”这两个要求。要加强人员培养和教育，提高政治素质和业务素质，改进工作作风，开展创“三优”活动。另外，机关干部和企业人员要适当进行交流，换换位置有利于换位思考，更好地开展工作。要提高办公自动化的水平，在人事、财务管理等方面与企业实现联网，效率就高。总之，要不断提高自身素质，提高工作效率，改善工作作风，发挥资产经营公司在干部管理、重大决策、资产运营、投资收益、监管、服务方面的作用，真正体现出行使出资人的职能，又不干预企业具体的生产经营活动，就会逐步树立威信，把深圳市在全国率先实行的国有资产三个层次的管理体制逐步完善起来。

推进产业升级，建立现代工业体系

这次全市工业发展工作会议是一次非常重要的会议。深圳市政府召开这次会议，主要是深入贯彻落实中央经济工作会议和市委二届八次全会确定的经济工作任务，研究深圳市工业发展的情况、存在的问题、面临的任务，以及未来的发展战略。统一思想，振奋精神，再图更好、更快的发展。会上，郭荣俊同志还要代表深圳市政府对深圳市工业的改革、调整、发展问题做具体部署。我重点就事关我市工业发展的重大问题，讲几点意见。

认真总结历史经验，毫不动摇地坚持以发展高新技术产业为基础，加快第三产业的发展，实现深圳市国民经济持续、快速、健康发展

深圳经济特区建立以来，国民经济始终保持持续、快速、健康发展的良好态势。1998 年全市国内生产总值达到 1 289 亿元，综合经济实力已经跻身于全国大中城市前列，建成了初具规模的现代化城市，并正在努力朝着省委确定的区域经济中心城市的目标迈进。

在深圳经济发展格局中，工业始终发挥着基础和带动作用。深圳工业几乎是从零起步，历经三次较大的跨越：第一次是 1985

年以前，处于铺摊子、上项目、打基础的起步阶段；第二次是20世纪90年代初，工业超高速发展，在短时间内建立起了门类比较齐全、外向型的工业体系；第三次是1992年以后，高新技术产业迅速崛起，一批大型企业和企业集团初步形成，工业开始步入规模化、集约化的发展轨道。1996年，全市工业总产值突破1 000亿元大关，1998年，全市工业总产值（现价）为1 848.4亿元。目前，深圳市工业中信息产业、生物技术、新材料等高新技术产业迅猛发展，特别是以企业为主体，依托全国高等院校、科研院所的技术开发体系已初步建立，拥有自主知识产权的高新技术产品产值比重达到43%。优势传统产业得到稳步提高和发展，初步形成了高新技术主导型、产品外向型、区域经济特色比较鲜明的现代化工业体系。

工业的迅速发展，不仅奠定了深圳市稳固的财政基础，加速了城市化和工业化的进程，也大大带动了金融、商贸、饮食服务、运输、通信邮电、房地产和旅游等第三产业的快速发展。深圳经济能够持续快速发展，没有出现大起大落，特别是在亚洲金融危机的冲击下，我们能够做到处变不惊，经受住严峻考验，其中一个重要原因是我们有稳固的工业基础，特别是高新技术产业迅速发展，具有自主知识产权的高新技术企业高速发展，经济结构得到了优化，产品在国内外市场的竞争力迅速提高，经济素质、经济效益不断提高。回顾深圳工业发展的历程，我们积累了不少经验，其中对当前特别有指导意义的主要有以下几个方面。

第一，历届市委、市政府都非常重视和支持工业，始终保持着政策的连贯性，不因换届而中断，不因易人而改变，从而保持了工业在国民经济中稳固的基础地位和持续、快速、健康发展的态势。

第二，不断提高对外开放水平，大规模引进外资、技术和管理。深圳之所以用十几年的时间就走完了其他国家和地区需要几十年甚至上百年才能走完的工业化进程，扩大开放起了极其重要的作用。深圳经济特区建立以来，全市实际利用外资 172.9 亿美元，其中投资于工业领域的占 70% 左右，在全市工业总产值中，外商投资企业的工业产值占 70% 以上。与此同时，国有工业从无到有，国有工业企业得到了快速发展。至 1998 年年底，国有及国有控股工业企业的资产总值为 1 074.88 亿元，净资产总值为 443.39 亿元，利润总额为 58.25 亿元，其中市属主要工业企业的资产总值为 485.79 亿元，净资产总值为 149.14 亿元。深圳国有经济的总资产报酬率、净资产利润率、资本收益率、销售利润率等 4 项效益指标均列全国各大城市第一位。

第三，多元化投资形成的混合型经济形态，构造了特区企业的体制和机制优势。公有经济、私有经济和外资经济多种经济成分、多元投资主体构成的混合型经济形态，真正突破了传统体制的束缚。

第四，适时调整产业结构，加快高新技术产业的发展，有效地推动了产业的升级。深圳市发展高新技术产业，起步于 20 世纪 90 年代初期，在“九五”期间获得了快速发展，一批高新技术产业群迅速形成。1995 年年初，市政府明确提出，深圳市发展高新技术产业的重点领域是电子信息、生物工程、新材料产业，发展的战略目标是把深圳建设成高新技术开发和高新技术成果转化基地、高新技术产业基地、高新技术产品出口基地。政府对高新技术产业的大发展发挥了积极的推动和引导作用。努力营造良好的社会环境，包括经济体制的创新，良好的政策环境、法制环境、人才环境、产业配套环境、生活和工作环境、全面的服务体系等。1996年8月，在原有的5个工业园区基础上，调整、组建了面积为11.5平方千米的深圳市高新技术产业园区，对其实行统一规划、统一政策、统一开发、统一管理，强化了服务，加快了招商引资的步伐；在全国率先成立了高新技术投资服务公司，并正在积极筹建高新技术风险投资基金，为高新技术企业提供资金支持，探索建立高新技术产业风险投资机制；特别是1998年年初出台的扶持发展高新技术产业的政策“22条”，力度很大，全国瞩目；从1999年开始，深圳市与国家“三部一院”联合举办一年一次的高交会，对于提升深圳市的地位，加快深圳市经济的发展，对于推动深圳市建成高新技术开发和高新技术成果转化基地、高新技术成果交易中心、高新技术产业基地和高新技术产品出口基地将发挥重要的、深远的作用。

与此同时，深圳注意正确处理好大力发展高新技术产业与提高、发展传统产业的关系，对“三来一补”企业，实行巩固、发展、提高的方针。

第五，实施“三个一批”发展战略，培育了一批大型企业和企业集团，提高了深圳市工业的整体市场竞争力。市里重点扶持了18家大型工业企业，促使其上规模、上档次、上水平。实施优化资本结构试点，通过财政拨款、税收返还、借转投、地价减免，以及政策性兼并享受免息、分期还本等一系列政策措施，有效地实现了增资减债，明显缓解了深圳市属国有工业企业过重的历史债务负担。通过对企业存量资产的重组、增量资产的优化以及优化资本结构试点工作，带动了企业内部产业结构、产品结构和组织结构的调整。经过近三年的努力，占全市工业经济总量半壁江山的 18 家重点企业集团，大多数的经济技术实力有了明显的增强和进步，华为、康佳可以提前实现创百亿目标，能源、赛格正朝着百亿目标奋进，长城、希捷、华强、中集、中兴通讯、创维等都保持高速发展势头，有些可能后来居上。

第六，营造了企业发展的良好外部环境。初步建立了市场经济体制框架，认真转变政府职能，培育、完善生产要素市场体系，为企业创造了公平竞争的条件。深圳较早地抓了政府机构改革和职能转变，较早地实现了政企分开，按照“小政府，大社会”的模式，建立了比较精简、高效的政府架构。充分利用国家赋予的立法权，加大立法和执法力度，实行依法治市，加强社会治安综合治理，治理“三乱”，使企业的生产经营环境不断得到改善。

第七，积极引导、支持个体和民营经济的发展，大力发展第三产业。个体和民营经济的规模迅速扩大，特别是一批民营高新技术企业迅速崛起，成为深圳市高新技术产业的生力军。我们特别重视遵循经济工作的科学规律，注意防止在产业发展方面的片面性，确保二、三产业协调发展，相互促进。在加强工业特别是高新技术产业基础地位的同时，大力发展壮大第三产业，金融、商贸、运输、交通邮电、房地产、旅游等成为深圳经济发展的重要支柱，深圳作为区域性的金融中心、商贸中心、运输中心、旅游基地的地位正在逐步确立。

回顾总结我国经济特区改革开放的发展历程，深入研究亚洲金融危机给我们的启示，我们深深体会到，深圳的经济发展必须切实依靠科技进步和劳动者素质的提高，不断调整优化经济结构，防止泡沫经济的形成。只有大力发展高新技术产业，建立起坚实而先进的工业基础，才能实现第三产业的快速发展，才能实现深圳市国民经济持续、快速、健康发展。

坚定不移地加快发展高新技术产业，推动优势传统产业改造升级

20 世纪 90 年代以后高新技术产业的崛起，使深圳市的工业结构发生了根本性变化，形成了以高新技术产业为先导，与优势传统产业互相促进、共同发展的新格局，推动深圳工业进入了一个新的发展时期。在新的形势下，深圳市坚持科学技术是第一生产力，明确提出把发展高新技术产业作为第一经济增长点，一把手亲自抓第一生产力。这个决策是完全正确的。与此同时，深圳市没有忽视传统产业的重要地位和作用，而是立足于利用高新技术对优势传统产业进行不断地改造升级，促使优势的传统产业不断地优化、升级和发展，增强其市场生存能力和竞争力。深圳将长期保持这种相互促进、共同发展的产业格局和发展态势。

一个时期以来，我们讲发展高新技术产业讲得比较多，也讲得比较透，政策也比较配套。今后，深圳还应着重在三方面下功夫。

第一，高新技术产业与传统产业并存的格局，归根结底是由深圳的现实生产力水平所决定的。目前的现实情况是，具有相当数量和水平的高新技术产业与大量的传统产业并存，深圳经济特区内已经具有较高的工业化水平，深圳经济特区外尚处于工业化进程之中。如果我们把那些具有很强的市场竞争力的优势传统产业放弃了，那就等于自塞财路、自断一臂。法国的葡萄酒、意大

利的皮革、瑞士的钟表都是历史悠久的传统产业，为什么还要继续发展它们？因为它们有特色、有竞争力、有优势、有市场需求。深圳的传统产业经过十几年的苦心经营，已经形成了自己的特色，有的在国内甚至国际市场上都很有竞争力，我们不是要放弃具有优势的传统产业，而是要在坚定不移地大力发展高新技术产业的同时，积极推动优势传统产业不断改造升级，这是深圳市工业发展的又一个基本方针。

第二，发展高新技术产业，要突出重点，鼓励技术创新，大力发展具有自主知识产权的民族经济。深圳经济特区建设之初，对从香港转移过来的制造业，几乎是全盘接受，对外来投资差不多是来者不拒，在当时的条件下，深圳只能做出这种选择。20 世纪 90 年代以后，情况发生了重大变化，世界经济一体化趋势日益明显，高新技术的发展突飞猛进，国内全方位的改革开放格局已经形成，深圳面临产业调整升级的紧迫任务。摆在我们面前的有两种选择：一是选择传统的基础工业，如石油化工、汽车制造等产业，以此弥补深圳工业产业关联度较低的缺陷。二是选择具有一定基础的电子信息、生物技术、制药、新材料等产业，跟踪世界尖端技术，推动工业的全面升级。我们果断地做出了第二种选择，这是一个非常正确、非常有远见的决策，也是我们长期追求的目标。

首先，今后的政策导向是鼓励自主开发。凡是搞自主开发的企业，在引进人才、税收减免、投资融资、住房分配、土地政策、出国考察等方面，政府都要开绿灯，给予更加优惠的条件。企业要安排更多的技术开发资金，政府把这作为认定高新技术企业的一项硬指标，一般情况下不能低于销售收入的 3%，高的可以超过 10%。凡是具备一定规模的高新技术企业，都要建立技术开发中心。其次，实行鼓励技术本土化政策。当今世界，技术研发出现了国际化和本土化两大趋势，深圳要顺应这一趋势。对于国内外具有技术开发、生产、销售一体化能力的企业，我们要鼓励其来深圳落地生根。欢迎高等院校、科研院所来深圳建立研究开发机构，相关政策可以进一步从优。工业、科技主管部门要进一步研究支持政策，已经出台的要坚决实行，不够完善、不够配套的要继续补充完善。这是事关深圳前途的大事，市政府各有关部门必须积极配合，同心协力创造一个最优的政策环境，把深圳逐步建成具有世界水平的科研开发和生产基地。

第三，发挥科技进步和规模经济优势，继续大力发展优势传统产业。深圳对环境质量的要求很高，自身可供资源很少，生产成本相对较高，这客观上使得深圳对产业发展有比较强的选择性。发展什么，不发展什么，必须经过慎重选择，政府是如此，投资者更是如此。深圳的发展过程，实际上也是一个优胜劣汰的选择过程，能够扎下根获得发展的，都是有生命力和竞争力的企业。现在，深圳的建材、服装、皮革、钟表、珠宝、玩具、家具、食品、包装、印刷以及日用轻工、家用电器、部分消费类电子产品等，都已经形成相当的生产规模，创造了自己的品牌，在国内外市场有了一定份额和影响。比如，服装是排在电子行业之后的第二大行业，年产值达 180 亿元，出口创汇达 20 亿美元；钟表的产量已占世界产量的 1/4；玩具在国际市场也占有相当的地位。上述已经形成了优势的传统产业，不仅为特区的经济发展做出了历史性的贡献，而且必将为深圳今后经济的发展做出新的贡献。

关于传统优势产业如何实现改造升级的问题。总体上看，优势传统产业要通过加大技术创新和技术改造力度，加快产品结构和企业组织结构调整步伐，实施名牌发展战略，尽快形成新的活力和规模效应，提高增长质量和效益。比如，要解决好机械工业生产集中度较低、技术装备水平不高、跨行业开发能力较弱等问题，集中推动基础件和配套件产品向专业化和“小巨人”发展，加强机械与电子技术融合，走机电一体化创新的路子，向数控化、高精度、高适应性方向发展；要解决好纺织服装工业企业组织结构分散、经营规模偏小、技术含量不足、产业效益不高等问题，以名牌产品为龙头，以设计为中心，广泛应用 CAD（计算机辅助设计）、CAM（计算机辅助制造）技术，重点抓好高中档服装、床上用品、装饰用布、工业用布四大产品；轻工行业门类较多，深圳家电、钟表、食品、皮革、家具、珠宝、印刷、包装等行业在国内外有相当优势，要解决好市场占有率较低、技术开发能力弱、名牌产品不多等共性问题。已形成较大优势的家电行业，要进一步提高科技含量，扩大规模，巩固和提高市场占有率，并根据市场需要，加大对数字电视、DVD（数字通用光盘）、PDP（等离子显示器）等项目的研制，尽早实现产业化。食品行业要集中发展啤酒、食用油、休闲食品、保健食品。钟表行业要继续以飞亚达为龙头，提高技术含量，推动钟表行业从中低档向中高档发展。市场潜力大的珠宝、家具、皮革、玩具、印刷、包装等产品，要集中创造出几个品牌。这些传统产业的发展，既要竞争，又要联合，要打破门户之见，冲破“宁做鸡头不做凤尾”的传统观念，每个行业的企业都应该向有实力的名牌产品靠拢，按股权受益，科学分工，相互配套，以团队整体实力参与国内外市场竞争。

加大技术创新和技术改造力度，坚持走内涵式发展的道路

科学技术革命和高新技术产业发展正在把我们带入知识经济时代。但是，芯片毕竟代替不了面包和牛奶，电脑可以使机床数控化，可以使生产线自动化，可以使小轿车更加安全舒适，但最终代替不了机床和轿车。信息高速公路和实际的高速公路从概念到实际都是两个不同的网络。虽然知识经济在整个经济社会发展中将起到越来越重要的作用，但知识经济无法取代工业经济，而是使工业生产更加自动化、规模化、信息化，把知识融入工业的现代化、产业结构的高级化、产品性能的智能化过程中。

新技术、新装备、新材料对工业发展发挥了越来越重要的推动作用。科技成果转化为现实生产力的周期越来越短，技术创新和技术改造的速度越来越快。比如，晶体管从发明到商业化用了将近10年的时间，第一代微处理器用了5年，64K芯片用了3年，256K芯片用了2年，而目前广泛应用的0.6微米芯片和即将大量生产的0.3微米芯片完成商业化所用的时间更短。我在1995年年初全市的企业工作会议上讲过，深圳工业企业技术改造的新一轮周期已经全面到来。每年都必须有新产品问世，每年都需要进行技术改造。只有不断更新技术、设备、产品，才能保持并提高企业在市场经济中的竞争能力，提高产品的市场占有率。希捷、开发科技每年都要更新设备，华为、中兴通讯每年都会开发出新的产品，所以这些企业能迅速发展壮大。企业要永远保持这种危机感和紧迫感，一时的疏忽就可能使企业落后几年，甚至

导致一个企业的覆灭。

对于技术改造，有一种错误的观点，即认为深圳是一个只有十几年历史的新城市，企业的技术新、设备新，技术改造任务不重，搞技术创新和技术改造无异于“找死”。多年来，全市基本建设投资的增长速度明显高于技术改造投资的增长速度。1998年，深圳固定资产投资中的技改投资比重在全国42个大中城市中属于最低的城市之一，而且增长速度还在下降。这种情况与深圳市经济规模在全国的地位很不相称，将直接影响全市工业和整个国民经济的发展后劲和增长质量。这是一个值得注意的严重问题！

关于今后深圳市企业的技术创新和技术改造问题，这次会议印发了《关于依靠技术进步推动深圳工业持续发展的若干措施》，基本思路已清楚，要抓紧修改完善，尽快下发实施。

坚持推进“三个一批”战略，继续支持一批大型企业集团和产业群的发展

亚洲金融风暴使我们更加认识到，实施“三个一批”战略、培育和发展一批大型企业集团、扶持重点产业群发展的方向是正确的，我们必须朝这个方向继续推进。

发展大型企业集团和产业群，必须优化组织结构和产业结构。一是政府扶持的大集团必须是主导产业明确、主导名牌产品突出、有若干骨干企业。二是市属国有大企业集团，要从产品结构调整入手，重新构造企业组织结构。与主导产品无关的产品和企业，要从集团中划出，由资产经营公司对存量资产进行重组。

没有主导产品的企业集团，原则上宜大则大，宜小则小，不能做大的就变小。这项工作已经实行了两年，取得了一定成效，但阻力仍然不小。请经发局和投资管理公司负责，下决心抓紧抓好这项工作。三是各重点企业集团都要确定一批有后劲的发展项目。四是对市里重点扶持的企业集团实行动态管理。经发局要制定一个管理办法，把不符合条件的企业除名，并不再列入优化资本结构的试点企业。五是根据国家要求和深圳市的实际情况，优化资本结构试点及相关的配套政策期限延长至 2000 年。

发展大型企业集团和产业群，必须构建科学的管理架构和体制。目前，一些市属国有企业集团的行政管理色彩比较浓，在主导产品不突出的情况下，集团与下属企业找不到准确的功能定位。很多集团的技术开发和产品销售不能统一，更谈不上发展战略和市场战略。所以，在解决集团主导产品定位的同时，必须理顺集团对下属企业的管理体制。近两年，我们虽然在优化资本结构试点过程中认识到了这一问题，也做了一些努力，但问题并未根本解决。下一步，我们要认真学习和借鉴国外大集团先进的管理模式，向国际惯例靠拢，真正确立以产权为纽带的母子公司的体制。在明确主导产品的同时，根据不同行业、不同企业的实际，参照国际上通用的事业部制，建立起一套符合现代企业制度要求、适应集团发展、适应市场竞争需要的管理架构。

充分认识中小企业的地位和作用，
鼓励、引导中小企业健康发展

中小企业在扩大社会就业，增加财政税收，扩大外贸出口，

促进全市国民经济发展方面，发挥着十分重要的作用。党中央、国务院领导同志多次指示，要支持中小企业加快发展。江泽民同志在十五届三中全会上指出，“支持小企业的发展有利于缓解就业压力，活跃城乡经济，这是一项大政策”。深圳有 8 万多家企业，99% 以上是中小企业，就业人数占全市的 85% 左右，工业总产值占 66.6%，在独立核算工业企业中，中小企业的销售产值占 65.2%，增加值占 63.8%，利润总额占 52.6%，利税总额占 51.9%。深圳市已经形成了一批各具特色的中小企业群，并在全市国民经济格局中占有重要的地位。一是投资主体多元，有较好的体制优势。深圳市的经济是通过外引内联发展起来的，中小企业也是在这个过程中由不同的投资主体组合形成的。企业中不同投资主体之间的相互制约，避免了单一国有投资主体的体制弊病。外资投资主体的融入，带来了新的经营理念、新的管理模式。二是拥有一批科技含量高，技术先进，产品畅销国内外市场的中小企业。1998 年经考核认定的技术先进型企业共有 100 家，中小企业就占了 76 家；经考核认定的出口型企业共有 336 家，中小企业占了 90%。深圳市的高新技术企业也以中小企业为主，经认定的 124 家高新技术企业中，中小企业约占 90%。在深圳市非公有制中小企业中，有一部分是国内科技界的“闯海者”，是由专家、教授、博士以及从国外留学归来的各种人才创办的，10% 的高新技术企业属于这一类。不少中小企业拥有自己的专有技术和产品，发展前景广阔。三是特区改革开放的不断深入，为中小企业提供了较好的环境和土壤，部分中小企业已经成长为大型企业。如中集集团是成立于深圳特区创立初期的一家小企业，现已发展成跨地区的企业集团和上市公司，资产规模近 40 亿元，主要产品集装箱连续两年产销量居世界第一。康佳集团创办初期也是一家小企业，1998 年电视机年生产能力已达 550 万台，年销售额 105 亿元，居全国彩电行业第二位。

中小企业的问题是个世界性的问题，是每一个国家的政府都必须面对的问题，扶持中小企业的发展是政府的一项重要职责。当前，深圳市中小企业的发展也面临不少困难和问题，特别是中小企业经营过程中所遇到的融资难、技术更新难、新产品开发难、市场开拓难以及社会服务体系不健全等问题，需要认真研究和解决。

第一，把扶持中小企业的发展作为一项基本战略，纳入全市的经济发展战略中统筹考虑。要实行政府引导、协会组织、政策支持、行业自律的管理办法，减少中小企业发展的盲目性。

第二，大胆学习和借鉴国外发展中小企业的经验和做法，充分利用全国人大赋予的立法权，在调查研究的基础上，抓紧制定《深圳经济特区中小企业条例》和配套的法律法规。通过完善法律体系，把中小企业的发展纳入法制的轨道。抓紧修改完善《关于支持深圳市中小企业发展的意见》，尽快实施。

第三，为中小企业建立技术支持体系。中小企业在研究和开发新产品、工业试验、设备检验，以及生产工艺研究和改进等方面普遍存在较大的困难，要努力为他们提供共用的技术研究和产品开发条件，使中小企业能够根据市场的需要，及时地研究开发出新产品。在这方面，我们可以效仿香港政府的做法，建立为中小企业服务的模具制造中心、虚拟制造中心、快速成型中心和产品测试中心，把深圳市生产力促进中心建成中小企业提供技术开发和技术服务的基地。

第四，进一步完善市场体系，为中小企业开拓市场提供服务。要在继续组织好企业参加国内外各种展销会的同时，利用各种机会来推介中小企业及其产品，尽可能为中小企业开拓市场提供便利。尤其是要为中小企业建立有特色的产品专业市场，利用计算机网络手段，建立信息服务网，建立健全资金、人才、技术等各种要素市场。

第五，加强中介服务，加快建立完备的社会综合服务体系，做好业务咨询、人员培训、专业认证、投资指导、信贷、法律援助等服务，建立专门为中小企业提供咨询和服务的网络。生产力促进中心、各种协会要更好地发挥为中小企业服务的功能。

第六，鼓励和引导中小企业发挥“小而精、小而优、小而特、小而专”的优势，为大企业和龙头企业提供各种专业生产配套，拓展中小企业的发展空间。中小企业要善于用好各种优惠政策，有关部门要做好宣传和指导工作。

第七，加强对中小企业发展的指导和引导。国家经济贸易委员会专门成立了中小企业司，深圳市在机构调整前，经发局要先把工作抓起来。

此外，请有关单位研究设立中小企业创业基金的问题。如果建立基金暂时有困难，可以考虑每年从可支配财力中提取一定比例资金，目的是建立中小企业的融资担保机制。

大力开拓市场，在千方百计扩大出口的同时，努力开拓国内城乡市场

搞好企业的首要问题是要有市场意识。企业全部的经营活动

必须以市场为取向，必须把研究市场、适应市场、开拓市场作为办好企业的出发点。

深圳市工业产品大部分要出口。1998年，深圳市工业产品出口值达898.37亿元，占全市工业总产值的54.1%。开拓国际市场，千方百计扩大出口，是深圳工业继续保持快速健康发展的重要条件。我们必须大力开拓国际市场，确保出口稳步增长。如果不扩大出口，我们就会丧失优势。知识经济的迎面而来，为深圳实现出口产品结构从传统产品为主向高新技术产品为主的转变提供了历史机遇。一是切实保证中央、省、市鼓励出口的政策措施落实到位，并且继续向国家和有关部委全面反映深圳的实际情况，进一步争取有利的政策条件。二是大力促进加工贸易出口。加工贸易在深圳市经济发展中占有非常重要的地位，1998年加工贸易企业的工业总产值占全市工业总产值的80%以上。稳住了加工贸易，就稳住了深圳市工业的大头，我们要进一步促进加工贸易稳定健康发展。加工贸易的市场主要在境外，加工贸易的发展取决于拓展国际市场的力度和效果。要想方设法解决制约加工贸易发展的一些问题，积极争取有利于加工贸易发展的政策条件，发挥“免、抵、退”政策的正面效应，尽量减少“免、抵、退”政策的负面影响。进一步改善投资环境，继续稳定、发展、升级“三来一补”企业，同时鼓励建立以拥有终端产品的企业为核心的、拥有大量关联企业的企业群，鼓励外资企业提高国产化原料比例。三是实施以质取胜战略，优化出口产品结构，支持深圳市高新技术产品、机电产品出口，提高高附加值产品出口份额。四是继续实施市场多元化战略。对那些受亚洲金融危机影响较小的市场，应主动出击、寻找商机；对那些受亚洲金融危机影响较大、但占深圳出口比重较大的市场，注意调整销售战略，稳住客户，稳住市场。五是积极培育新的出口增长点。在欧美等发达国家，可以推广华为、中兴通讯的做法，把新产品研究机构设在外面，利用当地市场、信息和人才资源，开发专利技术，再组织生产出口。鼓励引导有条件的企业开展“带料出口加工”，搞境外产品加工。

扩大内需是我国经济发展的基本立足点和长期战略方针。我们要认清这个基本形势，抓住时机，努力开拓城乡市场。深圳要有主动把传统产品市场更多地让给内地企业的气度，但要积极拓展高新技术产品在国内的市场，与国外产品争夺更多的国内市场份额。在开拓城乡市场方面，一是围绕把深圳建成区域性物流中心的目标，充分发挥我市现有的港口、机场、铁路、公路、交通运输优势，加快商贸基础设施建设，兴建一批辐射力强的大型专业批发市场。用三年左右的时间使深圳市的电子、钟表、服装、玩具、建材、水产品等专业市场和批发配送中心发展成为华南乃至全国的重要集散地。二是搞好商业旺区的规划建设，发展大型百货商场，促进连锁经营，继续引进外资商业企业，繁荣商品零售业。三是实施名牌战略，通过举办形式多样的展销会，推介深圳产品，提高深圳产品在市场上的知名度和占有率。四是大力发展旅游业，吸引到深圳旅游的游客购物、消费。

继续深化国有企业改革，加快建立现代企业制度，完善三个层次的国有资产管理体制

改革是经济特区的形象和优势所在，是深圳发展的动力所

在。深圳必须扎扎实实地搞好国有企业改革，切实搞活国有企业，率先建立起适应社会主义市场经济体制要求的现代企业制度和运行机制，继续发挥经济特区的探路、示范作用。

第一，继续探索公有制的多种实现形式，加快产权主体多元化进程。产权主体多元化有利于各方相互监督、民主决策，有利于转换企业经营机制。要扩大企业内部员工持股试点，积极探索技术入股、管理入股等新方式，推动国有企业开展资本经营，优化资本结构，实现公有经济与非公有经济的相互渗透和联合，发展混合所有制经济。通过企业产权制度改革这个突破口，加速实现企业经营机制的转换，加快建立适应市场经济的竞争机制、激励机制、压力机制、监督约束机制。

第二，完善三个层次的国有资产管理体制，探索一条社会主义市场经济体制下加强国有资产管理的新路子。三个层次的国有资产管理体制有很多好处，符合深圳的情况，要针对实践过程中存在的问题不断加以调整，使之更为成熟完善。重点是完善资产经营公司的运作，加强资产经营公司自身的建设，使其成为真正的投资主体，行使出资人的职能；进一步理顺资产经营公司和企业的关系，积极探索和完善集团公司对下属企业的管理模式和经营运作方式，建立母子公司体制。

第三，切实贯彻执行《董事会工作暂行规定》、《总经理工作暂行规定》、《监事会工作暂行规定》、《党组织工作暂行规定》和《工会工作暂行规定》，完善企业法人治理结构，建立相互促进又定位准确、各负其责的工作关系。

第四，围绕国有企业改革，推进各项配套改革，做好国有企业下岗职工的基本生活保障和再就业工作，建立覆盖全社会的社会保障体系，保证国有企业改革的顺利进行。

学习现代企业管理知识，把企业管理提高到一个新的水平

管理是企业生产经营的灵魂。深圳企业的管理水平参差不齐，企业与企业之间差别很大，有的企业管理水平相当高，而有的企业特别是一些国有企业，管理还相当落后，加强管理的任务还很重。如果企业内部管理水平上不来，即使体制条件和外部环境再好，也很难把企业搞好。我们必须苦练内功，下功夫把深圳市企业的管理提高到一个新的水平，要向管理要质量、向管理要速度、向管理要效益、向管理要实力。

第一，要用现代科学管理理论武装自己。企业管理人员都要认真学习和掌握现代的管理理论，密切跟踪掌握国外管理理论和实践的发展动态，不断更新观念，变过去的经验管理为制度管理、科学管理。要继续开展学邯钢活动，总结推广能源、康佳、赛格日立等企业的管理经验，把深圳市的企业管理工作推上一个新台阶。

第二，要在利用外资、引进技术的过程中学习和吸收国外企业先进的管理模式和管理方法。在深圳投资的许多外资企业，有很多好的管理经验，我们要通过互相交流，互相学习，达到全面提高深圳市企业管理水平、提高企业素质的目的。

第三，把深化企业改革与加强管理结合起来。要按照现代企业制度的要求，加强企业投资管理、财务管理以及生产经营的基础管理，苦练内功，堵塞管理漏洞，大力降低成本，减少库存积

压。要大胆进行管理体制创新，建立适应企业发展的管理架构和管理机制。

提高素质，健全机制，加强企业领导班子建设

企业领导班子是企业决策、管理的核心。一个企业的改革与发展能不能搞好，生产经营状况怎么样，与企业的领导班子特别是主要负责人的素质有很大关系。一个好的带头人，一个坚强的领导班子，可以带出一支好的队伍，可以克服困难把企业办好，可以使亏损大户变为盈利大户，而一个不好的班子可以搞垮一家优秀的企业。我们一定要不断加强企业领导班子建设，提高企业领导班子的政治业务素质，健全完善企业领导班子的监督约束机制。

第一，要坚持党管干部的原则，改善党对国有企业领导干部的管理办法。按照党管干部与《公司法》相一致、管人与管事相一致、干部下管一级的原则，调整企业领导人员的管理权限，切实将一、二类企业领导人员的管理权交给资产经营公司，将总经理的任免权真正交给公司董事会。要改变用管理党政领导干部的方法来管理企业领导干部，对干部进行分层管理，党政干部、企业管理者和科技人才，应该各有各的考核标准体系，不能搞成一个样子。同时，要进一步完善高级经理人才评价推荐中心，面向市场选择职业经理人，造就大批懂经营、善管理的职业经理人，走出一条既坚持党管干部的原则，又用市场机制选择经理人的新路子。

第二，挑选配备好领导班子，提高领导班子素质。现代企业在经营管理上的复杂性、所面对市场的激烈竞争性以及现代科技的飞速发展，决定了企业经营管理是一种很特殊的、需要专门技能的职业，驾驭现代企业的应该是一批结构合理、才干互补的职业经理人。我们一定要选那些政治素质好、懂得经营管理、廉洁自律、群众拥护的优秀人才担任企业的领导人。具体来说，在领导班子的挑选配备上，要掌握以下四项标准：一是学历高、水平高，实践经验丰富，领导层具有互补的现代知识优势。二是公正廉洁，率先垂范，用人格的力量来塑造有凝聚力的企业文化。三是团结务实、开拓进取，具有较高的决策能力、组织领导能力和较强的创新精神。四是经营班子相对稳定，他们之间相互信任、配合默契、扬长避短、团结协作，对企业的发展有长期打算。

第三，健全对企业领导班子的监督约束和激励机制。坚持把企业经营的效益和国有资产的保值增值情况作为考核企业领导干部的主要依据。推行经营者年薪制，完善对企业领导干部的激励机制、压力机制和监督约束机制，营造使优秀企业家脱颖而出、争相为国奉献的良好环境。对企业领导要放手、信任，敢于委以重任，对因为素质和能力不称职把企业搞垮了的企业领导人，要坚决及时予以调整，对有违法乱纪行为的企业领导人要严肃查处。

明确深圳工业发展方向，
以崭新的姿态迈向新世纪

我们的总体思路是，牢固树立科学技术是第一生产力的思

想，把大力发展高新技术产业作为深圳市第一经济增长点，一把手抓第一生产力。总的目标是，把深圳建设成高新技术研究与开发基地、高新技术产业基地、高新技术产品出口基地、高新技术成果交易中心。具体来说，信息产业的某些领域要赶上世界先进水平；生物技术、新材料等新兴产业要在全国处于领先水平；具有优势的传统产业，要继续巩固和扩大优势，保持领先地位。要形成“一马当先、万马奔腾”的局面。按照这个目标定位，21 世纪初期的深圳工业，应牢牢抓住三大战略重点产业，在水平上有大的提高，在规模上有大的发展。

第一，大力发展信息产业。包括计算机及其软件、通信、微电子及基础元器件等。今后几年，在继续加快发展硬件产业的同时，要格外努力抓好高新技术的软件产业。

第二，加速发展生物医药、生物农药、医疗器械和新材料等新兴产业。这些产业具有技术含量高、增长势头猛、辐射和拉动能力强等特点，极具增长潜力。我们在“九五”期间已经奠定了这些产业的基础，在 21 世纪要加速发展，提高其在高新技术产业中的比重。

第三，发展、提高具有优势和竞争力的传统产业。传统产业不等于夕阳产业，衣、食、住、行是人类永恒的消费需求。传统产业也不等于落后产业，关键是要进行技术创新，不断地用高新技术来装备和改造这些产业，创造活力，增强竞争力，提高整体素质，使之适应时代发展的需要。

市场竞争规律告诉我们，工业的发展总是优胜劣汰、推陈出新，我们必须不断地调整、优化产业结构和产品结构，不断培育新的增长点，只有这样，才能不断进步，不断提高。

第七篇

金融业发展改革

改革开放以来，深圳的金融业从经济特区成立之初的几乎一张白纸到“杀出一条血路”，支撑了国民经济持续、快速发展。1992 年，“8·10”事件发生后，全国证券市场步入持续三年的低迷状态，深圳证券市场甚至到了“生死存亡”的关头。1995 年 7 月，深圳市政府重启深圳证券市场，仅仅一年的时间，深圳股市就由低迷转向持续走强，成交总额占了全国半壁江山，发挥了资本市场对产业结构调整升级的支撑作用。深圳的实践再次证明：金融棋活，全盘皆活。

金融棋活，全盘皆活

“金融很重要，是现代经济的核心，金融搞好了，一着棋活，全盘皆活。”20世纪90年代初，邓小平同志的精辟论述揭示了金融在经济社会中的重要地位——金融业稳定、持续、健康的发展，是国民经济持续、快速、健康发展的有力保证。

“一个国家，如果金融出了问题，就会给整个经济建设和社会稳定带来灾难性的后果。”1999年年初，江泽民同志在省部级干部金融专题研究班上对大家的“告诫”强调的是：金融安全是国家经济安全的前提。

作为我国最早建立的经济特区，在改革开放初期“中央没有钱，你们自己去搞，杀出一条血路来”的发展大背景下，几乎“白手起家”的深圳金融业，冲破计划经济体制下金融体系的旧模式，大胆进行金融制度和金融业务创新，扩大金融开放，发展金融产业，努力防范和化解金融风险。从1980年8月成立深圳经济特区到1999年，经过近20年的迅猛发展，深圳的金融与经济发展形成了良性互动的新局面，金融业成为深圳特区经济建设的重要动力，并为推动全国金融改革做出了重大贡献。

深圳金融业“白手起家”，20 年改革开放“杀出一条血路”

深圳金融业的发展几乎是在“一张白纸”的基础上起步的。深圳经济特区设立之初，建设资金匮乏。如何加快金融业发展，以满足深圳经济特区大规模经济建设的资金需要，一开始就是深圳特区经济建设的关键问题之一。

改革开放初期，中央确定了建立经济特区的政策，鼓励在经济特区内大胆进行实验，为深圳金融业冲破计划经济体制下金融体系的旧模式提供了政策保障。深圳经济特区建立初期，深圳金融业从培养金融组织体系入手，重建、引进、新设了一系列金融机构。1979—1984 年，一批银行、保险公司、信托投资公司、租赁公司相继成立。在金融主体快速发展的基础上，深圳大胆地进行金融制度和金融业务的创新，1984 年，深圳经济特区四大专业银行在全国率先冲破条块分割、画地为牢的框框，实行业务交叉，允许客户与银行双向选择，迈出了银行间相互竞争的第一步，促进了银行业务的发展和服务质量的提高，推进了金融规模的迅速扩大。到 1984 年年底，仅用了 5 年时间，深圳经济特区四大专业银行存款总量达到 333 亿元，增长 32.8 倍，贷款总量达到 43.3 亿元，增长 60.8 倍。

为加快深圳经济特区的发展，从 1986 年开始，党中央、国务院相继给予了深圳经济特区在资金、利率、存款准备金率以及金融机构审批四个方面的特殊金融政策，推动深圳金融业创新迈向了新的阶段：一是实行信贷资金切块管理；二是自行设定利率档次和厘定利率水平；三是自行制定各专业银行的存款准备金率；四是授予中国人民银行深圳经济特区分行部分金融机构审批权。深圳经济特区充分利用了中央给予的特殊的金融政策，在中国人民银行总行的支持和指导下，加快了金融机构创新的步伐，增加了金融业务的种类，建立了新的金融市场门类。1985—1987年，深圳相继组建了全国第一家外汇调剂中心、全国第一家中外合资财务公司、全国第一家由企业法人持股的商业银行、全国

图 7.1　1987 年 4 月 8 日，中国第一家由企业创办的银行——招商银行成立（左上图）；深圳外汇交易大厅（右上图）；1987 年 9 月 19 日，深圳经济特区证券公司成立（下图）

第一家公开发行股票的上市银行以及全国第一家证券公司。这些新的金融机构的出现，形成了深圳金融业的多层次格局，大大增强了金融服务于经济发展的实力，有力地促进了全市经济的发展。

20世纪90年代，针对我国经济发展和金融运行中出现的问题，中央及时制定了强化宏观调控、加大整顿金融秩序力度的方针政策，深圳金融业及时将工作重点转移到整顿金融秩序、规范金融运作上来，努力推进金融业由量的扩张向质的提高转变。这期间，在对企业贷款方面，通过大力推行企业经济档案制度和贷款证制度，促使银行在竞争的基础上建立新的秩序，既提高了银行资产的安全性，又有效避免了重复多头贷款，促进了信贷资源的合理配置。在对专业银行进行监管方面，通过实行资产负债比例管理，加强银行信贷的内部约束机制，促进了银行以存定贷、自负盈亏机制的形成。在对证券市场进行规范方面，打击黑市非法交易，成立了证券交易所，实现了证券的分散交易向集中交易的转变。由于措施得力，组织及时，既消除了金融业快速发展中存在的一些问题和隐患，又推进了金融业整体实力的增强，出现了规范管理与业务发展相互促进的良好局面。

随着我国经济运行中市场机制的作用日益扩大，对市场运行状况的监管日益重要。中央陆续采取了一系列措施，进一步强化和完善了集中统一、垂直领导的金融管理体系。这既是宏观管理的需要，也有利于推进深圳金融业迈上新的台阶。深圳积极主动地配合中央有关部门，平稳地完成了证券市场由地方政府管理向中央统一管理的过渡和转移，圆满地实现了中央银行新的管理体制的到位和顺利启动。1997年，亚洲金融危机爆发，按照中央统一部署，深圳市进一步加大了防范和化解金融风险的工作力度。

深圳市政府迅速采取行动，严厉打击金融犯罪，及时清理了金融活动中的“三乱”，对个别不良资产严重的金融机构，果断采取了资产置换、政府注资、债务重组等措施，保证了深圳金融业的平稳运行。

从经济特区建立至1999年，深圳已初步建成以银行、证券、保险为主体，其他多种类型金融机构并存，结构比较合理，功能比较完备的现代金融体系，并显示出鲜明的特点。

一是金融机构数量多，网点密度大。至1998年年底，深圳市拥有金融机构网点总数1 425个，深圳市每2 750个居民拥有一个金融网点，每100个居民中就有一人从事金融工作，金融密集程度居全国大中城市之首。

二是金融机构门类齐全，服务功能比较完备。全市有商业银

图7.2　1995年8月，中国平安保险公司大楼启用

行 15 家、保险公司 7 家、证券公司 10 家，其他如信托公司、财务公司、基金公司以及租赁、典当、结算中心和外资金融机构，一应俱全，基本能够适应和满足深圳经济发展的各种金融需求，金融业的服务功能在全国居于前列。

三是金融业务发展快，金融业规模迅速扩大。银行存款以平均每年 49.98% 的速度增长，比 1979 年增长 2 210 倍。银行贷款以平均每年 49.43% 的速度增长，比 1979 年增长 2 060 倍。1998 年年底，银行存贷款总量在全国大中城市中分别位居第四位和第五位。全市外汇存款余额 69.4 亿美元、外汇贷款余额 71 亿美元，在全国大城市中均位居前列。1998 年年底，深交所上市公司达到 413 家，总市值达到 8 880 亿元，全年股票和基金交易总额为 11 570 亿元，分别占全国份额的 48.53%、45.52% 和 47.11%。1998 年，承保总额和保费收入分别为 7 954 亿元和 34.9 亿元，均居全国大中城市前列。

四是金融业务品种多、服务方式灵活。除了办理存、放、汇等一般传统业务之外，全市各金融机构不断推出新的业务品种，许多服务项目具有国际水准。

五是金融资产质量比较好，金融机构盈利能力比较强。深圳市金融机构不良资产比例在全国处于较低的水平，全市国内金融机构支付能力一直较强，没有出现支付问题。深圳金融业一直保持较强的盈利能力，1998 年，深圳金融业创造的利税总额约占全国金融业的 1/4。

六是对外开放程度高。自 1982 年南洋商业银行在蛇口开设分行以来，到 1998 年年底，全市共有外资金融机构 49 家，其中营业性机构 27 家，在深外资商业银行存款总额达到 7.55 亿美元，贷款总额达到 41.7 亿美元，存贷款总额在全国各大城市中位居第二。与此同时，国内银行基本上开办了外币业务，深圳还是全国第二个对外资银行开放人民币业务的城市。

七是金融装备精良，人员素质较高。各金融机构基本实现了服务手段电子化，金融服务现代化水平居全国领先地位。

金融与经济发展良性互动，金融业整体实力不断增强

经济是金融的基础，只有经济不断发展，产业结构不断优化升级，经济的整体素质不断提高，金融业才能保持长期、稳定、健康的发展。

深圳金融业之所以能够一直保持持续的、蓬勃向上的发展势头，最基本的原因在于深圳经济始终保持稳定、健康、快速的发展，从而逐步形成了金融与经济相互促进的局面。1979—1998 年，深圳国内生产总值、外贸进出口、社会消费品零售总额、固定资产投资等年均增长速度均为 30%~45%。其中，国内生产总值由 1.96 亿元增加至 1 289.28 亿元，年均增长 32.2%；外贸进出口总额由 0.17 亿美元增加到 452.76 亿美元，年均增长 43.4%；社会消费品零售总额由 1.13 亿元增加到 423.05 亿元，年均增长 35.2%；固定资产投资额由 0.59 亿元增加到 474.63 亿元，年均增长 42.2%。与此相适应，深圳各项金融指标也呈快速增长势头，1979—1998 年，深圳金融机构人民币各项存款余额由 1.01 亿元增加到 2 238.37 亿元，年均增长 49.98%；金融机构各项贷款余额由 0.75 亿元增加到 1 550.37 亿元，年均增长 49.43%。

深圳经济能够长期保持旺盛发展的势头，重要原因之一是深圳产业结构的不断优化和经济素质的不断提高。1979 年，深圳一、二、三次产业占经济总量的比重分别是 37.0%、20.5% 和 42.5%，1998 年它们依次是 1.2%、49.7% 和 49.1%。工业的高速增长和第三产业的稳定发展，彻底改变了传统的产业结构，为深圳金融业的发展提供了大量新的需求，开辟了广阔的市场空间，以第二、第三产业为主要服务对象的金融结构随之迅速形成。从经济素质上看，深圳早期的产业结构主要以“三来一补”加工贸易为主，20 世纪 90 年代中期以后，深圳高新技术产业迅速崛起，产业结构的调整优化取得了显著成效。1991—1998 年，深圳高新技术产品产值年均增长 61.5%。1998 年，深圳高新技术产品产值达 655 亿元，占工业总产值的 35.4%。高新技术产业已成为深圳经济第一增长点。从 1999 年开始，对外贸易经济合作部、科学技术部、信息产业部、中国科学院和深圳市政府在深圳联合举办一年一度的高交会，对促进全国技术贸易进出口，加快高新技术成果产业化，推动深圳市的产业结构、产品结构升级优化和经济质量的提高，有着重要的意义。随着深圳投资环境的逐步改善，1994 年以来，世界上一些著名的跨国公司纷纷落户深圳，它们与一大批迅速崛起的国内大型企业集团一起，使深圳的产业格局跨上了一个新的台阶。所有这些，无疑给深圳金融业的发展提供了新的机遇。

深圳经济的蓬勃发展为金融运作提供了大量资源，银行存款不断增加，大大推进了金融整体实力的迅速增强。1979—1998 年，深圳工业企业实现利润由 8 万元增加到 135.06 亿元，年均增长 88.4%；深圳市地方预算内财政收入由 0.17 亿元增加到 164.91 亿元，年均增长 43.5%；深圳城镇居民人均年收入由 1985 年的

1 915 元增加到 1998 年的 19 886 元，年均增长 19.7%；居民储蓄存款余额由 0.37 亿元增加到 861.88 亿元，年均增长 50.39%。企业的高速、健康发展和居民存款的迅速增加，带动了金融市场规模的扩大，特别是居民收入的迅速增加，推动了深圳证券市场的发展。在深交所的股票交易中，深圳投资者的交易量在 1996 年曾超过 43%。

深圳金融业的快速发展对特区经济发展起到了极大的推动作用。银行信贷资金成为深圳经济发展的重要动力。据统计，深圳经济特区企业的流动资金 80% 来自银行贷款，企业基本建设投资的 36% 来自银行贷款，银行投入的资金占深圳经济特区全部建设资金的 56%；建立不到 10 年的证券市场，成为深圳经济特区企业融通资金的重要渠道，全市 67 家上市公司发行和配股筹资总量达 230 亿元，其中深发展、深南玻、深康佳等企业股票在证券市场上筹资都达 10 亿元以上。保险业的兴起对全市经济的发展也起到了至关重要的作用。1992—1999 年，深圳的保险公司对社会的年均赔付额达 9 亿元。深圳金融业自身的发展也构成了深圳经济发展的重要组成部分，成为深圳的重要支柱产业。深圳金融业提供了近 4 万个高层次的就业机会，创造的增加值占全市国内生产总值的 13.5%。1998 年，在全市 10 家利税大户中，金融机构就占了 5 家。

把握需求，规范发展证券市场，金融业整体功能不断提升

深圳作为我国经济体制改革的试验场，随着经济社会的发

展，对金融业的需求日益增加。如何准确把握、及时适应经济发展中的各种需求，是金融改革的重大课题之一，也是衡量金融服务功能的一个重要标志。自改革开放以来，深圳金融业围绕经济发展中的各种需求，积极主动地寻找最佳的实现方式，取得了明显成效。

首先，积极进行技术创新，努力提高金融服务效率。为提高针对居民个人的服务效率，深圳各银行网点全部实现了电子化作业，银行网点之间基本实现了通存通兑；许多银行较早开通了异地储蓄转划电子服务系统，使不同城市间的储蓄存取像在一个城市内一样方便。电子化手段的采用，突破了时空的限制，截至1999年4月，深圳的银行在全市主要地段安装了983个跨行联网自动柜员机，储户可以随到随取。为加快结算速度，减少资金占压，中国人民银行深圳市中心支行（1998年11月改名为中国人民银行深圳经济特区分行，后来改为此名）于1998年12月推出了实时电子支付系统，使同城资金划拨可随时完成。为方便投资者买卖证券，深圳早在1992年8月就推出了电话交易，使投资人不到证券营业部就可完成证券交易全过程。

其次，积极开拓新的服务领域，努力提高金融适应能力。我国传统的金融业务，基本上是围绕满足工商企业的要求来设置的，针对个人的金融服务基本上停留在储蓄方面。随着社会主义市场经济的发展，居民个人的金融需求与日俱增，深圳金融业在适应和满足居民个人的金融需求方面设计推出了许多新的服务措施和业务品种。在服务居民日常生活方面，深圳银行业普遍开展了为居民代缴费用业务，使居民的水费、电费、煤气费、有线电视费等经常性开支，可以通过银行转账自动完成。在居民长期

图 7.3　1995 年 12 月 18 日，深圳金融电子结算中心开业

消费需求方面，深圳银行业积极配合住房改革，大力推进住房商品化，适时推出了住房按揭贷款业务。此外，许多银行还开办了居民财产保管业务。可以说，深圳金融业已经渗透到居民生活和经济社会的各个层面。

最后，积极稳妥发展证券市场，推进金融功能的完善与提高。中国证券市场起步晚，而且是从无到有发展起来的，作为中央确定的进行股份制改造和发展股票市场的改革试点城市，深圳和上海共同担负着建立集中性交易市场并为全国证券业的发展提供经验的任务。自 1983 年深圳宝安集团发行股票以后，深圳就开始了证券市场的探索和实践，股票发行和交易活动日趋活跃。1990 年年初，为适应经济发展过程中日益增长的投资需求，引导证券市场向规范化方向发展，深圳市着手深交所的筹备工作。

1990 年 12 月 1 日，深交所在全国率先投入试运行，并于次年 4 月获得中央正式批准。从此，深圳证券市场取得了较快发展，证券市场的作用日益显现。到 1992 年年底，在短短两年间，深交所发展到 24 家上市公司，总市值达到 489.73 亿元。

深圳证券市场的发展，唤醒了人们的投资意识，在全国产生了强烈的示范效应。1992 年 8 月，全国各地的投资者涌入深圳抢购新股，酿成了震惊全国的“8·10”事件。这一事件的发生有必然性，也有偶然性。其必然性是，当时人们对证券市场的认识还处于较低的水平，认为持股必赚，所以疯狂抢购新股，当时我国对证券市场也缺少规范性的管理办法。其偶然性是，深圳的新股认购方法不够周密，再加上部分公职人员营私舞弊。“8·10”事件以后，在多种因素作用下，全国证券市场步入了持续三年的低迷状态。

1995 年 5 月，深圳市政府换届。本届政府把大力发展高新技术产业作为调整深圳经济结构和转变经济增长方式的中心任务，以实现深圳经济社会的可持续发展。发展高新技术产业需要大量资金，只有搞活证券市场，打通融通资金的重要渠道，发挥资本市场的强力支撑作用，深圳调整优化产业结构才具备更好的金融市场环境。重启深圳证券市场被列为新一届政府的重要工作。

1995 年 7 月，深圳市政府深入地总结了证券市场建立以来的经验教训，认为证券市场存在利和弊的两重性，但是利大于弊，搞得好，就可以最大限度地限制其弊端。证券市场是社会主义市场经济体制下的金融市场体系的重要组成部分。建立证券市场的积极意义在于，可以集中社会闲散资金，将其用于经济建设，为国有企业的股份制改造和技术改造做出贡献，为我国高新技术产业的发展提供巨大的支持。

重启深圳证券市场的准备工作在大调研中展开。市政府组成了强有力的工作班子，针对深圳证券市场运作体制的形成和运作现状，重点查找现行运作体制和交易清算制度的不足和缺陷。1995 年 8 月，市政府密集出台了一系列启动证券市场的措施。

1995 年 9 月，市政府从调整市场组织架构、降低交易费用、改进结算交收、提高技术水平、改善服务质量等 12 个方面，对证券市场进行了全面整改。在此基础上，深交所在中国证监会和深圳市政府的领导下，坚持“法制、监管、自律、规范”的八字方针，逐步强化监管职能，开展了一系列卓有成效的市场服务工作，大大地降低了市场的运作成本，提高了市场运行的效率和安全性，增强了对全国的吸引力和辐射力。1996 年 3 月，深圳证券市场交投日趋活跃，市场份额逐步加大。4 月，“深市”出现了赶超“沪市”的势头，带动了全国证券市场发展的新一轮高潮。此后，深交所根据中央防范和化解金融风险的一系列方针政策和中国证监会的统一部署，进一步强化一线监管职能，推动证券市场的规范化进程。到 1998 年年底，深交所在 8 年间，共为企业筹集资金 1 262 亿元，为我国经济建设做出了应有的贡献。

100 多个“全国第一”，深圳为全国金融改革提供宝贵经验

在 20 多年的发展历程中，深圳金融业勇于创新，大胆实践，积累了许多成功经验，对全国金融改革、开放与发展起到了良好的示范和推动作用。据统计，深圳金融业共在全国同行中创造了

100 多个“全国第一”，其中许多成功的制度创新和业务探索为全国金融改革提供了宝贵经验，陆续得到推广和普及。在制度建设方面，深圳银行业在全国率先实行企业经济档案制度、贷款证制度、资产负债比例管理制度等，这些制度在全国银行业的推广，极大地促进了我国银行业自主经营、自负盈亏、自我发展机制的形成。深圳在全国率先进行股份制商业银行的组织制度创新，以法人持股形式组建招商银行，以公开发行股票并上市的方式组建深圳发展银行，并在全国率先将城市信用合作社组建为股份制的城市合作商业银行。这些探索对银行实行商业化改造和按商业银行的机制进行运作提供了先行经验，对全国许多地方筹建新型的股份制商业银行起到了很好的示范作用。

图 7.4　左图：深圳发展银行大厦。右图：招商银行大厦

在银行业务和保险业务方面，深圳也进行了一系列创新。一些新的业务品种，如住房按揭贷款、离岸金融业务以及许多新的保险险种等，都是深圳首先开办的。深圳金融业服务手段的现代化，如电话银行、缴费自选一本通、储蓄一卡通、银行证券卡、医通卡等，同样走在全国前列，为深化金融改革、提高金融服务水平和运作效率提供了经验。

在开拓和发展证券市场方面，深交所于 1990 年 12 月开始营业，最早完成了柜台交易向集中交易的转变；率先改变实物证券交易交收模式，实现了无纸化运作；率先采用证券交易的电脑自动撮合，并以卫星和地面光纤通信为技术手段，形成了无形化的交易模式，使证券市场的技术手段达到了国际先进水平。深圳在高起点的市场建设基础上，及时有效地制定了一系列市场制度与规则，适应了证券市场发展的需要，推动了全国证券市场的运作向标准化、规范化方向迈进，使深圳证券市场成为全国证券市场的两大中心之一。

主动防范和化解金融风险，
建立良好的金融秩序

世界各国金融业的实践表明，金融业的发展既是一个业务种类日益增多、规模总量持续扩大的过程，也是一个风险因素不断加大、监管要求愈来愈高的过程。这一特征随着金融创新的日趋活跃和金融全球一体化进程的加快，在今天显得更加突出。因此，在金融工作中，只有牢牢树立风险防范意识，加强和完善金融监管措施，不断消除和化解各种风险隐患，才能保持金融业长

期稳定的发展局面。

从总体上看，深圳金融业基本保持了稳定健康的发展态势，即使在1997年受到亚洲金融危机冲击、周边地区金融风险增加的不利环境下，深圳市各金融机构的不良资产比例在全国、全省仍处于较低的水平，支付能力始终保持较好状态，盈利能力一直在全国处于领先水平。形成这一良好局面的根本原因在于，深圳市政府坚持不懈地深化金融改革和不断为金融业的发展积极创造良好环境。另外，中国人民银行深圳经济特区分行、深圳市证管办在中国人民银行总行和中国证监会的领导下严格履行职责、加强行业监管，以及各金融机构注重和强化自律等，也起到了非常重要的作用。

第一，深圳市政府充分尊重金融业的内在规律，支持和保护各金融机构自主决策、自主经营，从不干预具体金融业务。深圳自建立经济特区以来，因大规模基础建设、项目投资等，对资金的需求如饥似渴，但直到我离任前，深圳市政府始终坚持不干预具体金融业务的政策。我们尊重银行的贷款决策权，从来不搞指令性贷款，没有一个“首长项目”，也没有政府为相关项目批条子等直接干预金融业务的现象。深圳每年度的重点项目贷款，由政府提出项目清单，由各商业银行自主抉择。政府不干预具体金融业务，这大大降低了政策性金融风险。

第二，及时采取有效措施，从源头入手，消除隐患，主动防范和化解金融风险。深圳市政府对金融风险认识深刻，动手早，行动快，采取了一系列得力措施，取得了较好的效果。近几年，深圳市政府及时制止了一些公司的非法集资活动；坚决制止了3家区属投资公司乱办金融业务；主动撤销了宝安西乡农村基金会和 4 家镇级财务结算中心；及时制止和清理了商业机构发售购物卡等违规活动；协调整治了航空意外保险市场，杜绝了贩卖、推销假冒航空保险行为；加大了对金融案件的惩处力度，支持配合外汇管理机构，严厉打击了外汇黑市、骗汇、逃套汇等金融犯罪活动。实践证明，未雨绸缪，及时消除隐患，是防范和化解金融风险的最有效措施。

第三，初步建立了金融监管部门专职监管、金融机构自我约束、行业自律和社会公开监督有机结合的多层次监管体系。第一个层次是，中国人民银行、证管办等监管部门严格实施金融监管，组织和督促银行业、证券业、保险业贯彻实施法律法规和各项政策，坚决查处和纠正违规违法行为，及时发现和堵塞监管漏洞，消除了不少隐患，维护了金融业整体健康运作。第二个层次是，各金融机构逐步建立了比较规范的管理制度和业务操作程序，初步形成了相互制约的内部监督和控制机制。第三个层次是，先后成立了银行同业公会、证券商协会、保险同业公会、外资金融机构同业公会等行业自律组织，制定了业内规范经营、公平竞争的行业公约，积极发挥了行业自律管理的作用。第四个层次是，利用税务工商部门、新闻媒介、会计师和审计师事务所、客户和广大投资者等多种渠道，进行广泛的社会监督，加强对金融业的外部约束。

第四，在改革中转变观念、完善机制，使金融业的运行逐步适应市场经济体制的客观要求。深圳针对城乡信用社普遍存在的弱点和不足，及时进行了整体性的重组工作。1987 年，在对 6 家农村信用社进行股份制改造的基础上组建了深圳发展银行；1993 年，将 18 家农村信用社组建成深圳农村信用合作联社；1995 年，又对 16 家城市信用社进行改组，合并成立了全国第一家城市合作商业银行。正是由于提前进行了重组改建，实现了金融组织形式的完善和升级，才避免了城乡信用社极易出现的风险问题。在信贷管理体制上，深圳在全国最早实施了信贷资金比例管理制度，率先进行了贷款抵押、担保的试点和推广工作。在内部管理机制上，深圳金融机构普遍建立了与资产质量、经济效益挂钩的考核、奖励和分配制度。在深圳的金融法人机构，也逐步形成了符合《公司法》《商业银行法》等有关法律要求的法人内部治理结构。新体制的形成和逐步完善，为防范和化解金融风险构筑了一道基础性屏障。

图 7.5　1995 年 6 月，深圳城市合作银行成立

第五，重视金融法规制度建设，努力将金融运作、金融管理纳入法制化轨道。作为改革开放“试验田”的深圳经济特区，其

金融业在许多方面先行了一步，根据发展与规范的要求，在相应的全国性法规尚未制定之前，深圳市政府和金融监管部门在共同整治金融市场秩序、加强金融监管的同时，先后制定了 50 余部金融法规，如 1988 年制定的《深圳经济特区信贷资金比例管理暂行规定》、1991 年制定的《深圳市证券机构管理暂行规定》、1992 年制定的《深圳市投资信托基金管理暂行规定》、1996 年制定的《关于制止存款业务中不正当竞争行为的公约》等。在实践中，深圳金融业每开发一项新业务、每组织一项金融创新，都基本做到了先制定规章制度，后具体实施，并注意在实施过程中及时总结，逐步完善。这些法规、制度的制定和实施，为规范深圳金融业的改革和发展确立了行为准则，保障了金融活动的有序进行。

尽管深圳总体金融形势较好，但我们也要清醒地认识到，深圳金融领域仍然存在着尚待化解的风险隐患和亟待加强的薄弱环节。例如，部分金融机构资产质量不高，支付能力偏弱；对金融“三乱”的全方位监管网络尚未形成，少数金融机构还存在违规经营的现象；部分上市公司经营不善、亏损严重，破产和摘牌的风险逐渐增大，有的可能会由此引发局部风险；金融案件仍时有发生，打击骗汇、逃套汇和治理外汇市场的任务仍很艰巨。防范和化解金融风险是一道全世界都要长期面对的课题，当然也将是我市经济发展和社会稳定工作中一项长期和艰巨的重要任务。

建成区域性金融中心，是深圳经济特区的历史担当

回顾 1980 年到 1999 年深圳金融业的改革、发展历程，我们

深深体会到，深圳金融业之所以能够保持持续、稳定、健康、向上的发展态势，主要得益于党中央、国务院确定的改革开放路线和给予深圳经济特区先闯先试的政策，得益于深圳经济规模的快速增长和经济结构的不断优化，得益于深圳金融业全体同志艰苦卓绝的努力，得益于深圳市政府观念的不断转变、对职责的科学定位和对工作的准确把握。

1995 年 12 月，在深圳的经济与社会发展处在一个向更高层次转化的关键阶段，江泽民同志要求“深圳要在已经取得的成就和经验的基础上，通过深化各项改革，增创新优势，更上一层楼”。从金融业的发展来看，“增创新优势，更上一层楼”的基本目标就是要抓住机遇，迎接挑战，把深圳建设成区域性金融中心。建成区域性金融中心，既是时代的发展对深圳提出的客观要求，也是深圳作为经济特区的历史担当。深圳有条件、也有能力建成区域性金融中心。

第一，深圳金融业的总量规模已经位居全国大城市前列，金融改革、管理以及服务手段的现代化也走在全国前面。

第二，深圳国民经济结构的调整优化已经初步完成，高新技术产业发展迅速，未来深圳有能力保持国民经济的持续、快速、健康发展，这为深圳金融业的持续、健康发展提供了坚实的物质基础和广阔的发展空间。

第三，深圳毗邻香港，继续按国际惯例推进深港两地金融业的合作是双方共同的利益所在，有利于深圳进一步改善金融发展机制和提高金融国际化程度。

第四，深圳已成为全国证券市场的重要组成部分，我国证券市场显而易见的强劲发展趋势必将对深圳完善金融体系、构筑区域性金融中心发挥越来越大的作用。

第五，深圳保险业务发展快速，基础良好，平安保险公司已经成为全国性的保险公司，这也是把深圳建成区域性金融中心的重要有利条件。

纵观世界金融业发展史，我们看到，金融中心不可能靠自封，也不可能靠行政手段和行政规划形成，必须遵循市场经济规律，并具备相应的要素条件。经过多年的改革发展，深圳作为区域性金融中心雏形已现。在不远的将来，一个机构齐全、技术先进、业务发达、监管严密、运作高效、功能完备、辐射力强、符合社会主义市场经济发展规律的区域性金融中心必将在深圳出现。

“8·10”事件后深圳重启证券市场

证券市场是社会主义市场经济体制下的金融市场体系的重要组成部分。1992 年 8 月 10 日，深圳发生了震动中国证券市场的“8·10”事件，此后，在多种因素作用下，全国证券市场步入了持续三年的低迷状态，深圳更甚。对此，深圳是因噎废食放弃证券市场，还是直面现实解决问题？深圳市委、市政府选择了后者。1995 年 7 月，新一届市政府在深入分析证券市场存在的利弊，总结深圳证券市场建立以来的经验教训后，决定兴利除弊，重新启动低迷的证券市场，更好地发挥资本市场对深圳经济发展、产业结构调整以及发展高新技术产业的支撑作用。

“生死存亡”关头，12 项整改措施提振了对证券市场的信心

“8·10”事件发生后，深圳证券市场萧条，股市呈萎缩状态，交投清淡，股价超跌，日交易量最低不足亿元，广大股民承受着极大的经济和精神压力，深圳各大银行头寸不足，产业结构调整缺乏金融业的支撑。“8·10”事件导致的另一个严重后果是，深圳证券市场与上海证券市场的差距越拉越大，当时已经不是“沪强深弱”的问题，因为国务院已经开始清理各地的交易中心，低迷的深圳证券市场几乎到了“生死存亡”的关头。

1994年12月，我根据自己到深圳任职后50天密集调研中了解到的情况和问题，提出了今后深圳经济社会发展的五条重点工作思路中，包括“调整优化经济结构，大力发展高新技术产业”和“重启深圳证券市场，搞活深圳金融业”。发展高新技术产业需要大量资金，科技创新型企业在成长初期没有多少销售收入和利润，也没有建立起足够的信用，而且科技创新型企业的成长风险较大，所以，银行不可能给这一类企业提供贷款。换言之，科技创新型企业在成长初期，只能从风险投资或者类似纳斯达克股票市场获得股权投资。只有搞活证券市场，打通融通资金的重要渠道，发挥资本市场的强力支撑作用，深圳调整优化产业结构才具备相应的金融市场环境。自然而然，被套牢的广大股民也可以因此“解套”而获得解脱。

1995年5月，深圳市政府换届，我当选深圳市市长。重启深圳证券市场被列为新一届市政府的重要工作，我同时兼任深圳证券委主任。7月，分管金融的副市长武捷思到岗后，重启深圳证券市场的准备工作拉开序幕。我是总负责人，武捷思带领陈应春、刘新华等同志组成了强有力的工作班子。1995年10月，庄心一同志被派到深交所任总经理，工作班子中又增加了一员“大将”。

一场历时近一个月的证券市场大调研随即展开。这次调研针对深圳证券市场运作体制的形成和运作现状，重点查找现行运作体制和交易清算制度的不足和缺陷。市政府经过调研分析后发现，随着市场的发展，深圳股市原有运作体制和交易清算制度的矛盾不断显现，制约着市场的运行。问题主要体现在四个方面：一是现行登记体系与投资者、券商和上市公司的要求不同步；二是环节不断增加，给上市公司、券商、股民带来诸多不便；三是登记、清算费用偏高，深圳登记公司作为独立的法人企业，其收费在范围和数额方面高于上海，这增加了投资者的成本；四是深沪两地的综合竞争力相比较，“深市”明显弱于“沪市”，吸引力日趋丧失。这些问题由点到面，日积月累，形成了恶性循环，以至于深交所难以吸引上市公司和投资者，深圳市场到了岌岌可危的地步。

经过调研，市政府确定了重启深圳证券市场的主攻方向——改革市场管理体制，重建交易清算体制。1995 年 9 月，市政府出台深圳证券市场 12 项整改措施（以下简称“12 条”），其中与交易、清算系统直接相关的就有 8 项。

在改革市场管理体制方面，市政府果断地将登记公司改制为深交所全资直属的结算公司，建立统一的运行体系，有效实现证券发行、上市、交易、清算各个环节的一体化管理。同时，市政府一并解决了市证管办、深交所、登记公司之前“三足鼎立”、职责不清的情形。市场组织架构的改进和完善，减少了工作环节，提高了工作效率，为深交所全面行使市场组织和一线监管职能，充分提高运行效率，综合提供市场优质服务奠定了体制基础。

在理顺管理体制的同时，市政府重构交易清算规则，增强“深市”的竞争力。基本原则是：统一股民证券账户卡；通过交易系统实现配股认购；改进股价撮合系统；实现转托管 T+1 到账；统一管理股份明细账；深交所与登记公司电脑主机联网，就近开户，就地清算；实行 B 股中央清算；等等。同时，以“市场服务小组”“技术服务小组”“服务周”“服务中心”等形式走向全国，针对投资者、上市公司、证券管理部门的实际需要开展上门服务。在市场费用方面，收费原则上向上海看齐，由深圳证管办、深交所和深圳证券登记公司让利，大幅降低收费标准。此外，充分发挥深圳证券市场原已实现的“无形市场”优势，显现了高效率、低成本的有利局面。

从1995年8月起，市政府密集推出振兴深圳证券市场的具体措施，对深圳证券市场的发展起到了推动作用，提振了上市公司、券商、股民对“深市”的信心。

当时，曾经有人建议市政府出资10亿元支持证券市场，我果断地予以制止：“深圳市坚决依法依规办事，绝对不搞‘政府托市’！”

图7.6　1995年8月7日，中国证监会主席周道炯（右三）视察深圳证券交易所

请求证监会“空降”深交所总经理，庄心一被“摁”到深圳

在市政府整顿深圳证券市场的“12 条”中，有一条是调整深交所领导班子。在调整之前，深交所的领导班子是一正三副，因为内部不团结，深交所到了无法正常工作的地步，市政府只好派分管金融的副秘书长陈应春去深交所“摄政”——每天到市政府上班之前，先去深交所，处理完需要签字的文件后再回市政府。

重启深圳证券市场，必须调整深交所领导班子。无巧不成书，1995 年，上海因为“3·27”国债期货事件，上海证券交易所（简称上交所）的领导班子也面临着调整。有意思的是，同样是调整交易所的领导班子，深圳和上海的处理方式截然不同。上海方面坚持自己选派总经理，深圳方面坚持由证监会选派，并力促尽快“空降”。深圳市副市长武捷思还特地派人到北京盯着，并告诉此人，“证监会什么时候定人，你什么时候把人带回来”，事情就急到这个程度。但是在这个时候，证监会一时也确定不了合适人选。为什么呢？因为深交所已处在“生死存亡”之际，据说，原来选中的几个人都望而却步。最后，证监会党组告诉我们，决定选派庄心一同志来深圳救急。庄心一曾在筹建国务院证券委办公室期间担任过副主任，国务院证券委办公室与证监会合署办公后，他重新回到建设银行工作。

庄心一在 1995 年 10 月 20 日到深交所走马上任。后来有人告诉我，庄心一曾笑称自己是被强“摁”到深圳来的。来之前，他也是忧心忡忡，寝食难安，在熬过两个失眠之夜，憋出一句“大不了老

子站着进去躺着出来就是了”之后，才毅然决然南下深圳。

深交所领导班子调整后，深交所在市政府统一领导下，在市证管办的紧密配合下，按照市场化和法制化的原则，推出了一系列合规措施，迅速制止了“深市”下滑趋势，深沪两地差距逐渐缩小。到1996年9月深交所第四次会员大会召开时，深圳证券市场已经全面恢复了元气，从低迷不振转向持续走强。

图7.7　1996年11月，中共中央组织部部长张全景（右二）视察深圳证券交易所。深圳市委书记厉有为（右一）、我（左二）和副市长武捷思（左一）陪同，庄心一（中）汇报情况

向证监会打包票，自主妥善处理B股开户异常情况

1996年6月，市政府以最佳方式平稳妥善处理了一起可能引

发重大市场危机的事情。

上市公司年报披露之后，庄心一从海南走访上市公司回来的14日当晚，在查看股市数据时，发现B股开户增加了许多，直觉告诉他，这种情况不对头。庄心一连夜把深交所有关人员叫来了解情况，反馈回来的信息是，“深市”B股开户出现了排长队现象，开户数剧增，而且都是境内居民以境外人士的身份虚假开户。按当时的法律规定，B股是专门给境外投资者提供的产品，境内居民不允许买卖。境内居民以境外人士身份虚假开具B股账户的行为已经违规，而且还将带来一个更严重的问题——如果境内居民不断地用境内港币购买B股，境外投资者不断地出售他们的股票，必然会造成境内支付的港币越来越多，却出不了境，境外卖出的股票却收不到钱，结局就是B股市场清算交割断裂。

当晚，我和武捷思就接到了深交所的报告。随后几天，境内居民B股开户者越来越多，几百人排着长队在等，事态变得更加严重。北京方面关注到这个异常后，证监会决定派工作组来深圳调查处理。深交所担心，此时证监会直接介入，可能会对深圳市场造成不必要的冲击。我知道情况后，觉得调查组进驻深圳后，不但可能永久性关闭深圳的B股市场，而且会冲击刚刚恢复元气的深圳A股市场。这是一件非同小可的大事、急事。我当天晚上就给证监会主席周正庆打电话：“B股开户异常这件事我知道，深圳正在紧急而妥善地处理解决。目前情况不至于失控，请你们暂缓派工作组来，这件事我来负责，如果出事的话，我李子彬对国务院负责。”我的保证打消了证监会的顾虑，调查组深圳之行取消。从6月14日至6月25日，在近半个月时间里，我和武捷

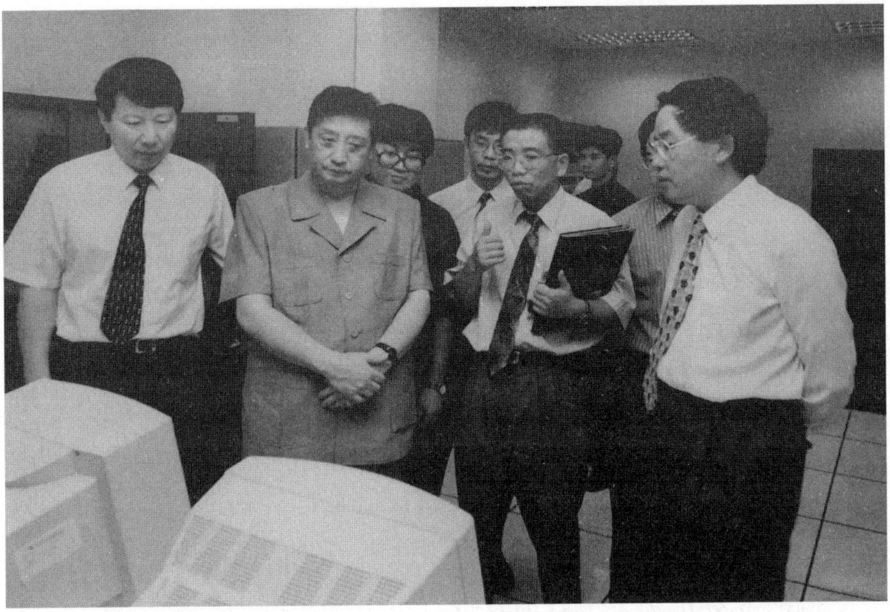

图 7.8　1998 年 8 月 3 日，中国证监会主席周正庆（左二）视察深圳证券交易所

思、庄心一、陈应春等人每天晚上开会到 9 点、10 点，针对当天 B 股市场波动的情况，采取相应的对策。按照“内紧外松、热事冷办、依法依规、务实低调、特殊事尽量用常规化方法处理”的原则，采取了一系列有针对性的有力措施，以最低成本，自主、平稳、妥善、迅速处理了这起可能引发市场危机的异常情况。

一年磨一剑，“深市”恢复元气，确立全国性市场格局

事实证明，重启证券市场的决策为深圳资本市场的可持续发

展铺开了一条康庄大道。1996 年 3 月，深圳证券市场发展态势良好，4 月，“深市”就出现了赶超“沪市”的势头，到六七月份已势如长虹，出现了“深强沪弱”的态势，带动了全国证券市场的新一轮发展。

一年磨一剑。从 1995 年 7 月做出重启深圳证券市场的决策到 1996 年年中，“深市”经历了从由低迷不振到持续走强的巨大转变：市场规模快速扩大，融资功能日益增强，越来越受到来自全国的关注和重视；市场交投日趋活跃，市场份额逐步加大，成交总额从 1995 年只占全国份额的 26.11%，到 1996 年已发展到占全国份额的一半还多；市场辐射面日益宽广，在深交所上市的公司中，70% 是市外上市公司，全国性市场的格局得以确立。

搞活证券市场，更好地发挥资本市场对深圳经济发展、产业结构调整以及发展高新技术产业的支撑作用，既是承续前人改革创新探索的宝贵成果，又是深圳进入“第二次创业”阶段的一项重要举措。证券市场存在着利与弊的两重性，但利大于弊，搞得好，就可以最大限度地限制其弊端。“在不违规的前提下冒点风险是必需的，否则市场搞不活。”当年在决定重启深圳证券市场时，我给自己壮胆，20 多年后，它依然赐予我前行的力量。

证券市场从 1992 年“8·10 事件”之后，极度低迷了三年多。深圳市政府从 1995 年下半年开始，按照市场化、法制化原则，在中国证监会的统一监管下，采取了强有力的积极措施，重新激活了证券市场。这段经历，值得在中国证券市场发展史上书写一笔。

一次会议两张图，催生“缴费一本通”

1996 年 5 月 1 日，跨银行“缴费自选一本（户）通”在深圳面世。市民、企业自选一家银行开户，即可跨银行缴交水费、电费、煤气费、电话费等所有服务性收费，这些在今天看来“小菜一碟”的事情，在当时互联网不发达的背景下，是深圳推进金融改革、铲除腐败的一件民生大事。

在实施这项金融改革之前，“几多存折（账户）几多愁”的现状困扰了深圳市民、企业 10 多年。1995 年年底，中国人民银行深圳经济特区分行批准通过银行特约委托收款的收费单位达 36 家（不含下属机构），水费、电费、煤气费、电话费等服务性收费项目达 20 余项，几乎每个项目都只指定一家银行代收。当时深圳有 13 家银行，收费单位与银行之间人为制造的这种垄断让市民和企业苦不堪言，这意味着，市民或者企业如果想缴交上述 20 余项收费，每个月需要去跑的银行最多可达 13 家。能否通过一本存折缴纳上述所有费用？社会上要求政府对此进行改革的呼声非常强烈。

收费单位为何要指定某家银行代收服务性收费？主要原因是当中存在着利益输送。各家银行为了拉存款，稳定公司客户，用给安排亲戚工作、给回扣等好处私下给收费单位许诺，条件是：只能在这家银行开户。这些好处并不是给了收费单位的负责人，而是进了具体经办人的口袋。在利益驱动下，收费单位具体经办人都愿意把代收业务指定给某家银行，这样一来，银行就把某个收费项目给垄断了。银行垄断一个服务性收费项目，每年至少能增加五六亿元的存款，然后可以从中拿出一定比例“奖励”收费单位的具体经办人。服务性收费被垄断，方便的是银行和收费单位，麻烦的是广大市民和企业。

垄断成为产生腐败的温床，必须予以铲除。1996 年年初，推行跨银行“缴费自选一本（户）通”被列为政府为市民办的“10件实事”之一。我主持召开了一次协调会，将市政府有关职能部门、13 家银行、委托银行代收服务性收费的所有单位召集在一起，要求在这次会议上拿出解决问题的方案。

在会上，分管金融工作的副市长武捷思首先画了一张示意图（见图 7.9），用来说明深圳市民和企业的缴费存折多到什么程度，市民和企业缴费如何复杂不便。

这张示意图显示，如果甲银行垄断了自来水公司的水费代收

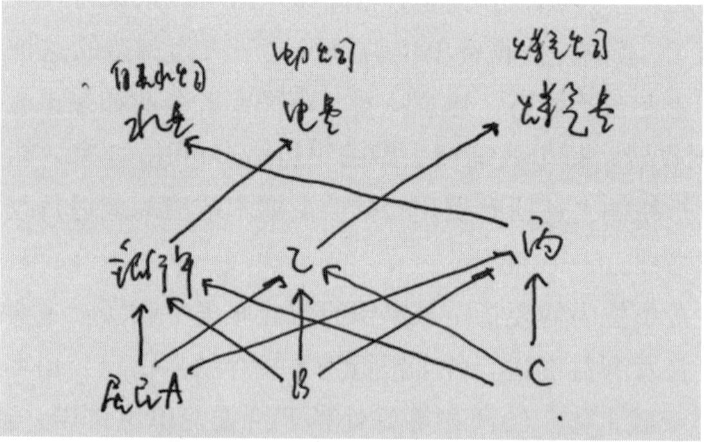

图 7.9　推行“缴费自选一本（户）通”之前，居民、银行、各收费单位之间的关系

业务，乙银行垄断了供电部门的电费代收业务，丙银行垄断了电话公司的电话费，那么市民和企业要交水费只能先到甲银行开个存折（账户），交电费要到乙银行开个存折（账户），交电话费要到丙银行开个存折（账户），每月只能到甲银行交水费，到乙银行交电费，到丙银行交电话费，要想在甲银行交电费，对不起，交不了。那时，银行技术还没有现在这么先进，市民如果想从甲银行转钱到乙银行去，银行会让市民填写转账单，然后通过中国人民银行转到乙银行，到账很慢，老百姓一般都等不及。从这张示意图中可以看出，市民和企业因为缴交不同收费，要面对不同的收费部门，并因此不得不去不同的银行开户存钱，在这里，委托收费部门与代收银行是“一对一”的关系，市民和企业与收费部门、代收银行则是“一对多”的关系。这种缴费体系，省事的是收费部门和代收银行，跑断腿的是广大老百姓，许多市民不得不在存折上标注“水费”“电费”等字样，有些记性不太好的人经常会拿错存折、跑错银行。

武捷思画完第一张图后，我要求把这张图“翻”一下，把复杂的“一对多”关系“翻”到收费单位和银行那边去：每家银行都可以代收所有的服务性收费项目；收费单位不能专门指定代收银行，代收项目必须向所有的银行开放。市民和企业只与一家银行形成“一对一”的关系，大家只需自选一家银行开户，就可以缴交所有的服务性收费。于是，武捷思又画了第二张示意图（见图 7.10）。

这张示意图显示，收费单位对所有的银行开放，银行也对所有的收费项目开放，居民和企业拿着一本存折就可以缴交所有的服务性费用。这样一来，缴费就真正实现“一本通”了。

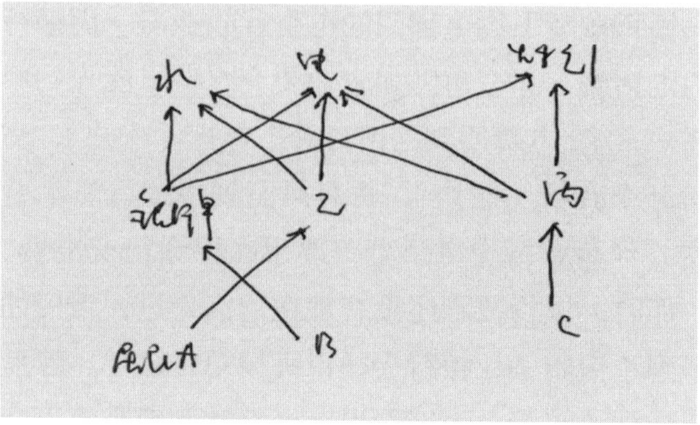

图 7.10　推行“缴费自选一本（户）通”之后，居民、银行、各收费单位之间的关系

比较完前后两张示意图后，我在会上强调，今后，收费单位和银行在服务性收费这个问题上绝不允许再搞垄断，银行必须靠提升服务质量来赢得用户，尽快推行跨银行“缴费自选一本（户）通”，如果收费单位和银行再人为地给市民和企业缴费制造麻烦，就让纪检部门严查。这个会议只开了两个多小时，武捷思的两张示意图给解决方案的制定起到了提纲挈领的作用。会后一个星期，中国人民银行深圳经济特区分行、电子结算中心制定了有关方案，解决了有关技术难题，各商业银行和收费单位也密切配合。1996 年 3 月 22 日，市政府召开新闻发布会，向全社会通报深圳市即将实施“缴费自选一本（户）通”，解决人民群众反映强烈的多家银行账户、多本存折扣款的难题。5 月 1 日，结算中心与深圳 13 家银行、首批 6 家收费单位正式推出跨银行“缴费自选一本（户）通”业务，市民、企业在自主选择一家银行开立一本存折（一个账户）后，即可跨银行缴交水费、电费、电话

费、煤气费、有线电视费等费用。1996 年 10 月 1 日至 1998 年 8 月 1 日，中国人民银行深圳经济特区分行陆续扩大“缴费自选一本（户）通”业务收费单位范围，先后增批 4 批 19 家收费单位委托银行代扣移动电话费、续期寿险费等多种收费。

跨银行“缴费自选一本（户）通”的正式推出挤掉了收费单位与银行之间的寻租空间，起到了防范腐败的作用，促进了银行之间的良性竞争。银行不用再挖空心思去“公关”，银行之间的竞争由原来的重视收费单位变成重视普通老百姓，银行要想争取更多市民和企业开户，就得提高服务水平。关于推行跨银行“缴费自选一本（户）通”的深人银发〔1996〕122 号文件刚刚出台，深圳各家银行随即展开了一场市场份额争夺战，东门老街、华强北、大型住宅区等地方都能看到银行的营销摊位，银行员工更是“地毯式搜索”，发动亲戚朋友的同事、同学在自己所在的银行开户。竞争良性，真正方便的是市民和企业，这正是我们改革的初衷。

深圳是全国第一家实施跨银行“缴费自选一本（户）通”的城市，毗邻的国际金融中心香港当时都未能做到这一点。在推出这项便民举措 10 多年后，到 2010 年，国内其他地方才陆续推出，可见在互联网不发达的情况下，这项金融改革的难度之大。一次会议两张图催生“缴费一本通”，深圳在回应民生诉求，防范金融腐败，营造公平竞争的环境方面，又一次创造了“深圳速度”。

第八篇

珍贵记忆

往事并不如烟。有幸在深圳工作 5 年半，是我弥足珍贵的人生历练。难忘那段激情燃烧的岁月，难忘一起团结奋斗的战友，难忘莲花山顶竖起的小平铜像。能在推动产业结构升级、实现经济成功转型中“踏石留印，抓铁有痕”，能为建设现代化国际性城市奠定扎实基础，能为深圳老百姓干些实事，能为国家做出一点贡献，是我担任深圳市长期间最大的欣慰，此生不能忘却的记忆。

四个经济特区哪个大

1997年7月1日，香港回归祖国，普天同庆。

回想150多年前，旧中国积贫积弱，香港被迫租借给英国。1982年9月24日，邓小平同志与英国首相撒切尔夫人会谈时，邓小平对撒切尔夫人讲："香港，包括九龙、新界，主权问题是不能讨论的。我们从来没有承认过三个不平等条约，主权一直属于我们中国，这很明确，没有讨论的余地。"中英经过十几年复杂、艰苦的谈判，香港终于重新回到伟大祖国的怀抱！中国人民扬眉吐气的一天到来了。

1997年6月29日下午，中央领导入住深圳迎宾馆，并于6月30日下午前往香港，出席中英两国政府香港政权交接仪式、香港特别行政区政府成立大会。

"数"说深圳，回答中央领导提问

6月29日晚上9点，中央领导的秘书通知我去领导房间汇报工作。我简要汇报了深圳加快调整经济结构，大力发展高新技术产业的进展情况，"两手抓，两手都要硬"，大力综合整治社会治安工作的情况，深化国有企业体制改革取得的进展情况。

中央领导听得很认真，在插话时突然问我四个经济特区哪个大。

“简单地说，珠海、厦门、汕头三个城市加在一起的国内生产总值是深圳的 0.87，地方预算内的财政收入是深圳的 0.41，外贸出口是深圳的 0.40。”我回答了三个主要数据。

中央领导听后，对这组数据做了概括——三个特区加起来才等于半个深圳。

1996 年，深圳的国内生产总值为 950.04 亿元，珠海为 207.2 亿元，厦门为 306.35 亿元，汕头为 313.66 亿元。珠海、厦门、汕头三个特区城市的国内生产总值合计为 827.21 亿元，是深圳的 87%。

1996 年，深圳地方预算内财政收入为 131.75 亿元。珠海为 14.09 亿元，厦门为 27.18 亿元，汕头为 13.15 亿元，三个特区城市合计为 54.42 亿元，相当于深圳的 41%。

1996 年，深圳外贸进出口总额为 390.53 亿美元。珠海为 55.88 亿美元，厦门为 74.54 亿美元，汕头为 47.77 亿美元，三个地方的总和为 178.19 亿美元，是深圳的 40%。

中央领导还对深圳建立经济特区以来的投资情况很关切，我较为详细地汇报了这些数据。

1980—1996 年，深圳经济特区建立 16 年间，国内资金、境外资金累计投资 2 800 亿元，形成了深圳市现在的城市规模、经济规模。其中特区内建成区投资 2 100 亿元，特区外建成区投资 700 亿元。按当时人民币兑美元的汇率计算，特区内建成区投资密度，每平方千米 2 亿美元，特区外建成区 198 平方千米，投资密度约每平方千米 3 亿元人民币。

我汇报时，中央领导拿着一个黑色塑料皮的笔记本，边听边记。但是，我说得快，中央领导又听又记，笔记速度有点赶不上，过了一会儿，他就合上了笔记本，叫我写一个书面材料，寄给他的秘书，等他们回到北京后再详细看。

中央领导随后又问我深圳发展这么快的主要原因是什么，我又做了简要的汇报。

我向中央领导汇报了一个小时，时间到了晚上 10 点。我起身告辞时说："过几天，我把书面汇报材料寄给您的秘书。"

两页纸讲清楚三个问题

我很快就写了一封信作为书面材料寄给中央领导秘书，用图表的形式汇报了深圳、珠海、厦门、汕头四个经济特区的主要经济指标对比。

在书面汇报材料中，我分析了深圳高速发展的四个主要原因。

第一，在于邓小平理论的指导和党中央的正确领导。没有改革开放，没有邓小平理论，就不会产生经济特区。

深圳前几届党委、政府坚定地执行党中央的决策，努力发挥改革的试验场作用，发扬敢闯敢试、敢为人先的精神，冲破计划经济体制束缚，大胆探索建立社会主义市场经济体制，率先建立起社会主义市场经济体制基本框架，建立起劳动力市场、经理人才市场、技术市场、金融市场、土地市场、信息市场、产权交易市场等生产要素市场，以及律师事务所、会计师事务所等社会中介体系。社会主义市场经济体制的初步建立，极大地解放和发展了社会生产力。

第二，深圳市几届领导班子坚持把发展工业制造业作为经济发展的基础。特区成立初期，深圳市以“三来一补”加工贸易为主，市委、市政府不失时机地进行升级换代，1994 年以来，加快调整产业结构，大力发展以信息技术产业、生物技术产业、新材料产业为重点的高新技术产业，提高了深圳的经济质量、经济效益和经济竞争力。至 1996 年年底，深圳市国内生产总值排在上海、北京、广州、天津、苏州之后，位列第六；地方预算内财政收入排在上海、北京之后，位列第三；进出口贸易总额连续多年位列全国各城市之首。城市建设方面，20 世纪 80 年代后期，坚持“两港（海港、空港）起飞战略”，大力加强城市基础设施建设。在此基础上，大力发展以金融业为重点的第三产业。至 1996 年年底，三次产业比率为 1.87 ： 49.13 ： 49.0。

第三，深圳得到了全国人才的支持。自成立经济特区以来，市委、市政府多次到内地招聘党政机关中层骨干、专业技术人员及企业管理干部。深圳是一座移民城市，广大市民来自五湖四海，每个人都怀着梦想来到深圳打拼，他们拼命工作，非常富有创造力，效率非常高。深圳的城市文化是崇尚艰苦创业、创新不止、相互融合、共建共享的精神。

第四，得益于中央给予经济特区 15 年的优惠政策的扶持，以及毗邻香港的地理位置优势。

深圳的政策优势和体制优势，吸引了电子工业部等国务院有关部门以及一些省、市政府到深圳投资，技术和人才也随之进入深圳。香港是世界金融中心和转口贸易中心，改革开放以来，香港投资（包括部分台湾投资）率先进入深圳，随着大批“三来一补”加工贸易工业企业的进入，工业和社会就业迅速发展。1980—1996 年，深圳市累计实际利用外资 118 亿美元，其中港资

（包括少量台资）近 57%，约 67 亿美元，按当时汇率折合人民币 556 亿元，占深圳市总投资的 20% 左右。

汇报材料寄出后没几天，中央领导的秘书专门打来电话告知我，寄给他们的材料已经收到。我用两页纸讲清楚了三个问题。

历史做证，未来可期

伴随着改革开放，“新鲜空气”进来了，“苍蝇”“蚊子”也飞了进来。深圳市委、市政府坚持“两手抓，两手都要硬”，实现了物质文明建设与精神文明建设协调发展。大力加强社会治安综合治理，做到“为官一任，保一方平安”。

深圳与香港仅一河之隔。香港主权回归祖国，全国人民深感自豪。深圳和香港是一个国家实行两种不同社会制度的城市，5 年、10 年、20 年之后，中国人、外国人都会将两者进行比较，是实行资本主义制度的香港发展得更快更好？还是实行社会主义制度的深圳发展得更快更好？我对“一国两制”以及深圳的未来充满信心。历史将会证明，中国特色社会主义道路是一条光明正确的康庄大道。

深圳人民深切悼念小平同志

1997 年 2 月 19 日，一个举国悲伤的日子：敬爱的邓小平同志与世长辞！

小平同志是中国改革开放和现代化建设的总设计师，深圳经济特区因改革开放而生，深圳人民对小平同志怀有特殊的、深厚的感情。小平同志逝世，中国痛失一位伟人，深圳全城沉浸在巨大的悲痛之中。

在治丧期间，我主持深圳的悼念活动，深深地感受到了深圳人民对小平同志的无限崇敬，那自发悼念的人群、悲痛难抑的情状、依依告别的深情，至今仍历历在目，记忆犹新。

哀乐响起，深圳人民心欲碎

2 月 20 日，深圳上空笼罩着肃穆、哀婉的气氛。

翻开报纸，庄重的黑白版面刊登着《邓小平同志治丧委员会公告》和党中央《告全党全军全国各族人民书》。打开广播、电视，哀乐回响，声声揪心。随着新闻媒体的不断传播和市民之间的口口相传，小平同志逝世的噩耗迅速传遍全市，知恩感恩的深圳人悲痛欲绝，有的人眼里噙着泪花，还有人失声痛哭。

深圳人垂首追思，深情怀念小平同志。

在革命战争年代，小平同志为中国革命的胜利建立了永不磨灭的功勋；在现代化建设时期，他开创的中国特色社会主义理论，成为中国走向繁荣富强的科学指南。深圳人民不会忘记，正是以小平同志为核心的党中央做出了改革开放的英明决策，倡导创办经济特区，他在关键时刻两次视察深圳，充分肯定深圳的改革开放成就，殷殷嘱咐要加快发展步伐，建设好特区，才使得深圳这片土地发生了翻天覆地的变化：从 1980 年到 1997 年，国内生产总值年均递增 30% 以上，边陲小镇一跃成为现代化新城。

经济特区的创立，使本地农民迅速发家致富，吸引了五湖四海、敢闯敢干的人才聚集深圳，燃烧激情，共同创造美好生活。可以说，与“春天的故事”同旋律，几乎每一个深圳人都有自己命运的“变奏曲”。抚今追昔，对小平同志的感激和怀念之情在深圳人心中激荡。

深圳市民以各种方式表达绵绵哀思。

新闻单位在正常版面大量刊登悼念文章的同时，还专门出版“号外”，深情追思；市民纷纷购买人民美术出版社等单位赶印的小平同志像，摆在家里、办公室和汽车上，寄托哀思；公安边防官兵，来到 1992 年小平同志南方视察时从深圳乘船赴珠海的航道上，把白花撒入大海；深圳大学学生会在校园内设置灵堂，前来吊唁的大学生表示将继承伟人遗志，努力建设深圳，报效祖国；康佳集团自己办的小“电视台”，每天播放小平同志的生平事迹；先科集团的员工利用午休时间，为一幅幅小平同志遗像缀上朵朵白花；党政机关、企事业单位、部队、社会团体则在所在单位召开座谈会，悼念小平同志，缅怀伟人功绩。

小平画像前数万市民寄哀思

由于厉有为书记2月20—26日在广州参加省委工作会议，2月20日，我在市委办公楼后楼会议室主持召开市委常委扩大会议。全体起立默哀后，与会人员满怀深情地缅怀小平同志伟大的一生，对他的逝世表示沉痛哀悼。

我在发言中说，小平同志的逝世，是我党、我军、我国各族人民难以弥补的、不可估量的巨大损失，在全市人民心中引起

图8.1　1997年2月20日，我（正面前排右五）主持市委常委扩大会，悼念邓小平同志

极大的悲痛。全市上下要化悲痛为力量，继承小平同志的遗志，沿着小平同志开辟的道路继续前进，以更加努力地做好各方面工作的实际行动，来表达我们的悼念之情。

我在会上还部署了悼念活动的相关工作安排。

当日，市委宣传部、市委政法委、市公安局、市城管办等部门针对可能出现的问题和情况，制定了相关工作预案，确保悼念活动有序进行和社会平稳。

根据党中央、省委的指示精神，党政机关、企事业单位、社会团体在各自单位内，以座谈会形式进行追思，不组织人员上街悼念。对社会民众自发的悼念活动，要加强管理和疏导。

深圳人民是改革开放的受益者，正是由于小平同志倡导创办经济特区，大家才过上了美好的生活。深圳 400 多万人民对小平同志有着特殊的、深厚的感情，因此悼念人数众多，地点分散，形式多样，街头燃烛烧纸、挂像鞠躬的都有。不过，有一处地方人群相对密集，那就是位于深南中路与红岭路交叉路口的邓小平同志画像前。

这幅由深圳市委宣传部于 1992 年组织制作的画像，高 10 米，宽 30 米。画像中，小平同志身着中山装，面带微笑注视前方。背景是蓝天白云和盛开的鲜花，左上方大字书写着“坚持党的基本路线一百年不动摇”。由于画面喜庆、吉祥、漂亮，平时常有市民和各地游客前来与他老人家“合影留念”。

小平同志逝世后，自发前来这里悼念的人非常多。士农工商、男女老幼……大家鞠躬、拭泪、默哀。有人带来挽联，有人送上鲜花，一副副，一束束，摆满了台阶。据统计，仅 2 月 21 日这一天，自发前来这里悼念的群众就达 5 万人次之多，摆放花篮 400 个、花圈 200 个。

图 8.2　1997 年 2 月 20 日，深圳市民在邓小平同志画像前自发悼念邓小平同志

尽管人数多，场地窄，但秩序井然。现场静默，气氛肃穆，无演讲、喧哗现象，更没有不法分子乘机煽动群众闹事的情况。附近的主干道深南路和红岭路车流如常，交通顺畅。

上级急电停止在小平画像前悼念

正当全市上下有序开展悼念活动时，2 月 21 日、22 日，上级机关先后两次发来紧急电报。电报上说，在深圳市红岭路口邓小平同志画像前和成都市人民南路广场分别出现群众陆续摆放数百个花圈、花篮，引来大批群众围观，影响社会秩序的情况。个别地方对群众悼念活动引导不够，群众到公共场所、闹市集体献花圈、花篮、挂横幅的人数较多，形成了一定规模，持续时间较长，有的已经影响了部分路段的正常交通秩序，以致发展到一时难以处理的局面。电报要求各地公安机关及时报告党委、政府，由政府出面，组织执勤人员劝说。要严防别有用心的人以悼念为名煽动聚集群众，制造事端。要令行禁止，确保安全稳定。组织广大群众收听收看2月25日在首都举行的万人追悼大会。

面对如潮的哀思，面对上级的电报，深圳一时犯难：不禁就是违令，万一发生堵塞交通、影响社会稳定的事态，要承担政治责任；若禁，则无法向市民解释，甚至可能会引发市民的不满情绪，适得其反。

为此，22日晚上7点，我再次主持召开市委常委扩大会议，召集四套领导班子成员和市委政法委、市委宣传部、市妇联、团市委、市公安局等部门负责人专题研究。与会人员形成“主禁”和“主放”两种意见，讨论多时，莫衷一是。

我经过认真思考后提出：立即给党中央、广东省委发电报，同时抄报中央政法委、公安部以及省委政法委、省公安厅。电报主要报告了如下情况：深圳市委、市政府坚决有力贯彻了党中央和省委的有关精神；党政机关、企事业单位、社会团体沉痛悼念小平同志逝世的活动正有序进行；全市各项工作正常进行；邓小平画像前虽然有群众自发、分散的悼念活动，但是秩序井然、现场肃穆。电报同时报告了深圳正确开展新闻报道和舆论引导的情况，以及对发生的两起不符合党中央、省委精神的情况的处理结果。

关于下一步的工作，会议做出如下决定。

一是继续引导党政机关、企事业单位和社会团体在单位所在地以座谈会、学习会的形式进行悼念，不要组织人员到大街上、闹市区特别是小平同志画像前举行集体活动。深圳大学以班级为单位组织悼念活动，不要组织全校追悼活动。

二是允许市民继续到小平同志画像前悼念，摆放花圈，鞠躬默哀。组织 30 名公安干警穿上便衣 24 小时在附近执勤，掌握现场情况，维持悼念秩序。

三是请省委宣传部与南方日报社、广东电视台联系，希望按照省委政法委和省公安厅的电报通知精神，不刊播深圳群众在小平同志画像前的悼念活动。

深圳市报纸、电台、电视台不刊播小平同志画像前的群众自发的悼念活动。但是，深圳电视台要把活动全程摄录下来，作为资料保存。

四是深圳电台、电视台要在黄金时段播出缅怀小平同志伟大光辉一生及其丰功伟绩的节目，号召全市人民化悲痛为力量，把邓小平同志开创的中国特色社会主义伟大事业推向前进。

以上决定得到了与会人员的赞成。会后依此行事，既确保了市民自由、充分表达哀思，又确保了社会稳定。

中央电视台后来专门录制了一部全国各地悼念小平同志逝世的新闻纪录片，其中大约 1/3 的画面来自深圳市民自发进行悼念的场面。

2 月 23 日是星期日，小平同志画像前，市民依然络绎不绝，但都在致哀后自行离开，全市的悼念活动也有条不紊。

24 日，小平同志遗体告别仪式在北京举行。远隔千山万水的深圳人在洒满泪水的心田里为小平同志送别，通过各种方式寄托依依惜别之情。

2月25日上午，小平同志追悼大会在首都隆重举行。我主持召开市委常委、5个区的区委书记及市委、市政府有关部门负责人会议，决定：一是以市委、市政府的名义向中央发唁电；二是组织收看党中央在北京举行的小平同志追悼大会的现场电视直播。按中央通知的六条精神，做好宣传报道工作。加强安全保卫工作，保持社会稳定。

当天，从市区到村落，从机关到学校，从商场到连队，从工厂到码头，深圳人民暂时停下手中的工作，收看中央电视台的现场直播，抽泣声和着揪心的哀乐在鹏城回荡。

追悼大会后，深圳人民擦掉悲伤的泪水，化悲痛为力量，继承小平同志遗志，继续奋进在建设中国特色社会主义道路上，努力把深圳建设成为现代化国际性城市。

告慰小平：深圳明天会更好

小平同志已经离开我们20多年了。20多年来，深圳经济特区在党中央国务院、广东省委省政府的领导下，经济和社会发展又发生了巨大变化。

小平同志生前要求广东“要争取用20年时间赶上‘亚洲四小龙’”，嘱咐深圳：“你们要快一点啊！”

今天，深圳可以告慰小平同志的是，2017年深圳的国内生产总值达到了2.24万亿元，按当时的汇率换算，超过了新加坡、韩国的首尔和日本的大阪，跃居亚洲城市第四位。在自身高质量、高效率和高速度发展的同时，深圳也为促进香港的繁荣稳定做出了积极的贡献。

敬爱的小平同志，深圳人民没有辜负您的期望和殷殷嘱托，深圳以生动的实践和辉煌的成就，进一步证明了您开创的中国特色社会主义道路无比正确，这是实现中华民族伟大复兴的康庄大道。

小平同志，深圳人民永远怀念您！

莲花山顶竖起小平铜像

深圳莲花山巅，小平同志的铜像巍然屹立。

铜像高6米，重6吨，栩栩如生地再现了这位伟人的风采：他深邃的目光注视着南海之滨；微昂的头颅充满智慧，仿佛还在思考中国的命运；温和的神色平易近人，表达着对祖国和人民的深情。他正迈着坚定的步伐迎风前行，仍然带领着我们走进新时代，踏上新征程。

这里是人们缅怀小平同志丰功伟绩、感恩改革开放的圣地。无论是特殊纪念日、节假日还是平常日子，都有市民登山拜谒，表达崇敬之情。多位党和国家领导人也都曾前来瞻仰致敬。

在小平同志倡导创办的深圳经济特区竖立这座铜像，无疑具有鲜明的时代意义和深远的历史意义，它是中国改革开放大潮中的航标，是民族复兴之路上的丰碑。

然而，这座铜像的竖立过程却颇为漫长曲折，可谓“好事多磨”。从酝酿、决策到正式揭幕落成，历时7年，两任市领导不懈接力，充分体现了沐恩于改革开放的深圳人民对小平同志的无限深情，表达了高举邓小平理论伟大旗帜，建设中国特色社会主义，创造美好明天的坚定信念。

市民来信：建议竖立小平同志像

改革开放之前，深圳人过着十分贫穷的生活。20 世纪 70 年代，许多壮劳力离乡背井，逃到香港打工挣钱，维持家计。深圳经济特区建立后，深圳人才改变了命运，过上了幸福生活。所以，深圳老百姓对中国改革开放的总设计师邓小平同志有着特殊深厚的感情。

原市委书记厉有为说，他亲身经历的一件事、亲眼看到的一个场景，最能说明深圳人的这份情感——1992 年 1 月 20 日，小平视察深圳期间到国贸大厦俯瞰市容，听取汇报。当小平同志一行下来时，发现大厅和一至三楼每一层的环形走廊上，都挤满了人。他们得知小平同志就在楼上，都等着见他。当小平同志出现时，群情激动，现场掌声阵阵。突然有一个曾经被划为右派的人，从后边拼命往前挤，拦都拦不住。他大声喊着："我曾经被打成右派，是小平把我解放了，快让开，我要看看小平！"那种场景真是感人！

深圳人饮水思源，知恩感恩。小平同志回京后，深圳在深南路和红岭路的交叉路口竖立了一幅高 10 米、宽 30 米的小平同志画像。每逢节假日和特殊纪念日，那里总是摆满鲜花，市民们常常来这里表达对小平同志的感恩之情。

但是，小平同志画像位于市中心的交通要道，场地狭小，许多市民深感不便。再说，车水马龙、噪声喧闹、尘埃飘扬的地方，市民难以静心感念，表达深情。

1993 年的一天，厉有为同志接到一封市民来信。写信人在信中表达了对小平同志的深厚感情，建议在深圳选一个合适的地方竖立小平同志塑像，供市民感念伟人洪恩，让改革开放国策更加深入人心。信中还表示，塑像所需费用由感恩、热心的市民承担。

这封信所表达的不是个人情感和建议，而是众多市民的共同心愿，信末是市民们密密麻麻的签名。

厉有为同志被深圳市民朴素的动议、真挚的情感所感动，认为竖立小平同志塑像是个很好的建议，理应支持，且宜由政府出资，不应让老百姓掏钱。他将此事向省委书记汇报。省委书记说："这是好事，我同意！"

事后，省委又向中央做了汇报。

中央和省委同意后，深圳立即开始运作。市委常委会先后开了三次会议，第三次常委会议是1996年12月13日召开的，议题是讨论选址、设计和竖像时机等问题。记得在一次会上，一位常委说："小平同志还健在就把塑像抬到山上去，这好不好？"不过更多的常委表示，应该打破这种观念，更何况已有先例，不必顾忌。事情就这样定了下来。

数易其稿：精心设计伟人像

市委把为小平同志塑像这个任务交由市委副书记李容根负责，并由深圳雕塑院设计。

创作几乎全民熟知的伟人塑像，显然是一项高难度的工作。"给他老人家塑一个什么样的像？是坐像还是站姿？取材于青年、壮年还是晚年视察南方时期？"这让设计专家很费脑筋。时任深圳雕塑院副院长的滕文金与他的大学同学白澜，以小平视察南方为题材设计了第一稿，取的是站姿形象。

该稿获得市委、市政府主要领导讨论通过，但滕文金并不满意。于是他到北京，找知名雕塑家一起再做研究，还找到小平同志的家人和身边工作人员，征求对塑像设计的意见。

小平同志的家人提出几条建议：一是小平同志塑像最好是第三次复出时的形象；二是小平同志平时走路很快，塑像最好是迈开大步向前走的造型；三是要把小平同志的风采突出地塑造出来，最好是披着迎风飘扬的大衣。小平同志的大女儿邓林还提供了父亲的许多照片供设计人员参考。

滕文金根据以上意见和照片设计了第二稿。这一稿的塑像以“走”为核心进行创作，由站姿改成了迈开大步前行的形象。这个原型依据的是 1963 年 7 月邓小平率中共代表团前往莫斯科与苏共代表团谈判时，在机场留下的照片，并结合了他 20 世纪 60 年代的身材、80 年代的形象进行创作。滕文金说，60 年代是邓小平身体最好的时候，而 80 年代则是他思想最成熟的时期，如此取材、创作比较合适。同时，几位创作者又根据一张小平同志身穿风衣、站在黄浦江边的照片，为小平雕像“披”上了一件迎风飘摆的风衣，这样就大大增强了动感，增强了生动性。

滕文金每次成稿后，都到北京的中国军事博物馆做“小样”，以一定的比例做成石膏像或铜像，送回深圳供市领导审议。塑像模型一共做了 4 次，最后一次模型放大到 6 米高。1997 年年初，厉有为、黄丽满、邵汉青等市领导一行 10 多人专程赴京，与北京的一些著名雕塑家一起审查、验收。大家都认为塑像形神兼具，比较准确地体现了伟人的风采，就基本定了下来。

塑像设计方案审定后，交给上海铸造厂精心铸造。使用的材料为青铜，这种材质不怕风雨侵蚀，能经岁月淘洗，可确保恒久不变，常年屹立。

不久，小平铜像完成，从上海运回深圳，暂时安放在深圳雕塑院。铜像重6吨、高6米，进不了屋子，只能放在大院里，用苫布覆盖。

反复选址：铜像定居莲花山

小平铜像完成了，可伟人铜像该“定居”何处？

最初的选址有几个，市委大院门口、中信广场、市民中心前广场、仙湖植物园等地，都曾经被列入考虑之列，反复比较。但最后，我们看中的是莲花山。

入选理由有四个：一是莲花山刚好位于市中心区中轴线的北端，安放在中轴线的铜像，坐北朝南，面向南海之滨，是最佳方位；二是莲花山最高峰海拔108米，地势开阔，登高可纵览深圳城区；三是莲花山这个名字很好，莲花是高雅圣洁之花，为国人所喜爱，因其特殊含义而为人们所崇尚；四是莲花山在市中心区，面积将近200公顷，市里已经决定要把莲花山建成中心公园，将来到公园休憩的市民和中外游客可以方便地登山瞻仰小平铜像。

正当安放铜像的建设工作紧锣密鼓地进行时，中国大地晴天霹雳。1997年2月19日，邓小平同志与世长辞！

深圳人民得知消息后无比震惊，沉浸在巨大的悲痛之中。有的市民手捧小平同志遗像失声痛哭，许多市民纷纷燃烛悼念，不少大楼挂着“深切悼念小平同志”巨幅挽联，深圳大学的学生在校园内自设灵堂守灵致哀。深南路边的小平同志画像前更是摆满了花圈花篮，20 日这一天来到画像前悼念的市民达到 5 万人次。深圳人对小平同志的感情是多么深厚！

2 月 20 日，由于市委书记厉有为在广州参加重要会议，我主持召开市委常委会议，深切缅怀邓小平同志，并研究部署全市的悼念活动。这次会议再次研究并正式确定将小平铜像竖立在莲花山顶。我要求加紧建设位于莲花山顶的邓小平广场，确保在香港回归之前在广场上把铜像竖立起来。

那时的莲花山尚处于未开发的原始状态，乱石嶙峋，杂草丛生，坟茔处处，举目多见荔枝林、橘子林。林子里是“三无”人员搭建的窝棚，环境脏乱，空气污浊。要在这样的地方建起广场，筑起座基，还有许多工作要做。

2 月 25 日，副市长王炬根据市委常委会议精神组织召开市长办公会。市规划国土、建设、城管、计划、财政等各有关部门的负责人以及深圳雕塑院副院长滕文金参加会议，一起研究邓小平广场的建设工作。会议明确了迁坟、推土、建设的责任单位，研究了建设工期，要求广场建设在 6 月 25 日前竣工，确保如期揭幕。会议还原则通过了广场总体规划，提出为保证工期，可以边立项、边设计、边施工。

会后，山顶广场建设工作快速推进。政府机关还组织了 3 次义务劳动，与施工人员一起拆除窝棚等违章建筑，修整草木，栽花种树。很快，宽敞、平整的邓小平广场便在莲花山顶修建好，铜像的基座同时建成。

万事俱备，只欠东风，剩下的工作就是择日举行安放仪式。

可就在这个时候，上级通知深圳，说邓小平像先不要立，待中央统一研究后再做安排。

这个通知太突然、太意外了！市领导有些不理解，虽然不理解，但也要服从中央指示。

事后才知道，小平同志逝世后，全国许多地方都要为他塑像立碑，“邻居”珠海市就制作了比深圳的铜像还要高大的作品，向中央打报告请示立像。这就是上级通知“统一研究后再做安排”的背景。

把握时机请示中央领导：特区成立 20 周年时竖起小平铜像

竖铜像的事就这样偃旗息鼓，被搁置了下来。

时光荏苒。1998 年 1 月，市委书记厉有为任职期满。任期内未能把小平铜像竖立起来成为他的一大遗憾，所以他向新任市委书记交接工作的第一件事就是“竖铜像”。“小平铜像都准备好了，我来不及竖了，这个任务就交给你们了。”他嘱咐道。

新任市委书记表示一定努力把这件事做好，实现深圳人民的愿望。

又过了两年多，2000 年 2 月，深圳接到通知，中央主要领导即将来深圳视察。

市委书记对我说：“小平铜像和莲花山山顶广场都已经准备好两年多了，可铜像一直没有竖起来，是不是该趁这个机会请示一下，把这件事给做了？”

我说：“竖小平铜像，应该有好的由头和时机。从目前看有两个由头和时机：一是深圳经济特区成立 20 周年纪念日；二是小平同志诞辰 100 周年纪念日。今年正逢深圳经济特区成立 20

周年，应该抓住这个好机会把小平铜像竖起来。”

2 月 21—22 日，中央领导视察深圳。21 日这一天，中央领导一行来到莲花山顶，俯瞰市容市貌。我向中央领导汇报市中心区的规划建设情况。那时，中心区首批 6 个项目建设已经启动，东、西、北部的区域建设早就有了可观的规模，在莲花山山顶广场走一圈，可见远处高楼林立，车水马龙，绿树盎然，满眼青翠，一片繁荣和美丽景象。

中央领导看了非常高兴。莲花山顶广场是拟竖立小平铜像的地方，市委书记趁此机会向中央领导汇报了深圳市委、市政府的想法。他说：“我们有件事向您汇报一下。小平同志的铜像 1997 年就已经准备好了，但没有中央指令，我们还没有竖起来。两年多来，铜像一直存放在深圳雕塑院的院子里，用苫布裹着。这样下去不是个办法，真担心时间久了变形。一旦变形，就很不好处理了。所以我们想在深圳经济特区成立 20 周年的时候，在莲花山顶把小平同志的铜像立起来。”

中央领导听完汇报后肯定了深圳市委、市政府的想法，表示深圳的事情自己定。

中央领导随后提出要看一看原宝安县的县城所在地，于是大家一起下山，前往罗湖区商业步行街。

第二天，中央领导结束视察行程离开深圳。市委书记再次找我商议竖立铜像的事。我见面就说：“咱们终于跟中央领导当面汇报了。”

市委书记说：“子彬，虽然汇报了，但中央领导说‘你们深圳的事情，你们自己定’，是啥意思呢？”

我说：“中央领导说深圳的事情就让咱们自己定，咱们就听出这意思了。”

市委书记拍了一下桌子，说：“好！咱就自己定了！”

我俩就这样商定：在2000年深圳经济特区成立20周年时，把小平铜像竖立在莲花山顶的邓小平广场。

历经七年：小平铜像终于竖起来

此后，相关工作就按这个时间节点推进。2000年10月1日，江泽民同志为小平铜像题词“邓小平同志”。

2000年11月14日，在深圳经济特区成立20周年之际，小平铜像揭幕仪式隆重举行，江泽民同志亲临莲花山山顶广场，为铜像揭幕。缎带轻牵、红绸滑落，小平铜像巍然屹立在人们的面前：他正迈步迎风向前，步履是那么矫健，神情是那么平和，目光是那么自信，表现出的意志是那么坚定，一如他伟大一生的非凡品格和卓越风范。

至此，深圳人民为小平同志立像的愿望终于实现！

那时，我已经完成了5年深圳市市长的任职，到国家发展计划委员会履新，我应邀出席了铜像落成揭幕仪式，见证了这一激动人心的时刻。我作为铸造、竖立铜像的决策者之一，在两任市委书记带领下，与其他市领导一起不懈努力，完成了这件大事，算是不负众望，深感欣慰。

莲花山高度只有108米，本无奇特之处，却因为小平铜像的矗立而被称为名山、圣山。深圳市民和外地游客敬仰伟人，感恩小平，每年登临者达400多万人次。

图 8.3　深圳市莲花山公园山顶广场上矗立的邓小平同志铜像

伟人远去，英名长存。丰功伟绩，泽被后世。

小平铜像巍然屹立，深圳人民将永远怀念他，感恩他。中国人民将永远沿着他开辟的中国特色社会主义道路阔步前进！

做了 5 年深圳市长是我的荣幸

1999 年 9 月 4 日下午，我在五洲宾馆接受了美国《领袖》杂志特派记者舒畅的采访，此时离我们这届政府任期届满还有半年多时间。《领袖》杂志的采访为当年 10 月召开的世界银行大会、国际货币基金组织大会而来——《领袖》杂志的“中国特刊”将在本次大会上独家发行。20 多年后，再回看当年的这个访谈，我把它视作自己做了 5 年深圳市市长的一份“述职报告”。

缘起：用“中国特刊”讲述中国改革开放故事

1999 年 4 月，国务院总理朱镕基在接受《领袖》杂志主编多曼先生的专访时提出，希望《领袖》杂志在世界银行大会和国际货币基金组织大会上出版一期“中国特刊”，给国外企业界领导人提供一个与中国企业界和政界领导人互相了解和平等对话的机会，以逐渐减少隔阂。有了解才能促进沟通，有沟通才能促进经济合作与发展。

在这期“中国特刊”中，《领袖》杂志将和中国 50 位企业界领导人、10 位省长、10 位部长以及包括我在内的 5 位市长（3 位直辖市市长、沈阳市市长和中国改革开放前沿的经济特区市长），一道讲述中国人的故事：讲述中国实行改革开放，通过艰辛努力将旧体制转变为新体制的故事；讲述我们所付出的代价以及不屈不挠地走向世界的一种中国人的精神。时任中国国家主席江泽民、美国总统克林顿、英国首相布莱尔、法国总统希拉克等世界政治界的领导人都为此期"中国特刊"发来贺词。

学习和工作经历，是人生的宝贵财富

"您曾经在中国化工部担任领导职务，是什么原因使您来到了中国这个改革开放的前沿城市？"《领袖》杂志的访谈从我的工作经历开始。

我1964年毕业于清华大学工程化学系，毕业后在内蒙古自治区工作了7年，后来回到我的家乡辽宁省锦西市工作。锦西化工总厂是国家特大型企业，1984年我被任命为厂长，一直到1989年7月。那一年，辽宁省锦州市一分为二，分为锦州市和锦西市，我被派到锦西市政府工作。1991年12月，我又由锦西市政府重回我的本行，被调到化工部做副部长。干了3年后，我被派到深圳工作。来之前，我一点信息也不知道，没有人征求过我的意见，问我愿不愿意到深圳来，有没有什么愿望或者困难。我只是接到通知：组织决定让你到深圳去工作。中共中央组织部通知了化工部部长顾秀莲，她找我谈话："中央调你到深圳工作，深圳是经济特区，工作任务很重，你要更加努力，做好工作。"就这样，1994年11月5日，我正式到深圳工作。

我觉得，此前的3段工作经历，对我到深圳工作非常有帮助。

我在国有企业工作长达25年，搞过科研、设计、生产、基建，做过总工程师、厂长，也就是说，中国国有企业里几乎所有的重要岗位我都干过。我对中国的国有企业应该说是很了解的，包括它的长处和所处的困境，对于如何深化改革，搞好国有企业，也积累了一点经验。

在锦西市政府工作期间，我有了新的体会和经验。尽管锦西市不是规模很大的一个城市，但中国有句古话叫“麻雀虽小，五脏俱全”。在市政府工作，跟在大型企业工作不一样。市政府要管理一个城市的工业、农业、商贸、财政、税务、金融、交通运输，以及城市基础设施、社会各项公益事业的建设和发展，遇到灾害还要抢险救灾，总之，涉及面非常广。市政府还要处理好与市委、市人大、市政协的关系以及与各个民主党派之间的关系。这两年半的工作对我来说，也是非常宝贵的锻炼机会。

之后，我就到了化工部当副部长。我很珍惜在化工部工作期间所处的环境以及所获得的一些知识和积累的工作经验。中央机关的工作，加强了我的组织纪律观念，做到与党中央、国务院保持高度一致，加深了我对邓小平理论的理解，也使我更加注意宏观战略问题。比如，化工部很重要的一项任务就是，研究中国化学工业的发展战略和发展策略，制定中国化学工业发展的长期规划和年度计划。这就需要我很注意了解世界石油化工的发展动态，特别是世界石油化工科学技术发展的动态、产业结构的调整。眼睛要紧盯着世界石油化工发展的前沿，只有这样，才能确定中国石油化工发展的战略、总量平衡、总体布局，特别是用高新技术改造、武装中国化学工业。

我在大学的学习和这 3 段工作经历，使我获得了一定的理论知识和工作经验，为我以后的工作打下了一个良好的、扎实的基础。正是因为有了在大企业、市政府、国务院的专业管理部门的这些工作经历，我到深圳以后，很快就能进入角色，工作上手很快。到这里之后，我只需要熟悉一下人、熟悉一下具体情况，对工作性质和业务并不生疏。当然，深圳是经济特区，是改革的试验场、对外开放的窗口，和内地的地方政府有差别。这里改革开放的意识很强，对新事物的反应灵敏度很高，经济发展很快，工作节奏也很快。这是深圳经济特区的特殊性。深圳率先建立了社会主义市场经济体制的基本框架，推动了国民经济持续、快速、健康发展，创造了著名的“深圳速度”和“深圳效益”，在改革的若干领域都领先一步。比如在20世纪80年代末，深圳就尝试了国有企业实行股份制这种形式，这在当时的中国是绝无仅有的。到1990年，深圳又试办了证券市场。在思想观念、体制改革和对外开放方面，客观地讲，深圳经济特区对内地的改革开放起到了示范和带动作用。中央决定派我到深圳来工作，我觉得责任很重，也很愿意在经济特区工作，为党和国家、为人民多做一点贡献。

政治路线确定之后，干部是决定性因素

深圳作为改革开放的“试验田”，短短十几年就完成了资本初期积累，又从劳动密集型产业转向高科技领域，用十几年的时间就走完了许多国家要花几十年甚至上百年才能走完的工业化进程。“是什么原因使深圳有如此高的发展速度？”记者的提问直指“深圳速度”和“深圳效益”背后的根本原因。

我认为最根本的原因，是邓小平理论的指引和党中央的改革开放总方针。没有改革开放，没有邓小平理论，绝对不会产生经济特区。1980年8月，党中央、国务院批准建立深圳、珠海、厦

门、汕头四个经济特区。1984 年，邓小平同志视察深圳、珠海之后，党中央果断地做出开放中国沿海 14 个城市的决定；1988 年，决定在海南省成立最大的经济特区，实行更加优惠的政策；1990 年，又决定开发上海浦东新区，形成了全方位对外开放的格局。这才有了今天的成就。所以说，经济特区能达到今天的发展水平，最根本的原因是邓小平理论的指引和实行改革开放政策，是党中央的正确领导、关怀和支持的结果。

第二，政治路线确定之后，干部是决定性因素。深圳的前身是宝安县，面积 2 000 平方千米，30 万农民在这里劳作生息，宝安县没有工业，是一个纯农业县。到 1998 年年底，厦门、汕头、珠海三市的国内生产总值的总和是深圳的 0.87，财政收入是深圳的 0.41，外贸进出口总额是深圳的 0.40，与深圳已经有很大差距。邓小平理论对全国都是起指导作用的，四个经济特区都享有同样的政策，为什么深圳发展得最快、规模最大？客观上深圳毗邻香港，这是比它们更有利的条件，但是除地缘优势以外，其他的政策都是一样的。深圳的发展之所以速度更快些，效益更好些，我个人认为，这与深圳前几届领导班子高举邓小平理论伟大旗帜，有坚定的深化改革的决心，对外开放意识强，坚持发展是硬道理，坚持以经济建设为中心，对经济工作比较熟悉，没有丧失任何一次机会，带领全市人民艰苦奋斗，开拓进取，敢为天下先，力争上游，进行艰苦卓绝的努力是分不开的。深圳“第一次创业”时期，几届领导班子都很优秀。深圳市民来自五湖四海，每个人都怀着梦想来到深圳打拼，他们工作十分努力，非常富有创造力，效率非常高，是一个优秀的群体。深圳是一个移民城市，勤奋、创新、包容、共享是这个城市文化的重要内涵。

第三，全国人民对深圳的大力支持。深圳从全国各个省市招聘了一大批科学技术人才、行政管理人员和劳动技术工人，这使得这个城市的人员素质很快得到了提高。建立特区之初，这里是宝安县，有30万农民，县城面积只有3平方千米，城镇居民只有3万人，几乎没有工业，没有大学，更没有研究所。在这种条件下，想把深圳建成初具规模的现代化城市是完全不可能的。正是因为从全国各地调来了一大批干部，上述的“不可能”才变为“可能”。所以说，深圳有今天，也是全国人民支持的结果，人才的支持是最大的支持。内地的市场、资源，包括内地的大专院校和研究所的科研成果，也为深圳的高速发展做出了贡献。

第四，深圳市经济转型、产业升级起步早。我在1995年就提出“三个一”：科学技术是第一生产力，高新技术产业是深圳经济发展第一增长点，一把手亲自抓。大力发展信息技术产业、生物技术产业、新材料产业。5年间，深圳高新技术产品产值年均增长42.6%。当前正在积极筹备首届高交会。

第五，几个经济特区建立之初，中央在税收、财政、外汇管理等方面给了一些特殊政策。深圳经济特区还有毗邻香港的地缘优势，这也是深圳经济迅速发展的重要外部条件。从1980年到1994年这14年，在深圳经济特区“第一次创业”时期，特殊的优惠政策和地缘优势发挥了非常重要的作用。正是因为有了低税收政策，深圳才能够吸引内地一些省、市大企业来投资，才能吸引境外的资金，首先是香港、台湾的资金到这里来。随着香港、台湾产业结构的调整，它们的很多劳动密集型企业迁往深圳和珠三角地区，这对深圳经济特区发展初期的资本积累、财富积累、管理经验的积累、人才招聘都是至关重要的。

深圳高速发展的原因还有很多，但是我认为主要的就是以上5条。

图 8.4　不同年代的地标建筑是深圳高速发展的缩影（左：1985 年建成的国贸大厦。中：1996 年建成的地王大厦。右：2015 年建成的平安大厦）

深圳最主要的贡献是为改革开放提供了新鲜经验

《领袖》杂志在访谈中做了一个数据对比：1998 年，深圳的国内生产总值增速为 14.5%，中国的国内生产总值增速为 7.8%，深圳的发展速度超过了全国平均水平，而且超出非常多。"深圳国内生产总值的来源主要是工业、服务业还是高新技术产业？表现在哪几个方面？"

经济数据虽然枯燥，但是最有说服力。

深圳的国内生产总值由建立特区之初的 1.9 亿元到 1998 年的 1 289 亿元，增长了 700 多倍，平均增长速度是 32%。由于受到亚洲金融危机的影响，1998年增长14.5%，1999年预计增长13%。今年1—7月份实际增长13.7%，今年将努力达到13.5%~14.0%。深圳20年能够连续保持如此高的增长速度，是很了不起的。深圳市人口由原来的30万人到现在的500万人，财政收入由1 700多万元增长到1998年的165亿元，增长将近1 000倍。1998年，深圳的全口径税收是383亿元，其中净上缴国库230亿元，地方税收分成150亿元，加上其他收入，预算内财政收入为165亿元。在2 000平方千米的土地上，深圳净上缴国库230亿元，这在中国是很少见的。有的省可能上缴了两三百亿元，但中央政府又返回给它们一大部分，这样一来净缴的就不是太多了。1996年、1997年、1998年，深圳净缴国库数平均都在200亿元以上，从财政角度看，深圳是做了一点贡献的。但是，深圳的主要贡献不在财政方面，而是坚持不断地深化改革和扩大对外开放，为中国的改革开放创造和提供了一些新鲜经验，努力探索建设有中国特色社会主义道路。这才是深圳经济特区最宝贵的精神财富和最主要的贡献。

深圳经济目前的支柱产业，一是以高新技术产业为主体的制造业。1998年，深圳的制造业总产值1 848亿元，在全国各大城市中位列第五，但是我们的经济结构最好，有一半产值来自高新技术产业，主要是信息技术产业、生物技术产业和新材料产业。按照现在世界通行的分类，高新技术还包括航天技术、海洋技术、新能源技术，我认为这三种技术目前在中国还处于探索阶段，需要有一批顶尖的人才、大量的资金投入，距离产业化还有相当大的距离。对这些科学技术的研究开发，主要应该是国家行为。深圳作为一个市，只能重点发展信息技术、生物技术和新材料产业，这样，能够更快、更容易进入产业化阶段，产生较高的经济效益，促进经济发展，提高经济整体素质，增强竞争能力和抵御风险的能力。

二是以金融业、信息服务业为主体的现代服务业。与国内许多城市相比，深圳的金融业基础原来很薄弱，但是发展得很快。现在深圳的金融业比较发达，金融体系比较健全，金融机构多，品种齐全，除了黄金市场外，银行、证券、保险、基金、财务公司、信托等业务都有。金融业务总量比较大，深圳的人民币存款、贷款余额，分别在国内大中城市中排名第四位、第五位；深圳的外汇存贷业务在全国大中城市中排名第一位，超过上海、北京；深圳涉外金融业务量大，国际结算等业务居全国第一位。另外，深圳的旅游业、房地产业、商贸业、信息产业在国内城市中也都名列前茅。进入 21 世纪初期，深圳将形成第三个支柱产业，即以港口运输和商贸为主的物流业，深圳将建成区域性物流中心。这是我个人的设想，现在全市上下基本上达成了共识。深圳的经济基础已经夯实，没有泡沫成分，经济结构调整基本完成，国民经济发展开始进入良性循环，城市基础设施适度超前，未来深圳经济一定能够持续、快速、健康发展，将成为全国经济结构最好、经济效益最好、生活质量最好、环境最好的城市。

因为城市辖区面积不大，只有 2 000 平方千米，深圳的经济总量不可能一下子赶上北京、上海、广州，但是，深圳的经济结构、经济效益、环境质量会比它们好。这既有主观上的努力，也有客观上的条件。北京、上海、广州都是老城市，老城市有一些历史遗留问题，经济结构调整的难度比较大，城市规划的修订、编制和建设的难度比较大。最近国外的一本杂志评价中国 35 个生活质量最好的城市，深圳排在第一位，第二位是杭州，第三位是大连，上海排在第十二位，北京排在第十五位。这个排名依据有很多项指标，如环境保护、人民生活水平、经济发展状况、教育、卫生事业水平等，综合排名，深圳是第一。当然，上海这几年的发展变化也很大，经济增长也比较快，经济结构调整和城市基础设施建设的气魄也很大，是中国第一大城市。我很敬佩，也很高兴。

深圳、上海之间完全不存在争夺外商投资的问题

深圳经济的外向型程度高，外商云集，2 000 平方千米的范围内聚集了两万多家合资企业和外商独资企业。《领袖》杂志在访谈中表达了他们对外商这个话题的关注：随着上海浦东新区的开发，深圳会不会担心外商的注意力转向浦东，两个城市之间是否会形成争夺外商投资的趋势？

深圳的外商企业有一个由低级到高级、数量上由少到多、规模由小到大的发展过程。开始时大都是“三来一补”企业，随着深圳经济的发展和投资环境的日趋改善，美国、欧洲、日本的企业开始来深圳投资。截至 1999 年 8 月底，深圳累计利用外资 189 亿美元，其中 2/3 是近 5 年投资的。可见，深圳引进外资的速度明显加快。外资的来源从以港、台为主到欧、美、日的投资增加速度越来越快，1999 年 1—7 月，欧、美、日的投资大约增长了 25%~33% 。同时，外商投资质量也越来越高，大企业现在的投资都以高新技术产业、城市基础设施建设为主，已有的“三来一补”企业的科技含量也大大提高。外商投资的势头很好，1999 年

前 8 个月，深圳实际利用外资比 1998 年同期增长 7.2%。亚洲金融危机对深圳的冲击较大，因为深圳经济的外向型程度高。好在深圳的经济结构调整得早，近几年高新技术产业高速发展，1998 年深圳高新技术产品出口增长了 19% 。预计 2000 年全国的外贸出口还有一些困难，2001 年或 2002 年以后会逐步好起来。

上海浦东新区的开发，并不意味着外商的注意力将逐渐由深圳转向浦东，深圳与上海两个城市之间完全不存在争夺外商投资的趋势。现在不存在，将来也不会存在。我对上海的高速发展感到由衷高兴。上海是中国经济实力最强的城市，中国也需要几个首先进入世界前列的著名城市，这是我们国家经济实力的象征。但是，并不存在上海发展得快了，深圳就会变慢或者外商就跑到上海去了的问题。深圳和上海吸引的外资数量相对于世界流动资本的比例微乎其微，世界流动资本数额很大，中国的天地也很广阔，所以并不存在这个问题。我常常举这个例子，一个高中毕业班有 50 个学生，成绩差的学生向成绩好的学生请教，成绩好的学生不愿意教成绩差的学生，怕与他考大学竞争，这种想法其实愚蠢之至。因为考大学主要不是与同班同学竞争，而是要与全国 300 万考生竞争。中国的竞争绝对不是上海与深圳之间的竞争，不是说上海发展快了深圳就会变慢，或深圳快了上海就会变慢，两者的发展是互相促进的，这是一条规律。就拿香港和深圳的关系来说，当初深圳在建立经济特区时，有人就有不同意见。实践是最好的老师，现在并没有因为香港这棵“大树”，深圳就没有发展，相反，深圳的快速发展促进了香港的发展。没有过去 20 年中国内地的改革开放，就没有香港今天的发展。实际上双方是互相促进、互惠互利的。北京、上海、广州、深圳、香港等城市之间都是互相学习、互相促进、加强合作、共同发展的关系。

两个文明建设的成绩让全国对深圳刮目相看

“在这个市长任期当中，您认为自己为深圳市的发展所做出的最大成就是什么？”记者追问。

一个城市的发展与城市的领导人和城市居民的努力有很大的关系，也跟国际、国内的大形势有关。一个人看待自己的工作，应该放在世界、国家的大格局中考虑。在我任职期间，我们国家发展得很好，亚洲地区比较太平，加上前几任领导人打下了比较好的基础，在这个大环境下，深圳才有了快速发展。这 5 年，是深圳综合经济实力明显提高，经济上规模、上水平的 5 年；是经济快速发展，结构调整取得明显成效，高新技术产业迅速发展的 5 年；是城市基础设施建设规模最大，城市功能日益完善的 5 年；是人民生活水平不断提高，生活质量越来越好的 5 年；是包括国有企业改革、卫生体制改革、教育体制改革、口岸体制改革、财税体制改革、建立和初步完善社会保障体系等在内的各项改革力度最大的 5 年；也是在反腐败，加强社会治安综合治理，铲除社会不良现象方面力度最大的 5 年；是物质文明建设与精神文明建设协调发展，让全国对深圳刮目相看的 5 年。所以，深圳这几年在国内的形象越来越好，影响也越来越大。在此过程中，党中央给了深圳极大的关心和支持，广东省委、省政府给予了很大的支持。我本人也付出了巨大的心血，做出了自己的贡献。

本届政府任期还有半年多时间，我要把该做的各项工作做得更好。首先，要把今年 10 月 5—10 日的首届高交会办好。这个交易会由国家对外贸易经济合作部、科学技术部、信息产业部、中国科学院和深圳市政府共同主办，深圳市政府承办，其规格是国家级的，其范围是国际性的。高交会在深圳举办，对于把深圳建成中国重要的高新技术的研发基地、产业基地、成果交易中心、产品出口基地将有深远影响。这是我在任期内把它策划、组织起来的，同时，我也是高交会组委会的主任。全市正在全力以赴地做好这项工作。

这5年，深圳市取得的最突出成绩可以概括为以下四个方面。

一是加快了经济发展转型、产业结构优化升级。深圳市国民经济实现了持续、快速、健康发展，综合经济实力已经进入全国大中城市前列。初步实现了经济结构调整、产业结构升级，高新技术产业高速发展的目标，全市整体经济素质有了明显提高，综合经济实力大大增强。国内生产总值、工业总产值、地方预算内财政收入分别位列全国大中城市的第六位、第四位、第三位。

二是完成了城市总体规划的重新编制，坚持高起点规划、高标准建设、高效能管理。5年间，深圳共投入城市基础设施建设资金540亿元，基本形成了完整的基础设施体系。城市的综合实力、城市的面貌、城市的功能和生态环境发生了很大变化。

三是国有企业改革不断深化，在某些深层次的领域有所突破。首先，进一步改革了国有资产的管理体制，到1996年，完善了“国有资产管理委员会－国有资产经营公司－国有企业”三个层次的国有资产监管和授权经营新机制，为全国建立国有资产的国家所有、分级管理、有效监管体制探索了一条路子。其次，坚持党管干部原则，加强和改善了党对国有企业领导干部管理的办法，按照党管干部原则与《公司法》相一致、管事与管人相一致、下管一级的"三原则"，改革了国有企业领导干部的管理体制。对建立既符合社会主义市场经济规律又符合中国国情的国有企业领导体制进行了大胆探索。最后，对企业进行公司制改造，建立和完善了公司法人治理结构，建立了企业内部监督制衡和民主、科学决策的机制。这三个方面的改革为全国的国有企业改革与发展，发挥了探路和借鉴作用。

四是坚持"两手抓，两手都要硬"的方针，坚决地反腐败，大力加强廉政建设。标本兼治，重在治本，从改革和制度建设入手，从源头上铲除产生腐败的土壤，坚持事前防范重于事后查处的原则。土地使用权公开拍卖、政府工程一律实行公开招投标、改革政府审批制度、建立政府统一采购制度、整顿机关作风等改革措施，都取得了初步的明显成效。大力加强社会治安综合治理，社会治安明显好转，"黄、赌、毒"等社会丑恶现象得到明显遏制。精神文明建设与物质文明建设协调发展，进一步改善了深圳经济特区的形象，进一步扩大了深圳在国内外的影响。

中国加入WTO，为西方企业提供了新机遇

在访谈中，《领袖》记者表示，该杂志的读者都是世界著名跨国公司的总裁，个人拥有的资产都在25亿美元以上，读者群控制着世界上4万亿美元资产，这些人都是经济界的领袖。中国目前正面临着加入WTO（世界贸易组织）的问题，《领袖》杂志希望我就这个问题向世界经济界的领导人谈谈我的看法。

中国加入WTO的谈判如果能够早日结束，将为西方企业加强与中国经贸合作创造最好时机。加入WTO对中国来说有利有

弊，但利大于弊，所以我认为，如果没有十分苛刻的条件，中国还是加入为好。但是，如果硬把加入条件定得很苛刻，那么中国就只能晚几年再加入了。改革开放20年间，中国没有加入WTO，也照样发展得很好。中国加入WTO后，对美欧大企业进入中国市场，加强与中国的经贸合作是个好机会，对它们是有利的。国内一些人担心中国加入WTO后会压垮中国民族工业，我认为不会。比如通信业，刚开始的时候，中国市场上的程控交换机全是国外的产品，但到了去年，已经有一半是国产的。中国加入WTO，将为美国企业提供一次新机遇，有利于促进中美关系的友好合作，对美国的政治、经济都有好处。

市长虽是地方“小吏”，但要当好不容易

《领袖》杂志给我出了一道考题：作为一个重要城市的市长，应该具备什么样的条件?

市长在中国是个不大不小的官。做一个好市长，需要有多方面的知识。首先，他需要懂经济，因为中国还比较落后，当务之急是发展经济。同时，他要有一点文学知识、历史知识和哲学知识，如果缺少这三种知识，我认为很难当好一个市长。文学可以使人更深刻地看人、认识人；历史可以使人知得失；哲学可以使人睿智，没有哲学知识的人，很容易极端、偏激、片面。所以在知识结构上他应该是全面的，不能单一，单一就很难成为一个优秀的领导人。此外，他对事业要有坚定的信念、执着的追求，要有献身精神，要有高度的责任感，强烈的爱国主义精神，要爱祖国、爱人民，急老百姓之所急，苦老百姓之所苦，乐老百姓之所

乐，只有这样，才能真正为国家、为老百姓办点事情。这种思想品德是非常重要的，没有这种品质的人，不会全身心地投入到工作中。政治思想在中国国情中是非常重要的。必须高举邓小平理论伟大旗帜，这不是教条，而是因为这个理论是对的，是符合中国国情的，这个理论引导中国走上了繁荣富强之路。必须在思想上、政治上、行动上和党中央保持高度一致，这两者是一脉相承的。必须有一个好身体，因为市长的工作节奏快，工作量大，有了好身体才能保证工作效率。在工作作风上要密切联系群众，深入基层，和群众心连心。还要富有人格魅力，能够团结你周围的人，为实现共同的理想而努力奋斗。这种人格魅力的核心是有修养、有知识、有才干，为人宽厚、与人为善，严于律己、宽以待人。还要处理好与党中央、国务院各部门的关系，与省委、省政府各部门的关系，与市里四套班子的关系。所以，市长虽然是地方"小吏"，但要当个好市长并不容易。

"每个市长都有不同的工作作风，市长的工作作风会影响到该届政府的工作作风。您的工作作风是什么样的？您会不会破口骂人？深圳是个特殊的城市，工作节奏非常快，您一天要工作十几个小时，作为一个繁忙的市长，您有没有一些个人爱好？"记者打破砂锅问到底。

我个人比较欣赏的工作作风是：有战略眼光、深思熟虑、扎扎实实、积极稳妥。我不喜欢一个人没有战略眼光，零敲碎打，想到什么干什么，这样做效果往往不好。在中国，一个领导干部要有战略头脑、世界眼光、理论修养、实践经验、优秀品质，只有这样，才能做个优秀的市长。我在工作中习惯于有个统筹战略，深思熟虑，扎扎实实，重要的事情亲自动手，关键的文章自己写，但也不能什么都自己干，要发动大家一起干。

在工作上，我不会骂人，我会批评人，批评起来也挺厉害，但我不会侮辱别人的人格。如果一个人该做的工作没做，该做好的工作没做好，我就会批评他。所谓批评，是对工作的一种督促，是对干部的一种爱护。批评之后，如果他的工作有了新成绩，再表扬他，他就进步了。如果进步大了，将来我还可以提拔他。当领导的要永远记住你的同事、下属的优点和功劳，忘记他们的一些过失。这并不是说看不见他们的缺点，而是理解他们的过失。

我基本没有什么业余时间，但爱好很多。比如我喜欢看书，但现在很难有时间系统地读书，只能挤出一点时间来读书，等将来退休了我就可以多看点书、写点书、写点心得体会。我还喜欢听音乐、听京剧，但是我的太太、孩子都不喜欢听京剧。我年轻时喜欢打篮球，现在年纪大了，打不动了，有时候会出去健身、游泳。

能为深圳老百姓实实在在干点事是最大的欣慰

“还有半年多您的任期就满了，您有没有可能连任？您想不想连任？您刚才说了，深圳的生活质量是中国最好的，那么您退休以后是不是就留在这个城市来享受您的工作成果？是否希望在您退休后，深圳的老百姓还会不时地想起您？”记者的访谈内容从过去、现在转到了未来。

我能够在深圳工作 5 年多，确实很荣幸。在有生之年，能够为国家做一点贡献，能够为深圳的老百姓实实在在地干点事儿，这是我最大的欣慰，所以我感到很高兴。

明年深圳市政府将换届，我正好 60 岁，深圳是一个副省级市，按现行规定，副省级领导干部只能干到 60 岁，所以我留任的可能性很小。如果没有年龄限制，我愿意再干几年，首先深圳市老百姓会高兴。但是现在有这个规定，我不能突破。具体什么时候退休，我自己也不知道，这要由中央安排。我觉得我的理论修养、实践经验、人品、对工作的负责精神，都可以干好一件事情，还可以为我们国家再多做一点事情。至于有没有机会，那不是由自己决定的。我在深圳工作了 5 年，创过业，这里又是全国生活质量最好的城市，退休之后，我肯定会有相当一部分时间在这里生活。但我在清华大学读了 6 年书，当过 3 年化工部副部长，这也是我一生中非常重要的两个阶段。我认为中国青年能在北京大学、清华大学读 6 年书，那是一生当中难得的机会，我至今对我的母校很留恋，所以我不会完全离开北京。我出生在辽宁锦西市，那是我的老家，祖辈都在那里，亲属也都在那里，我也不会忘记我的老家，将来我很可能在三个地方都走一走。

我希望在我的任期内，第一能够留下点政绩，第二能够在市民中留下好的口碑，第三留下点思想成果。深圳的老百姓对我还是非常厚爱的。我相信，在我退休后，到市民家、企业那里喝杯茶的地方还是很多的，如果有时间，还可以下盘棋。

访谈到了尾声。“今天的这个采访，展示了您对世界问题的看法，对城市发展的看法，对城市未来发展的预测以及您的领导意识、领导理念，我觉得您的故事是一篇非常有代表性的故事。这篇故事也能充分反映出，中国新一代领导人及新一代企业家在今天中国改革开放浪潮中，在与世界经济接轨、进行友好合作的过程中，将会对世界整个经济、政治的发展起到积极的促进作用，也能反映出中国人的伟大精神。这也是中国老百姓、中国企业界、政治界人士他们所希望做到的。希望这本杂志在今年世界银行大会、国际货币基金组织大会上，作为独家发行的杂志，能够在世界领导人当中发挥沟通作用，促进世界和平与发展。”记者对访谈做了小结。

我对《领袖》杂志的采访表示了由衷的谢意：“很感谢你刚才所说的这一番话，感谢你的动机，也感谢你所起的作用。这次采访后，你就会发现，中国有相当多的优秀人才，无论是政界还是商界。中国人是很可爱的，中国这个国家是很可爱的，所以中华民族是大有希望的。我们一定能屹立于世界民族之林，在21世纪把中国建成现代化国家。我也希望有了这么一个良好的开端之后，通过你们能够向美国的政界、企业界更多地介绍中国。”

后　记

《我在深圳当市长》是我在深圳的工作记录。

2016年年底，我萌发了一个念头，写一本书来记录我在深圳5年半的工作经历。2017年一开年，我开始整理资料，用了半年时间将当年的讲话、会议纪要等按年月日进行归类。从2018年春节开始，我整理自己的私人记录。在深圳工作期间，我写下了26本工作笔记，这些笔记本都附有目录，不仅有时间、地点、讨论事项，还有参与者的名字。从萌生念头到书稿完成，整整两年。

对我撰写回忆录的举动，当年的同事表示了极大的支持。庄心一、武捷思、郭荣俊、刘应力、唐杰、宋枝旺、胡爱民、刘佳胜、梁明、靳海涛、叶小杭、戴文华、邱宣、丁明往等老同事和我一起回顾历史，一一重现当年亲历的具体细节。真实，是这本书的生命。

当年，深圳的许多创新之举对全国的改革都有重大借鉴意义。以现在的眼光来看，这些事情或许顺理成章、水到渠成，但在当时的环境里，这些创新需要智慧，更需要使命感和勇气。

时间是最好的验证。当年，深圳做出的一些重大决策，对今天的发展起到了不可磨灭的推动作用。为此，我专程前往深圳清华大学研究院、深港产学研基地、深圳航天科技创新研究院、深圳市创新投资集团有限公司、深圳市高新投集团有限公司，与这些机构和企业的负责人进行座谈，总结探讨改革经验。与此同时，我还查阅了深圳市史志办编撰的深圳地方志，以及深圳档案中心和深圳市公安局档案室的资料，让我的讲述更具史料性。

在撰写本书的过程中，还得到了深圳报业集团、深圳广电集团、深圳市水务局、深圳市统计局、深圳市住房和建设局、深圳市规划和国土资源委员会、深圳市科技创新委员会、深圳市教育局等部门的协助，得到了书稿中珍贵的历史图片和相关数据。书稿第一稿出来时，我向那一届政府的部分人员征求意见，他们都提出了宝贵的修改建议。

书稿付梓，有感动也有遗憾。由于时间和精力有限，很多内容来不及详细记述，如风险投资基金的创建只讲了“开头”。深圳口岸管理体制改革、基础教育改革、社会保障体制改革、投融资体制改革、金融体制改革、外贸体制改革等内容，都没有来得及写。

本书得以顺利出版，国家发改委西部开发司原巡视员李应明、深圳市作家协会原党组书记苏曼华、深圳商报时政新闻部主任张惠屏、深圳特区报突发新闻部副主任方兴业、中国中小企业协会会长秘书张少苹等同志在资料收集整理方面承担了大量工作，付出了辛勤的汗水。在此，我诚恳地表示感谢！

按照要求，书中涉及的中央领导同志的名字一律不能明示，特此说明。

李子彬

2018 年 10 月 10 日

大事记

1、1994年10月下旬

中共中央政治局决定，调化工部副部长李子彬到深圳工作。1994年11月5日至1995年4月，李子彬任深圳市委副书记、副市长。

2、1994年12月1日

深圳市公安局召开系统教育整顿大会，宣布将集中一个月时间对全市公安系统进行教育整顿。根据这次教育整顿活动，市委、市政府提出了领导干部任职和年度考评制度。李子彬出席会议并讲话。

3、1994年12月8日

厉有为书记和李子彬召开组建巡警队伍工作协调会。深圳市委、市政府决定组建2 000人的巡警队伍，作为单独的警种集中管理。会议决定成立组建巡警协调领导小组，李子彬任组长，李容根、何景焕任副组长。1995年10月1日，深圳市巡警正式上路执勤。

4、1994年12月27日

1994年12月27日，李子彬、李德成等人到高新技术工业村调研，1995年1月3日，与30家高新技术企业总经理座谈。市政府决定建立深圳市高新技术产业园区。

5、1994年12月29日

深圳市政府出资1亿元成立深圳市高新技术产业投资服务有限公司（简称高新投），这是我国第二个成立的担保投资机构，以市场化方式运用财政资金支持高新技术企业发展，到2000年资本金达到4亿元。这些资金专门为高科技中小型企业银行贷款提供担保服务，用于流动资金贷款贴息。

6、1995年1月1日

李子彬专程赴广州向省委书记汇报深圳工作，经过50天调查研究形成的理政思路得到充分肯定。

7、1995年1月

深圳市政府健全批地例会制度，废止领导个人或主管部门审批，成立批地委员会，实行集体审批经营性土地。1998年2月6日，李子彬签署第68号政府令，《深圳经济特区土地使用权招标、拍卖规定》正式施行。1998年2月13日，市人大常委会修改《深圳经济特区土地使用权出让条例》，明确深圳所有经营性土地一律采用公开招标、拍卖方式出让。

8、1995年1月

针对50天调研中发现的问题，结合我国国情和深圳市情，李子彬提出了加快深圳经济转型的方向：一方面，对原有的“三来一补”企业进行稳定、提高、升级；另一方面，大力发展高新技术产业。市政府于1995年5月2日发布《关于加强“三来一补”管理的若干规定》。

9、1995年1月11日

1995年1月11日，深圳市政府常务会议把罗湖小区防洪治涝工程建设列为当年为市民办的“10件实事”之首，并于同年4月23日开工。1996年5月23日，罗湖小区防洪治涝工程竣工并成功试运行，结束了罗湖小区“十年九淹”的历史。

10、1995年1月

1995年1月，深圳市政府重新做出决定，凡是市政府投资的工程项目，必须100%实行公开招投标。1997年5月，市政府颁布《深圳经济特区建设工程施工招投标条例》实施细则。1998年5月，深圳市建设工程交易服务中心正式挂牌运作。1998年6月，政府投资项目审计中心成立，加强了对政府投资项目的监管。这些措施基本解决了深圳建筑市场的混乱现象。

11、1995年2月

1995年2月，深圳市委、市政府决定成立深圳市社会治安综合治理委员会，李子彬任主任。2月10日，李子彬主持召开深圳市综治委会议，布置全市社会治安综合治理工作。

12、1995年3月10日

1995年3月10日，深圳市政府常务会议研究重点工程项目年度投资计划，其中包括滨海大道工程建设项目。1995年4月，滨海大道填海工程开始。1999年9月28日，滨海大道主车道开通。滨海大道的建成，使深圳市形成了环状快速交通网络，明显提高了市内交通效率，并且因为填海而新增6平方千米的土地。

13、1995年4月

1995年4月，李子彬为物色一名理想的分管财政、金融、教育的副市长而惊动了国务院领导。1995年7月，深圳市人大常委会任命武捷思为副市长。

14、1995年4月

深圳市政府颁布《深圳市高新技术产业发展“九五”计划和2010年规划》。

15、1995年4月24—28日

中共深圳市第二次代表大会召开，会议提出深圳将进行“第二次创业”，确定了到2010年建成社会主义现代化国际性城市的目标。

16、1995年5月18—23日

深圳市二届人大一次会议召开，李子彬当选深圳市市长。

17、1995年5月

李子彬提出并实施“三个一”发展理念：科学技术是第一生产力，高新技术产业是深圳经济第一增长点，一把手亲自抓。以市政府制定的《深圳市高新技术产业发展“九五”计划和2010年规划》为引领，建立综合政策体系、人才支持体系、科研成果体系、资金支撑体系、科技开发体系、法律法规体系和高新技术产业集聚园区。

18、1995年6月8日

在本届市政府第一次常务会议上，李子彬市长提出要大力整顿机关

作风。

19、1995 年 7 月

1995 年 7 月，新一届深圳市政府决定重新启动低迷的证券市场。1995 年 9 月，深圳市出台深圳证券市场 12 项整改措施（简称“12 条”）。1996 年 3 月，深圳证券市场交投日趋活跃，市场份额逐步加大，4 月“深市”出现了赶超“沪市”的势头。到 1996 年 9 月，深圳证券交易所第四次会员大会召开时，深圳证券市场已经全面恢复元气，从低迷不振转向持续走强。

20、1995 年 7 月 20—21 日

深圳市召开全市社会治安综合治理暨安全文明小区命名大会，传达省委、省政府于 5 月 6—9 日召开的全省社会治安综合治理工作会议精神，对全市加强社会治安综合治理工作做了具体部署。市委、市政府强调，落实社会治安综合治理责任制，各级党政一把手担任治安第一责任人，层层落实“保一方平安责任书”，“做一方官，保一方平安”。

21、1995 年 7 月 31 日

在深圳市委、市政府举行的“八一军政座谈会”上，李子彬指出军牌车乱象，希望驻港部队、驻深解放军及武警部队整治挂靠企业挂军车牌问题，得到积极回应。到 1995 年年底，这种乱象得到了有效整治。

22、1995 年 8 月 3 日

1995 年 8 月 3 日，本届市政府第一次全会提出，要下决心整治“三乱”。从 1995 年下半年到 1996 年年底，市政府大力整治乱收费、乱摊

派、乱罚款，着力开展清理行政事业性收费。颁布《制止和纠正行政事业部门、单位非法收费的若干规定》，进一步明确对各种不正之风的处理规定和量纪标准。

23、1995年10月9日

深圳市政府颁布《深圳市人民政府关于加强机关建设的若干规定》，即整顿机关作风的“22条”，“22条”打破了公务员的“铁饭碗”。1996年年初，市政府辞退了上一年度考评中被评为“不称职”的34名公务员，105名被评为“基本称职”的公务员到深圳行政学院离岗培训3个月。

24、1995年10月18日

“深圳市外商投资服务中心”正式启用，27个相关单位的工作人员进驻该中心，为外商投资提供“一站式服务”，办事效率大大提高。

25、1995年11月

深圳市政府举行深圳市城市规划咨询会，就城市规划中的重大问题向有关专家咨询，邀请了5位中外顶尖的专家作为市政府的城市总体规划技术顾问，对深圳市城市总体规划进行全面修编，绘制出深圳现代化国际性城市的宏伟蓝图。1997年1月，市人大常委会审议通过《深圳市总体规划（1996—2010）》，即深圳市第六次城市总体规划。之后，经广东省政府审查，再报国务院批准。

26、1995年12月6日

从1995年12月6日到1997年6月，李子彬先后向4位中央领导汇报深圳建设地铁的必要性和可行性。1997年6月18日，深圳地铁工程得到了中央的大力支持，作为特例获准立项。

27、1996年1月9日

1996年1月9日，深圳市政府常务会议研究全年重点建设项目，其中包括为迎接香港回归而建的高级别接待基地——五洲宾馆和麒麟山庄。五洲宾馆1996年3月动工，1997年5月28日竣工并通过验收，工程前后用时仅14个月，效率之高在各工程中非常罕见。

28、1996年3月22日

1996年年初，推行跨银行“缴费自选一本（户）通”被列入深圳市政府为市民办的“10件实事”，以解决群众反映强烈的多家银行账户、多本存折扣款的难题。3月22日，市政府召开新闻发布会，向全社会通报深圳市即将实施“缴费自选一本（户）通”。5月1日，“缴费自选一本（户）通”正式实施。在没有互联网技术的时代，深圳是全国第一家实施跨银行“缴费自选一本（户）通”的城市，在推出这项便民举措10多年后，国内的其他地方才陆续推出。

29、1996年4月8日

1996年4月8日，105名在1995年度被评为“基本称职”的公务员到深圳行政学院进行3个月的带薪离岗培训，培训合格后再被安排上岗。5月21日，李子彬前往深圳行政学院看望这批公务员，鼓励大家安心学习，不断提高政治素质和业务素质，重返岗位后更好地投身深圳“第二次创业”。

30、1996年4月9日

李子彬在深圳市二届人大二次会议上做《政府工作报告》，提出实施“三个一批”发展战略，即形成一批支柱产业，培育一批大型企业集团，增加一批名牌产品。短短几年，深圳市就取得了明显进展，形成了信息技术、医药医疗、保险银行、港口运输、能源交通等一批支柱产业及重点大型企业集团，创造了一批名牌产品。

31、1996年4月26日

深圳市召开全市“严打大会战”大会，贯彻党中央、国务院在全国范围内开展“严打”斗争的决定。李子彬在会上做动员讲话，要求市、区成立“严打大会战”领导小组和办公室，各级党政主要负责人担任领导小组组长，全党动手、全民动员，形成围歼犯罪分子的强大攻势。

32、1996年5月2日、1996年9月9日

深圳市政府常务会议两次专题研究高新技术产业园区的建设与发展问题，决定对位于南山区的5个工业园区进行清理、整合，组建深圳市高新技术产业园区，并实行统一规划、统一政策、统一开发、统一管理。深圳市高新技术产业园区领导小组成立，李子彬任组长，李德成、郭荣俊、刘应力任副组长。

33、1996年5月13日

深圳市中级人民法院在市体育馆召开宣判处理大会。对故意杀人、伤害、抢劫、绑架勒索、组织他人卖淫等12宗案件的26名罪犯公开宣判，是深圳市开展“严打”斗争以来，召开的第一次宣判处理大会。后来深圳又召开了几次公开审判大会，使违法犯罪分子受到巨大震慑，各

类社会丑恶现象得到了有效遏制。

34、1996年6月7日

深圳召开“严打”第二次统一行动动员大会。这次以打“恶”、扫“毒”、清理“三无”人员、整治出租屋为主要内容的统一行动，重点是整治出租屋、“三边”（山边、塘边、村边）地带搭建的住人窝棚、地下旅店、发廊、食街等。整治出租屋是这场“严打”斗争的关键战役。

35、1996年6月14—25日

针对B股市场异常波动情况，深圳市政府按照“内紧外松、热事冷办、依法依规、务实低调、特殊事尽量用常规化方法处理”的原则，采取了一系列有针对性的有力措施，以最低成本，自主、平稳、妥善、迅速处理了一起可能引发市场危机的B股开户异常情况。

36、1996年8月1日

历经8个月的艰苦谈判，1996年8月1日，深圳、惠阳两市政府签署《深圳、惠阳两市关于引水工程建设互相支持的协议书》。1996年11月30日，“深圳市东江水源工程”开工。2001年12月28日，一期工程全线竣工供水。二期工程于2006年2月8日开工，2010年11月26日竣工。

37、1996年9月9日

省委书记到深圳检查工作时，提出深圳的镇党委书记、镇长和街道办事处主任按照副省级市的规定，应该由正处级降格为副处级。李子彬汇报了深圳的实际情况和个人意见后，最终得到理解支持而“维持原状”。

38、1996年9月12—13日

李子彬主持召开市委常委扩大会议，对深化深圳国企改革做出了方向性的重大决策：建立国有资产出资人制度，重组优化三家资产经营公司，形成以“国有资产管理委员会－国有资产经营公司－国有企业”三个层次为架构的国有资产监管和运营新体制；完善公司法人治理结构，通过了关于董事会、总经理、监事会、党组织、工会工作的5个“工作暂行规定”；改革国有企业领导人管理制度，培育职业企业家队伍。

39、1996年9月17日

李子彬前往广州，就1996年9月12—13日深圳市委常委扩大会议的情况和深圳经济的发展情况向省委书记做专题汇报。省委书记对深圳重组优化三家资产经营公司、制定公司制企业的5个“工作暂行规定”、改革深圳国有企业领导干部管理体制的做法给予了充分肯定。

40、1996年12月13日

1993年，深圳市民致信市委书记厉有为，建议在深圳竖立邓小平塑像。厉有为同志将此事向省委书记汇报，得到支持。省委又向中央做了汇报，中央表示同意。中央和省委同意后，深圳开始运作。市委常委会先后开了三次会议，1996年12月13日的会议讨论了邓小平塑像选址、设计和竖像时机等事项。

41、1996年12月21日

深圳市政府出钱、出地，清华大学出品牌、派老师，市校双方合作成立了我国第一家新型研发机构——深圳清华大学研究院。

42、1997年1月

1997年1月，深圳市政府开始试行政府采购制度改革。1998年10月27日，深圳市人大常委会审议通过《深圳经济特区政府采购条例》，成为我国第一个关于政府采购的地方法规。

43、1997年2月20日、2月22日

1997年2月20日，李子彬主持召开市委常委扩大会议，深切缅怀邓小平同志，部署全市悼念活动，会议再次研究并正式确定将小平铜像竖立在莲花山顶广场。22日晚，李子彬再次主持召开市委常委扩大会议，决定发电报向党中央汇报群众悼念小平同志活动情况。

44、1997年3月

深圳市颁布实施国企改革的5个“工作暂行规定”——《董事会工作暂行规定》《总经理工作暂行规定》《监事会工作暂行规定》《工会工作暂行规定》《党组织工作暂行规定》，明确了各个机构的性质、地位、作用，划清了责权，具体规定了其运作程序和工作方式，建立了目标一致、责权明晰、相互制衡、相互促进的现代企业领导体制。

45、1997年6月29日

在深圳迎宾馆，李子彬向取道深圳前往香港出席中英两国政府香港政权交接仪式、香港特别行政区政府成立大会的中央领导汇报深圳工作，回答关于深圳、珠海、厦门、汕头四个经济特区主要经济指标对比的提问。

46、1997年8月18日

宝日高尔夫球娱乐观光有限公司200万平方米土地使用权及其附属财产被深圳市地税局依法拍卖，通过拍卖所得抵缴该公司所偷税款和滞纳金共计1.2亿元人民币。至此，这起历时4年的涉外偷税抗税案画上了句号。

47、1997年9月4日

深圳市政府常务会议决定成立深圳市科技风险投资领导小组，负责领导创建科技风险投资体系的工作，领导小组组长由市长李子彬担任。这次会议标志着深圳科技风险投资体系的创建工作正式拉开帷幕。

48、1997年10月28日至11月19日

李子彬率大型调研组前往17家多种所有制形式的企业开展公有制实现形式和企业转换经营机制调研。在为期24天的调研中，重点了解了企业财产组织形式、经营方式、经营机制及经营效果，通过解剖企业样本，总结了深圳在公有制多种实现形式方面的经验。

49、1997年12月17日

1997年年初，深圳市委、市政府在国内率先启动政府审批制度改革。1997年12月17日，《深圳市政府审批制度改革实施方案》获市委常委会议原则通过，并于1998年1月25日颁布实施。深圳原有审批和核准事项合计1 108项，改革后保留631项，其中审批事项由原来的737项减少到310项，减幅57.8%。1999年2月13日，李子彬签发第83号政府令——《深圳市政府审批制度改革若干规定》。

50、1998年2月5日

深圳市政府出台《关于进一步扶持高新技术产业发展的若干规定》（简称“旧22条”），提出了支持企业增加科研投入、人才引进、土地使用、税收优惠、技术入股、人员出国培训、贷款担保、出口信贷等一系列优惠政策。

51、1998年4月17日

深圳市委、市政府召开全市创建安全文明小区活动总结表彰大会，部署《深圳市建设安全文明小区第二个三年规划（1998—2000）》，对全市三年（1995—1997）创建安全文明小区工作进行全面总结。

52、1998年4月27日

深圳党政代表团考察大连期间，市委书记、市长提议停办荔枝节，改为举办一个科技方面的节。

53、1998年4月30日

深圳市政府常务会议决定停办荔枝节，改为举办更具特色、更高档次、更有分量的国际经贸活动，该活动以发展深圳高新技术产业为主题。

54、1998年5月19—20日

深圳市召开完善和规范资产经营公司职能工作研究会，李子彬市长在会上与三家资产经营公司和12家大型企业负责人一起，就进一步规范资产经营公司的职能，完善深圳市国有资产“三个层次”的管理体制做了深入总结和探讨。

55、1998年5月20日

沉寂5年之久的拍卖槌声在深圳会堂再次响起，这是深圳市政府颁布《深圳经济特区土地使用权招标、拍卖规定》后的首次土地拍卖。本次拍卖推出的三幅土地有两幅成交：其中一幅8 190平方米的住宅地块以6 200万元拍出，另一幅3.7万余平方米的住宅及配套设施地块拍出了2.01亿元。这次拍卖的土地面积，相当于深圳过去10年拍卖的土地面积总和。

56、1998年6月29日

深圳市委、市政府领导与省公安厅举行6人会议，决定组成得力的小组，通过各种手段摸清涉黑性质的“黄、赌、毒”场所。经过周密部署，在一天夜里，集中了300名公安干警和武警，突袭HOUSE歌舞厅，一举捣毁了这个有很深背景的“黄、赌、毒、黑”窝点。

57、1998年8月3日

深圳市政府成立筹建深圳高科技成果交易会领导小组并召开第一次会议，李子彬任领导小组组长。会议决定邀请对外贸易经济合作部、科学技术部、国家发展计划委员会、中国科学院、信息产业部等国务院部门与深圳市政府共同主办，由深圳市政府承办。

58、1998年10月

1998年10月，深圳市政府与“三部一院”共同决定成立首届高交会组委会，李子彬任组委会主任，各部门指派一位副部长任组委会副主任。11月5—6日，首届高交会组委会第一次联席会议在深圳召开。这次会议正式确定高交会的名称为“中国国际高新技术成果交易会”。

59、1998年10月21—22日

上海市党政代表团到访深圳，重点考察深圳在国有企业改革、产业结构调整、高新技术产业发展、城市管理和建设方面的成绩和经验。

60、1998年12月

深圳黄田机场二期工程竣工。深圳机场旅客吞吐量位列全国第四，并成为全国四大航空货运中心之一。

61、1999年1月1—3日

北京市党政代表团考察深圳，就国企改革、高新技术产业发展、城市规划建设等方面进行深入交流。

62、1999年1月28日

国务院新闻办在北京举行记者招待会，正式向世界宣布中国每年秋季在深圳举行国家级、国际性的高新技术成果交易会，首届高交会将于1999年10月5—10日举行。李子彬向中外媒体介绍了首届高交会的特点。

63、1999年2月11日

李子彬作为高交会组委会主任，前往香港召开新闻发布会，邀请跨国公司和港澳台高新技术企业及研究开发机构参加高交会。

64、1999年4月

国家批准《深圳地铁一期工程可行性研究报告》，同时批准深圳地铁开工建设。

65、1999 年 6 月

1999 年年初，因为 3 000 封诬告信，华为公司总裁任正非、常务副总裁孙亚芳写信给李子彬请求帮助。李子彬 6 月 9 日在来信上做出批示，并于 6 月 15 日专程赴北京面见中央领导，请求国家派出联合审计组到华为公司进行审计，通过审计报告还华为公司清白。中央领导同意李子彬的意见。7 月，审计报告对华为公司做出积极评价，华为这一“劫”迎刃而解。

66、1999 年 7 月 11—13 日

李子彬率深圳市政府代表团回访上海，此前的 1997 年、1998 年，他已连续两年率团到上海学习考察。

67、1999 年 7 月 14—16 日

李子彬率深圳市政府代表团回访北京，学习考察北京发展高新技术产业的新思路、新措施、新政策。

68、1999 年 8 月 16 日

深圳市政府、北京大学、香港科技大学签署三方合作共建深港产学研基地协议。

69、1999 年 8 月 26 日

我国第一家创业投资基金——深圳创新科技投资有限公司（简称深创投）正式成立。深圳市政府出资 5 亿元，从社会上募集到 2 亿元，公司注册资本金为 7 亿元。

70、1999年9月10日

深圳虚拟大学园正式开园，园区综合大楼创新基地大厦奠基，虚拟大学园第一次联席会议召开。首批进驻虚拟大学园的有22所名校（院）。

71、1999年9月

深圳市政府常务会议对“旧22条”进行全面修订，出台了“新22条”。

72、1999年10月5—10日

首届高交会开幕，国务院总理朱镕基出席并致开幕辞。首届高交会参展企业2 856家，参展项目4 150个，成交额64.94亿美元，超出当初10亿美元成交额的预期，首届高交会取得圆满成功。

73、1999年12月28日

深圳市政府出资2亿元设立专业担保机构深圳市中小企业信用担保中心，该担保中心是国内最早成立的中小企业信用担保机构之一。

74、1999年

深圳市在广东省社会治安综合治理评比中荣获第一名。

75、1999年

盐田港二期工程和西部港区扩建工程竣工，海港集装箱吞吐量位列全国沿海港口第二位，世界第十一位。

76、2000年2月25日

深圳市政府和哈尔滨工业大学签署关于创建深圳国际技术创新研究院的合作协议。

77、2000年10月

深圳市颁布《深圳市创业资本投资高新技术产业暂行规定》，这是国内第一部关于创业投资的政府规章。5年后，国家发展和改革委员会等10部委才联合发布《创业投资企业管理暂行办法》，国家的暂行办法吸纳了深圳关于创业投资发展的成功经验。

78、2000年11月14日

在深圳经济特区成立20周年之际举行邓小平铜像揭幕仪式，江泽民同志亲临莲花山山顶广场，为铜像揭幕。深圳人民为小平同志立像的愿望终于实现。